COM[illegible]

[illegible]

SOCIÉTÉS A RESPONSABILITÉ [illegible]

[illegible]

DE LA TRADUCTION EN FRANÇAIS [illegible]

SUR LES SOCIÉTÉS A [illegible]

[illegible]

[illegible] textes du [illegible]

[illegible] à leur intelligence

[illegible]

LIBRAIRIE DE [illegible]

COMMENTAIRE

DE LA LOI DU 23 MAI 1863

SUR LES

SOCIÉTÉS A RESPONSABILITÉ LIMITÉE.

Poitiers. — Imp. de A. DUPRÉ.

COMMENTAIRE

DE LA LOI DU 23 MAI 1863

SUR LES

SOCIÉTÉS A RESPONSABILITÉ LIMITÉE

SUIVI

DE LA TRADUCTION EN FRANÇAIS DE LA LÉGISLATION ANGLAISE
SUR LES SOCIÉTÉS A RESPONSABILITÉ LIMITÉE

PAR

Louis TRIPIER

AVOCAT A LA COUR IMPÉRIALE DE PARIS,
DOCTEUR EN DROIT,
Ex-membre du Conseil général de l'Yonne,
Auteur des *Codes français* annotés de tous les textes du droit *ancien*, *intermédiaire* et *nouveau* nécessaires à leur intelligence;
Du CODE POLITIQUE ET CONSTITUTIONNEL DE L'EMPIRE FRANÇAIS, etc.

PARIS
LIBRAIRIE DE MADAME MAYER-ODIN,
PLACE DAUPHINE, 24.

1863.

J'ai rapporté dans leur entier, et par ordre de date, l'exposé des motifs, le rapport et la discussion au Corps législatif de la loi du 23 mai 1863 sur les sociétés à responsabilité limitée. J'ai fait précéder ces documents d'une seule série de numéros (numéros que j'ai multipliés autant que possible), et, à la fin de chaque article de la loi, j'ai renvoyé aux numéros tant de l'exposé des motifs que du rapport et de la discussion au Corps législatif qui y ont trait. En recourant à ces numéros, on se pénétrera facilement de l'esprit de la loi, et on pourra résoudre les difficultés qui se présenteront dans la pratique. Cette méthode, qui est des plus simples et des plus commodes, donne de cette loi nouvelle un commentaire aussi satisfaisant que possible.

Les articles du Code de commerce et du Code pénal auxquels il est renvoyé dans la loi du 23 mai 1863 sont rapportés à la fin de ce volume.

Les sociétés à responsabilité limitée donnant en Angleterre de bons résultats, notre législateur s'est inspiré des dispositions de la loi anglaise sur cette matière, et le décret du 17 mai 1862 ayant autorisé les sociétés anglaises à exercer leurs droits en France, j'ai dû, à ce double titre, rapporter cette législation.

LOI DU 23-29 MAI 1863

SUR LES SOCIÉTÉS A RESPONSABILITÉ LIMITÉE (1).

Art. 1er. Il peut être formé, sans l'autorisation exigée par l'article 37 du Code de commerce, des sociétés commerciales dans lesquelles aucun des associés n'est tenu au delà de sa mise.

Ces sociétés prennent le titre de *sociétés à responsabilité limitée.*

Elles sont soumises aux dispositions des articles 29, 30, 32, 33, 34, 36 et 40 du Code de commerce.

Elles sont administrées par un ou plusieurs mandataires à temps, révocables, salariés ou gratuits, pris parmi les associés (2).

Voyez les nos 3 à 46, 159, 162 à 167, 461.

2. Le nombre des associés ne peut être inférieur à sept.

Voyez les nos 51 à 55, 159, 168, 169, 462.

3. Le capital social ne peut excéder vingt millions de francs (20,000,000 fr.)

Il ne peut être divisé en actions ou coupons d'actions de moins de cent francs, lorsqu'il n'excède pas deux cent mille francs, et de moins de cinq cents francs, lorsqu'il est supérieur.

(1) Sur l'utilité et l'opportunité de la loi, voyez les nos 1 à 46, 115 à 161, 272 à 295, 304 à 468.

(2) Voyez, page 241, les articles 29, 30, 32, 33, 34, 36, 37, 40 et 41 du Code de commerce.

Les actions sont nominatives jusqu'à leur entière libération.

Les actions ou coupons d'actions ne sont négociables qu'après le versement des deux cinquièmes.

Les souscripteurs sont, nonobstant toute stipulation contraire, responsables du montant total des actions par eux souscrites.

Voyez les nos 56, 57, 62, 67, 159, 170 à 176, 463 à 542.

4. Les sociétés à responsabilité limitée ne peuvent être définitivement constituées qu'après la souscription de la totalité du capital social et le versement du quart au moins du capital qui consiste en numéraire.

Cette souscription et ces versements sont constatés par une déclaration des fondateurs faite par acte notarié.

A cette déclaration sont annexés la liste des souscripteurs, l'état des versements effectués et l'acte de société.

Cette déclaration, avec les pièces à l'appui, est soumise à la première assemblée générale, qui en vérifie la sincérité.

Voyez les nos 61 à 67, 159, 177, 178, 543.

5. Lorsqu'un associé fait un apport qui ne consiste pas en numéraire ou stipule à son profit des avantages particuliers, la première assemblée générale fait apprécier la valeur de l'apport ou la cause des avantages stipulés.

La société n'est définitivement constituée qu'après l'approbation dans une autre assemblée générale, après une nouvelle convocation.

Les associés qui ont fait l'apport ou stipulé les avantages soumis à l'appréciation et à l'approbation de l'assemblée générale n'ont pas voix délibérative.

Cette approbation ne fait pas obstacle à l'exercice ultérieur de l'action qui peut être intentée pour cause de dol ou de fraude.

Voyez les nos 67, 159, 179 à 181, 544.

6. Une assemblée générale est, dans tous les cas, convoquée à la diligence des fondateurs, postérieurement à l'acte qui constate la souscription du capital social et le versement du quart du capital qui consiste en numéraire. Cette assemblée nomme les premiers administrateurs; elle nomme également, pour la première année, les commissaires institués par l'article 15.

Ces administrateurs ne peuvent être nommés pour plus de six ans; ils sont rééligibles, sauf stipulation contraire.

Le procès-verbal de la séance constate l'acceptation des administrateurs et des commissaires présents à la réunion.

La société est constituée à partir de cette acceptation.

Voyez les nos 58, 59, 60, 80 à 83, 159, 182 à 184, 545.

7. Les administrateurs doivent être propriétaires, par parts égales, d'un vingtième du capital social.

Les actions formant ce vingtième sont affectées à la garantie de la gestion des administrateurs.

Elles sont nominatives, inaliénables, frappées d'un timbre indiquant l'inaliénabilité et déposées dans la caisse sociale.

Voyez les nos 58, 59, 60, 159, 185 à 187, 546.

8. Dans la quinzaine de la constitution de la société, les administrateurs sont tenus de déposer au greffe du tribunal de commerce : 1° une expédition de l'acte de société et de l'acte constatant la souscription du capital et du versement du quart ; 2° une copie certifiée des délibérations prises par l'assemblée générale dans les cas prévus par les articles 4, 5 et 6, et de la liste nominative des souscripteurs, contenant les nom, prénoms, qualités, demeure et le nombre d'actions de chacun d'eux.

Toute personne a le droit de prendre communication des pièces susmentionnées et même de s'en faire délivrer une copie à ses frais.

Les mêmes documents doivent être affichés, d'une manière apparente, dans les bureaux de la société.

Voyez les nos 68, 69, 70, 71, 159, 188, 189, 547.

9. Dans le même délai de quinzaine, un extrait des actes et délibérations énoncés dans l'article précédent est transcrit, publié et affiché suivant le mode prescrit par l'article 42 du Code de commerce.

L'extrait doit contenir : les noms, prénoms, qualités et demeures des administrateurs ; la désignation de la société, de son objet et du siége social ; la mention qu'elle est à responsabilité limitée, l'énonciation du montant du capital social, tant en numéraire qu'en autres objets ; la quotité à prélever sur les bénéfices pour composer le fonds de réserve ; l'époque où la société commence et celle où elle doit finir, et la date du dépôt au greffe du tribunal de commerce, prescrit par l'article 8.

L'extrait est signé par les administrateurs de la société (1).

Voyez les nos 68 à 72, 159, 188, 189, 548.

10. Tous actes et délibérations ayant pour objet la modification des statuts, la continuation de la société au delà du terme fixé pour sa durée, la dissolution avant ce terme et le mode de liquidation, sont soumis aux formalités prescrites par les articles 8 et 9.

Voyez les nos 159, 188, 189, 549.

11. Dans tous les actes, factures, annonces, publications et autres documents émanés des sociétés à responsabilité limitée, la dénomination sociale doit toujours être précédée ou suivie immédiatement de ces mots, écrits lisiblement en toutes lettres : *Société à responsabilité limitée*, et de l'énonciation du montant du capital social.

Voyez les nos 47 à 50, 160, 190, 191, 550.

(1) Voyez, page 242, l'article 42 du Code de commerce.

12. Il est tenu, chaque année au moins, une assemblée générale à l'époque fixée par les statuts. Les statuts déterminent le nombre d'actions qu'il est nécessaire de posséder, soit à titre de propriétaire, soit à titre de mandataire, pour être admis dans l'assemblée, et le nombre de voix appartenant à chaque actionnaire, eu égard au nombre d'actions dont il est porteur.

Néanmoins, dans les premières assemblées générales, appelées à statuer dans les cas prévus par les articles 4, 5 et 6, tous les actionnaires sont admis avec voix délibérative.

Voyez les nos 99, 110, 160, 192 à 195, 551.

13. Dans toutes les assemblées générales, les délibérations sont prises à la majorité des voix.

Il est tenu une feuille de présence ; elle contient les noms et domiciles des actionnaires et le nombre d'actions dont chacun d'eux est porteur.

Cette feuille, certifiée par le bureau de l'assemblée, est déposée au siége social et doit être communiquée à tout requérant.

Voyez les nos 100, 101, 110, 160, 192 à 195, 552.

14. Les assemblées générales doivent être composées d'un nombre d'actionnaires représentant le quart au moins du capital social.

Si l'assemblée générale ne réunit pas ce nombre, une nouvelle assemblée est convoquée, et elle délibère valablement, quelle que soit la portion du capital représentée par les actionnaires présents.

Mais les assemblées qui délibèrent,

Sur l'objet indiqué dans l'article 5,

Sur la nomination des premiers administrateurs, dans le cas prévu par l'article 6,

Sur les modifications aux statuts,

Sur des propositions de continuation de la société au delà

du terme fixé pour sa durée ou de dissolution avant ce terme,

Ne sont régulièrement constituées et ne délibèrent valablement qu'autant qu'elles sont composées d'un nombre d'actionnaires représentant la moitié au moins du capital social.

Lorsque l'assemblée délibère sur l'objet indiqué dans l'article 5, le capital social, dont la moitié doit être représentée, se compose seulement des apports non soumis à vérification.

Voyez les nos 99, 100, 101, 110, 160, 192 à 195, 553.

15. L'assemblée générale annuelle désigne un ou plusieurs commissaires, associés ou non, chargés de faire un rapport à l'assemblée générale de l'année suivante sur la situation de la société, sur le bilan et sur les comptes présentés par les administrateurs.

La délibération contenant approbation du bilan et des comptes est nulle, si elle n'a été précédée du rapport des commissaires.

A défaut de nomination des commissaires par l'assemblée générale, ou en cas d'empêchement ou de refus d'un ou de plusieurs commissaires nommés, il est procédé à leur nomination ou à leur remplacement par ordonnance du président du tribunal de commerce du siége de la société, à la requête de tout intéressé, les administrateurs dûment appelés.

Voyez les nos 102, 103, 110, 160, 196 à 201, 554 à 562.

16. Les commissaires ont droit, toutes les fois qu'ils le jugent convenable, dans l'intérêt social, de prendre communication des livres, d'examiner les opérations de la société et de convoquer l'assemblée générale.

Voyez les nos 104 à 106, 110, 160, 196 à 201, 563.

17. Toute société à responsabilité limitée doit dresser, chaque trimestre, un état résumant sa situation active et passive.

Cet état est mis à la disposition des commissaires.

Il est, en outre, établi, chaque année, un inventaire contenant l'indication des valeurs mobilières et immobilières et de toutes les dettes actives et passives de la société.

Cet inventaire est présenté à l'assemblée générale.

Voyez les nos 84, 85, 160, 202, 203, 564.

18. Quinze jours au moins avant la réunion de l'assemblée générale, une copie du bilan résumant l'inventaire et du rapport des commissaires est adressée à chacun des actionnaires connus et déposée au greffe du tribunal de commerce.

Tout actionnaire peut, en outre, prendre au siége social communication de l'inventaire et de la liste des actionnaires.

Voyez les nos 84, 85, 160, 202, 203, 565 à 596.

19. Il est fait annuellement sur les bénéfices nets un prélèvement d'un vingtième au moins, affecté à la formation d'un fonds de réserve.

Ce prélèvement cesse d'être obligatoire lorsque le fonds de réserve a atteint le dixième du capital social.

Voyez les nos 107, 108, 110, 160, 597.

20. En cas de perte des trois quarts du capital social, les administrateurs sont tenus de provoquer la réunion de l'assemblée générale de tous les actionnaires, à l'effet de statuer sur la question de savoir s'il y a lieu de prononcer la dissolution de la société.

La résolution de l'assemblée est, dans tous les cas, rendue publique dans les formes prescrites par l'article 8. A défaut, par les administrateurs, de réunir l'assemblée générale, tout intéressé peut demander la dissolution de la société devant les tribunaux.

Voyez les nos 109, 110, 160, 206 à 208, 598 à 636.

21. La dissolution doit être prononcée, sur la demande de tout intéressé, lorsque six mois se sont écoulés depuis l'époque où le nombre des associés a été réduit à moins de sept.

Voyez les nos 160, 209, 637.

22. Des associés représentant le vingtième au moins du capital social peuvent, dans un intérêt commun, charger à leurs frais un ou plusieurs mandataires d'intenter une action contre les administrateurs à raison de leur gestion, sans préjudice de l'action que chaque associé peut intenter individuellement en son nom personnel.

Voyez les nos 113, 114, 160, 210, 638 à 743.

23. Il est interdit aux administrateurs de prendre ou de conserver un intérêt direct ou indirect dans une opération quelconque, faite avec la société ou pour son compte, à moins qu'ils n'y soient autorisés par l'assemblée générale pour certaines opérations spécialement déterminées.

Voyez les nos 86, 87, 161, 211 à 213, 744.

24. Est nulle et de nul effet, à l'égard des intéressés, toute société à responsabilité limitée pour laquelle n'ont pas été observées les dispositions des articles 1, 3, 4, 5, 6, 7, 8 et 9.

Sont également nuls les actes et délibérations désignés dans l'article 10, s'ils n'ont point été disposés et publiés dans les formes prescrites par les articles 8 et 9.

Cette nullité ne peut être opposée aux tiers par les associés.

Voyez les nos 73, 161, 214 à 216, 745.

25. Lorsque la nullité de la société ou des actes et délibérations a été prononcée, aux termes de l'article 24 ci-dessus, les fondateurs auxquels la nullité est imputable et les administrateurs en fonctions au moment où elle a été encourue sont responsables solidairement et par corps envers les tiers, sans préjudice des droits des actionnaires.

La même responsabilité solidaire peut être prononcée contre ceux des associés dont les apports ou les avantages n'auraient pas été vérifiés et approuvés conformément à l'article 5.

Voyez les nos 74 à 79, 161, 217 à 220, 746.

26. L'étendue et les effets de la responsabilité des commis-

saires envers la société sont déterminés d'après les règles générales du mandat.

Voyez les nos 106, 161, 221, 222, 747.

27. Les administrateurs sont responsables, conformément aux règles du droit commun, soit envers la société, soit envers les tiers, de tous dommages-intérêts résultant des infractions aux dispositions de la présente loi et des fautes par eux commises dans leur gestion.

Ils sont tenus solidairement du préjudice qu'ils peuvent avoir causé, soit aux tiers, soit aux associés, en distribuant ou en laissant distribuer sans opposition des dividendes qui, d'après l'état de la société constaté par les inventaires, n'étaient pas réellement acquis.

Voyez les nos 88 à 98, 161, 223 à 257, 748 à 896.

28. Toute contravention à la prescription de l'article 11 est punie d'une amende de cinquante francs à 1,000 francs.

Voyez les nos 161, 258, 897.

29. Sont punis d'une amende de cinq cents francs à dix mille francs ceux qui, en se présentant comme propriétaires d'actions ou de coupons d'actions qui ne leur appartiennent pas, ont créé frauduleusement une majorité factice dans une assemblée générale, sans préjudice de tous dommages-intérêts, s'il y a lieu, envers la société ou envers les tiers.

La même peine est applicable à ceux qui ont remis les actions pour en faire l'usage frauduleux.

Voyez les nos 161, 259, 260, 898.

30. L'émission d'actions faite en contravention à l'article 3 est punie d'un emprisonnement de huit jours à six mois et d'une amende de cinq cents francs à dix mille francs, ou de l'une de ces peines seulement.

La négociation d'actions ou coupons d'actions faite contrairement aux dispositions du même article 3 est punie d'une amende de cinq cents francs à dix mille francs.

Sont punies de la même peine toute participation à ces négociations, et toute publication de la valeur desdites actions.

Voyez les nos 161, 261, 262, 899.

31. Sont punis des peines portées par l'article 405 du Code pénal, sans préjudice de l'application de cet article à tous les faits constitutifs du délit d'escroquerie :

1° Ceux qui, par simulation de souscriptions ou de versements, ou par la publication faite de mauvaise foi de souscriptions ou de versements qui n'existent pas ou de tous autres faits faux, ont obtenu ou tenté d'obtenir des souscriptions ou des versements ;

2° Ceux qui, pour provoquer des souscriptions ou des versements, ont, de mauvaise foi, publié les noms de personnes désignées, contrairement à la vérité, comme étant ou devant être attachées à la société à un titre quelconque ;

3° Les administrateurs qui, en l'absence d'inventaires ou au moyen d'inventaires frauduleux, ont opéré ou laissé opérer, sciemment et sans opposition, la répartition de dividendes non réellement acquis (1).

Voyez les nos 111, 112, 161, 261, 263 à 271, 900.

32. L'article 463 du Code pénal est applicable aux faits prévus par la présente loi (2).

Voyez les nos 161, 261, 901 à 904.

(1) Voyez, page 245, l'article 405 du Code pénal.

(2) Voyez, page 246, l'article 463 du Code pénal.

PROJET DE LOI

SUR LES SOCIÉTÉS A RESPONSABILITÉ LIMITÉE (1)

Présenté au Corps législatif le 16 mai 1862.

Art. 1er. Il peut être formé, sans l'approbation et l'autorisation exigées pour les sociétés anonymes par l'article 37 du Code de commerce, des sociétés dans lesquelles aucun des associés n'est tenu au delà de sa mise.

Ces sociétés prennent le titre de : *Sociétés à responsabilité limitée.*

Elles sont soumises aux dispositions des articles 29, 30, 32, 33, 34, 36 et 40 du Code de commerce.

2. Dans tous les actes, factures, enseignes, annonces, publications et autres documents émanés des sociétés à responsabilité limitée, la dénomination sociale doit toujours être précédée ou suivie immédiatement de ces mots écrits en toutes lettres : *Sociétés à responsabilité limitée.*

Toute contravention à la présente disposition est punie d'une amende de 50 à 1,000 fr.

3. Le nombre des associés dans les sociétés à responsabilité limitée ne peut être au-dessous de dix.

Le capital ne peut être inférieur à 200,000 fr. Il ne peut excéder 10 millions.

(1) Les commissaires du Gouvernement chargés de soutenir la discussion de ce projet de loi devant le corps législatif et le sénat étaient MM. Vuillefroy, président de section, Suin, conseiller d'État, et Duvergier, conseiller d'Etat, rapporteur.

Est nulle toute stipulation ayant pour effet de diminuer le capital social au-dessous de 200,000 fr. ou de l'augmenter au-dessus de 10 millions, soit par des modifications apportées aux statuts, soit par des émissions de nouvelles séries d'actions.

4. Les sociétés à responsabilité limitée ne peuvent diviser leur capital en actions ou coupons d'actions de moins de 100 fr., lorsque ce capital n'excède pas 200,000 fr., et de moins de 500 fr. lorsqu'il est supérieur.

Elles ne peuvent être définitivement constituées qu'après la souscription de la totalité du capital social, et le versement du quart au moins du capital qui consiste en numéraire.

Cette souscription et ces versements sont constatés par une déclaration des fondateurs, faite par acte notarié.

A cette déclaration sont annexés la liste des souscripteurs, l'état des versements faits par eux et l'acte de société.

5. Les actions des sociétés à responsabilité limitée sont nominatives jusqu'à leur entière libération.

Les souscripteurs d'actions sont, nonobstant toute stipulation contraire, responsables du montant total des actions par eux souscrites.

Les actions ou coupons d'action ne sont négociables qu'après le versement des deux cinquièmes.

6. Lorsqu'un associé fait, dans une société à responsabilité limitée, un apport qui ne consiste pas en numéraire, ou stipule à son profit des avantages particuliers, l'assemblée générale des actionnaires fait apprécier la valeur de l'apport ou la cause des avantages stipulés.

La société n'est définitivement constituée qu'après approbation dans une réunion ultérieure de l'assemblée générale.

Les associés qui ont fait l'apport ou stipulé des avantages soumis à l'appréciation et à l'approbation de l'assemblée générale, n'ont pas voix délibérative.

7. La société à responsabilité limitée est administrée par

des mandataires à temps, révocables, associés, salariés ou gratuits.

Les administrateurs doivent être propriétaires, par parts égales, d'un dixième au moins du capital social.

Les actions formant ce dixième sont affectées à la garantie de la gestion des administrateurs.

Elles sont nominatives, inaliénables, frappées d'un timbre indiquant l'inaliénabilité et déposées dans la caisse sociale.

8. Les administrateurs sont nommés par une assemblée générale convoquée à la diligence des fondateurs, postérieurement à l'acte qui constate la souscription du capital social et le versement du quart du capital qui consiste en numéraire.

La même assemblée nomme, pour la première année, les commissaires dont il est question dans l'article 21.

9. Un extrait de l'acte de société, de l'acte constatant la souscription du capital et le versement du quart, et des délibérations prises par l'assemblée générale dans les cas prévus par les articles 6 et 8, sera déposé, transcrit, publié et affiché suivant le mode et dans le délai prescrits par l'article 42 du Code de commerce.

Ce délai ne court que du jour de la nomination des administrateurs par la première assemblée générale, ou, dans le cas prévu par l'article 6, du jour de la délibération de l'assemblée générale qui a vérifié la valeur de l'apport ou la cause des avantages stipulés au profit de l'un des associés.

10. L'extrait doit contenir :

Les noms, prénoms, qualités et demeures des administrateurs, ceux de tous les souscripteurs d'actions et le nombre d'actions souscrites par chacun ;

La désignation de la société ;

La mention qu'elle est *à responsabilité limitée.*

Il doit énoncer, en outre, le montant du capital social, tant en numéraire qu'en autres objets ;

La somme des versements opérés ;

La quotité à prélever sur les bénéfices pour composer le fonds de réserve;

L'époque où la société doit commencer et celle où elle doit finir.

L'extrait est signé par les notaires qui ont reçu l'acte de société et l'acte constatant les souscriptions du capital social et le versement du quart.

11. Est nulle et de nul effet, à l'égard des intéressés, toute société à responsabilité limitée constituée contrairement aux dispositions des art. 3, 4, 5, 6, 7 et 8.

Cette nullité ne peut être proposée aux tiers par les associés.

12. Lorsque la société est annulée aux termes de l'article précédent, les administrateurs sont responsables solidairement et par corps envers les tiers de la totalité des dettes sociales, sans préjudice des droits des actionnaires.

La même responsabilité solidaire peut être prononcée contre ceux des associés dont les apports ou les avantages n'auraient pas été vérifiés et approuvés conformément à l'article 6.

13. Tous actes et délibérations ayant pour objet la modification des statuts, la continuation de la société au delà du terme fixé pour sa durée, la dissolution avant ce terme et le mode de liquidation, sont soumis aux formalités prescrites par les articles 9 et 10, sous les peines établies dans les articles 11 et 12.

14. Les administrateurs ne peuvent être nommés pour plus de six ans.

Ils sont toujours rééligibles, sauf stipulations contraires.

15. Les assemblées générales doivent être composées d'un nombre d'actionnaires représentant la moitié du capital social, lorsqu'elles délibèrent :

Sur l'objet indiqué dans l'article 6;

Sur la nomination des premiers administrateurs, dans le cas prévu par l'article 8;

Sur les modifications aux statuts ;

Sur des propositions de continuation de la société au delà du terme fixé pour sa durée, ou de dissolution avant ce terme, et sur le mode de liquidation.

Lorsque l'assemblée délibère sur l'objet indiqué dans l'article 6, le capital social, dont la moitié doit être représentée, se compose seulement des apports non soumis à la vérification.

Un nombre d'actionnaires représentant le quart du capital social suffit pour la validité des délibérations des assemblées générales qui sont convoquées pour procéder à la vérification et à l'approbation des comptes, ou pour délibérer sur les opérations sociales et sur les mesures nécessaires à la marche de la société.

Si, dans le cas prévu par le paragraphe précédent, l'assemblée ne réunit pas le nombre d'actionnaires qui y est indiqué, une nouvelle assemblée générale est convoquée, et elle délibère valablement, quel que soit le nombre des actionnaires présents.

16. Dans toutes les assemblées générales, les délibérations sont prises à la majorité des voix.

Les statuts déterminent le nombre d'actions nécessaire pour être admis dans l'assemblée et le nombre de voix appartenant à chaque actionnaire, eu égard au nombre d'actions dont il est porteur.

La feuille de présence contient les noms et domicile des actionnaires et le nombre d'actions dont chacun d'eux est porteur.

17 Il est tenu au moins une assemblée générale chaque année.

18. Toute société à responsabilité limitée doit dresser, au moins une fois par an, le bilan de sa situation active et passive.

Ce bilan est présenté à l'assemblée générale.

19. Il est fait annuellement, sur les bénéfices nets, un prélèvement d'un dixième au moins, affecté à la formation d'un fonds de réserve.

Ce prélèvement cesse d'être obligatoire lorsque le fonds de réserve a atteint le quart du capital social.

20. En cas de perte des trois quarts du capital social, dûment constatée, la dissolution de la société doit être prononcée par l'assemblée générale ou par les tribunaux.

Les administrateurs sont tenus de la provoquer; tout intéressé peut en faire la demande.

Il en est de même lorsque six mois se sont écoulés depuis l'époque où le nombre des associés a été réduit à moins de dix.

21. L'assemblée générale annuelle désigne un ou plusieurs commissaires chargés de faire un rapport à l'assemblée générale suivante sur le bilan exigé par l'article 18 et sur les comptes des administrateurs.

En cas d'empêchement ou de refus d'un ou de plusieurs des commissaires nommés par l'assemblée générale, ils sont remplacés par ordonnance du président du tribunal de commerce du siége de la société, à la requête de tout intéressé, les administrateurs dûment appelés.

La délibération contenant approbation du bilan et des comptes est nulle si elle n'a été précédée du rapport des commissaires.

Dans la quinzaine de la date de la réunion de l'assemblée qui a approuvé le bilan, il est publié au *Moniteur* et dans l'un des journaux désignés pour la publication des actes de société, dans l'arrondissement où la société a son siége principal. Il est, en outre, affiché, pendant l'exercice suivant, d'une manière apparente, au siége social.

Tout actionnaire a le droit de se faire remettre un exemplaire ou de se faire délivrer une copie du bilan et du rapport des commissaires.

22. Les commissaires ont droit, toutes les fois qu'ils le jugent convenable dans l'intérêt social, de prendre communication des livres, d'examiner les opérations de la société et de convoquer l'assemblée générale.

23. L'étendue et les effets de la responsabilité des commissaires envers la société sont déterminés d'après les règles générales du mandat.

24. Il est interdit aux administrateurs de prendre ou de

conserver un intérêt direct ou indirect dans une opération quelconqne faite avec la société ou pour son compte.

25. Les administrateurs qui distribuent ou laissent distribuer, sans opposition, des dividendes qui ne sont pas réellement acquis, sont tenus solidairement d'en rétablir le montant dans la caisse de la société, sans préjudice de plus amples dommages-intérêts, s'il y a lieu, envers les tiers ou les associés.

26. Les administrateurs sont responsables, conformément aux règles du droit commun, soit envers la société, soit envers les tiers, de tous dommages-intérêts résultant des infractions aux dispositions de la présente loi et des fautes par eux commises dans leur gestion.

27. L'émission d'actions ou de coupons d'actions d'une société constituée contrairement aux dispositions des articles 3 et 4 de la présente loi est punie d'un emprisonnement de huit jours à six mois et d'une amende de 500 francs à 10,000 fr., ou de l'une de ces peines seulement.

La négociation d'actions ou coupons d'actions, dont la valeur ou la forme serait contraire aux dispositions des articles 4 et 5 de la présente loi, ou pour lesquels le versement des deux cinquièmes n'aurait pas été fait conformément à l'article 5, est punie d'une amende de 500 francs à 10,000 francs.

Sont punies de la même peine toute participation à ces négociations et toute publication de la valeur desdites actions.

28. Sont punis des peines portées par l'article 405 du Code pénal, sans préjudice de l'application de cet article à tous les faits constitutifs du délit d'escroquerie :

1° Ceux qui, par simulation de souscriptions ou de versements ou par la publication faite de mauvaise foi de souscriptions ou de versements qui n'existent pas ou de tous autres faits faux, ont obtenu ou tenté d'obtenir des souscriptions ou des versements ;

2° Ceux qui, pour provoquer des souscriptions ou des versements, ont, de mauvaise foi, publié les noms des personnes désignées, contrairement à la vérité, comme étant ou devant être attachées à la société à un titre quelconque;

3° Les administrateurs qui, au moyen d'inventaires frauduleux, ont opéré entre les actionnaires la répartition de dividendes non réellement acquis à la société.

L'article 463 est applicable aux faits prévus par le présent article.

29. Des associés, représentant le vingtième du capital social, peuvent, dans un intérêt commun, charger, à leurs frais, un ou plusieurs mandataires d'intenter une action contre les administrateurs, à raison de leur gestion, sans préjudice de l'action que chaque associé peut intenter individuellement en son nom personnel.

PROJET DE LOI

SUR LES SOCIÉTÉS A RESPONSABILITÉ LIMITÉE

Modifié d'accord par la commission et le Conseil d'Etat, et présenté au Corps législatif le 28 avril 1863.

Ce projet de loi n'ayant subi aucune modification dans la discussion au Corps législatif, il est devenu la loi du 23 mai 1863, rapportée pages 1 à 10.

Il est à remarquer que ce projet, qui est devenu la loi du 23 mai 1863, a profondément modifié le projet de loi présenté par le Gouvernement le 16 mai 1862 (rapporté pages 11 et suivantes), non-seulement quant au fond, mais aussi dans le nombre et l'ordre des articles. Cette remarque doit être présente à l'esprit lorsqu'on lira les numéros de l'exposé des motifs du 16 mai 1862, auxquels j'ai renvoyé à la suite de chaque article de la loi du 23 mai 1863.

EXPOSÉ DES MOTIFS.

MESSIEURS,

1. Le Code de commerce reconnaît l'existence et règle l'organisation de trois espèces de sociétés : les sociétés en nom collectif, les sociétés anonymes et les sociétés en commandite.

2. Celles-ci peuvent se subdiviser en deux classes : les sociétés en commandite ordinaires ou à parts d'intérêt, et les sociétés en commandite par actions.

3. Le projet qui vous est présenté a pour objet l'établissement d'une nouvelle espèce de société.

4. L'article 1er en indique le caractère principal, en disant qu'aucun de ses membres n'est tenu au delà de sa mise, et qu'elle n'est point cependant soumise à l'examen et à l'approbation du Gouvernement.

5. Ainsi, elle diffère des sociétés en nom collectif, dans lesquelles tous les associés sont solidairement tenus et sur tous leurs biens du payement des dettes sociales ; des sociétés en commandite, en ce qu'elle n'a point de gérant indéfiniment responsable envers des tiers ; enfin des sociétés anonymes, puisqu'elle se constitue par la seule volonté de ceux qui la composent.

6. Pour donner une idée complétement exacte des considérations qui ont déterminé le Gouvernement à vous proposer d'introduire dans notre législation cette forme nouvelle d'association commerciale, il n'est pas inutile de rappeler quelques circonstances qui ont exercé sur sa résolution une certaine influence.

7. Les dispositions du titre III du livre Ier du Code de commerce ont longtemps assuré une protection efficace aux intérêts industriels et commerciaux engagés dans les nombreuses sociétés qui se sont formées sous leur empire. Elles ont paru concilier la liberté qu'il faut laisser aux conventions privées et les garanties que réclame l'intérêt public.

8. Mais, à une époque récente, des désordres dont il était impossible de contester la gravité se sont manifestés; le Gouvernement s'en est ému; vous avez éprouvé la même impression et reconnu comme lui la nécessité de combattre un système de fraude qui menaçait de prendre chaque jour plus d'extension et de produire des effets plus fâcheux.

9. C'est de cette communauté de vues, de cet accord de sentiments entre le Gouvernement et le Corps Législatif qu'est née la loi du 17 juillet 1856.

10. Vous savez quel a été son but. Elle a voulu écarter le dol de la constitution des sociétés en commandite par actions, organiser une surveillance sérieuse des actes de la gérance, punir des faits moralement aussi coupables que ceux qui constituent l'escroquerie ou l'abus de confiance, et contre lesquels nos lois pénales ne contenaient point de dispositions répressives; elle a voulu, par l'ensemble de ces mesures, défendre les actionnaires contre leurs propres entraînements, les protéger contre des manœuvres souvent grossières, mais dont une extrême crédulité a plus d'une fois rendu le succès facile.

11. Les résultats ont exactement répondu à ces intentions. Les combinaisons frauduleuses, déconcertées par de sages précautions, intimidées par la perspective d'un juste châtiment, ont à peu près disparu. Mais on a cru pouvoir signaler, à côté de ces bons effets de la loi, des conséquences regrettables. On a prétendu qu'elle avait dépassé le but et que, si elle avait empêché les mauvais desseins de réussir, elle avait arrêté l'exécution des projets honnêtes.

12. Ces critiques se sont renouvelées plusieurs fois, et, dans quelques occasions, avec assez d'autorité pour que le Gouver-

nement ait cru devoir en faire l'objet d'un sérieux examen.

13. Il s'est convaincu, par une nouvelle étude des dispositions de la loi de 1856, rapprochées des applications qu'elles ont reçues devant les tribunaux, qu'elles avaient, en prévenant les entreprises de la fraude, laissé aux associations loyales toute la liberté désirable, qu'elles avaient déterminé avec clarté les fonctions des membres des conseils de surveillance et celles des gérants, en imposant aux uns et aux autres, conformément aux règles du droit commun, la responsabilité inhérente à la nature de leurs attributions; que les pénalités qu'elles prononçaient s'appliquaient avec justice à des faits coupables et nuisibles, sciemment et volontairement accomplis; qu'enfin, si on avait vu le nombre des sociétés en commandite par actions diminuer, il ne fallait ni s'en étonner, ni s'en plaindre; que c'était un résultat prévu et même espéré, auquel d'ailleurs avaient contribué, dans une certaine mesure, les événements politiques et la situation économique qui en a été la conséquence.

14. Si donc, les observations sur lesquelles a été appelée l'attention du Gouvernement s'étaient bornées à remettre en question la sagesse et l'utilité des dispositions de la loi du 17 juillet 1856, nous n'aurions point à soumettre à votre appréciation un projet de loi relatif aux sociétés de commerce. Mais les principes qui sont la base de notre législation sur les associations commerciales ont été contestés dans quelques-unes de leurs applications, dont les jurisconsultes et les économistes s'accordaient à faire l'apologie, et dont l'utilité semblait démontrée par une longue expérience.

15. Ainsi, le mécanisme si ingénieux des sociétés en commandite par actions, au moyen duquel les efforts de l'intelligence et du travail s'unissent à la puissance des capitaux, et qui a produit de si excellents effets, n'a point échappé à la critique.

16. Les sociétés en commandite sont, a-t-on dit, formées de deux éléments distincts toujours en présence, souvent en état

de lutte : la gérance, investie d'un pouvoir absolu pour l'administration des affaires sociales, et la commandite, condamnée à une inaction presque complète.

17. Si, a-t-on ajouté, les commanditaires se renferment dans la stricte légalité, leurs intérêts sont à la merci d'un gérant infidèle ou incapable ; ils ne peuvent ni lui donner l'impulsion qui leur paraît bonne, ni résister à sa direction s'ils la croient mauvaise. Les assemblées générales sont réduites à l'examen rétrospectif des faits accomplis ; toute délibération, tout acte qui sort des limites qui leur sont imposées peut constituer une immixtion et donner naissance à la redoutable responsabilité établie par les articles 27 et 28 du Code de commerce.

18. Si, au contraire, les conventions statutaires restreignent les pouvoirs de la gérance, si elles en transportent une partie à l'assemblée générale, elles ont un double inconvénient ; elles ne font point disparaître les dangers de l'immixtion, car il ne dépend pas de la volonté des parties de déroger à une disposition protectrice des droits des tiers, et le gérant, dépouillé de son autorité, se trouve dans une position singulière ; il reste exposé à la responsabilité d'actes qui ne sont pas émanés de sa libre initiative.

19. Le régime des sociétés anonymes a aussi trouvé des détracteurs.

20. On le sait, les sociétés anonymes ne peuvent exister, aux termes de l'article 37 du Code de commerce, qu'avec l'autorisation de l'Empereur et avec son approbation pour l'acte qui les constitue.

21. Nécessairement, a-t-on dit, l'instruction qui précède le décret d'autorisation exige un certain temps ; elle entraîne des lenteurs toujours funestes au succès des entreprises commerciales.

22. Des justifications dont la nature et l'étendue ne sont point déterminées doivent être fournies soit à l'administration, soit au Conseil d'État, dont sans cela l'examen serait inutile et même impossible.

23. L'autorisation peut être retirée, s'il apparaît que la société s'écarte des statuts qui ont été approuvés.

24. Ainsi sa formation et sa durée ne dépendent pas de la seule volonté de ses membres ; elle est placée en dehors du principe de la liberté des conventions.

25. Enfin, si cette forme spéciale peut convenir à de vastes associations ayant pour objet l'exécution ou l'exploitation de grands travaux d'utilité publique ou d'autres entreprises semblables, elle est évidemment inapplicable aux opérations ordinaires du commerce.

26. Dans ces appréciations du régime des sociétés en commandite par actions et des sociétés anonymes, il y a des remarques judicieuses et des faits bien observés ; mais il faut reconnaître qu'elles présentent un caractère évident d'exagération.

27. Dans la réalité, les sociétés en commandite par actions ne sont point tour à tour livrées au pouvoir despotique d'un gérant ou gouvernées par les caprices d'une assemblée. Une longue expérience a démontré que la conciliation entre l'autorité de la gérance et les droits de la commandite n'est ni aussi difficile, ni aussi rare qu'on a paru le penser. Certainement on peut affirmer que les sociétés dans lesquelles règne une parfaite harmonie sont beaucoup plus nombreuses que celles qui sont troublées par des dissensions intérieures, et cela se comprend très-bien lorsqu'on ramène à leur juste mesure les conséquences de l'antagonisme qui existe entre les éléments de la société en commandite.

28. Sans doute, l'administration appartient exclusivement au gérant, et l'intérêt de la société, comme les principes du droit, veulent qu'il soit libre dans l'exercice de ses pouvoirs ; mais aux commanditaires appartiennent la surveillance et le contrôle de ses actes ; la loi leur défend seulement d'intervenir dans les opérations de la gestion. La difficulté que présente en théorie la détermination précise du point où finit la surveillance et commence la gestion, tend à disparaître dans la pra-

tique. La sagesse des tribunaux a donné sur ce point des solutions aussi nombreuses et aussi variées que les espèces qui les ont provoquées. Réunies, elles forment aujourd'hui un corps de doctrine qui est un guide assuré pour les jurisconsultes et pour les commercants.

29. Pour les sociétés anonymes, il convient d'abord de rappeler les raisons qui rendent nécessaire l'autorisation du Gouvernement.

30. En matière d'obligations conventionnelles, il y a un principe fondamental qu'exprime avec autant de précision que de force l'axiome : *Qui s'oblige oblige le sien*, qui est également consacré, et presque dans les mêmes termes, par les articles 2092 et 2093 du Code Napoléon.

31. Ainsi, quand un engagement est formé, il faut qu'il s'exécute ; et tous les biens de celui qui l'a contracté sont affectés à cette exécution. Dans les sociétés en commandite, la règle est respectée. Si les commanditaires ne sont tenus que jusqu'à concurrence de leurs mises, c'est parce qu'ils se sont bornés à promettre de verser leurs fonds entre les mains du gérant, qui, personnification de la société, contracte avec les tiers, et par suite est tenu envers eux, non-seulement sur tous les biens de la société, mais aussi sur tous les siens. Dans les sociétés anonymes, ce sont les associés réunis qui s'engagent personnellement, puisque les administrateurs ne sont que leurs mandataires. Les associés devraient donc être tenus sur tous leurs biens des obligations sociales. C'est par dérogation au droit commun, par une faveur spéciale, que la responsabilité est limitée aux sommes formant l'ensemble des mises sociales. Mais cette exception s'explique par cette considération que l'autorité publique, protectrice des intérêts généraux, s'est assurée que la société est loyalement constituée, qu'elle a un capital suffisant et qu'elle n'a en vue que des opérations honorables.

32. Pour obtenir l'autorisation qui leur est nécessaire, les sociétés anonymes n'ont ni longs délais à subir ni grandes dif-

ficultés à vaincre. On leur demande de présenter des souscriptions sérieuses, un capital convenable, des apports sincères, c'est-à-dire des garanties pour la société contre ses administrateurs, et pour les tiers contre la société.

33. Toutes les sociétés dans lesquelles on trouve sous ces différents rapports des sûretés satisfaisantes obtiennent avec la même facilité et la même promptitude l'approbation de leurs statuts. Jamais la pensée de faveur, de concession de privilége n'entre dans l'appréciation qui précède le décret d'autorisation et dans les motifs qui déterminent à le rendre.

34. Après avoir réduit à leur juste valeur les reproches et les critiques, après avoir rétabli la vérité des faits et restitué aux différentes espèces d'associations aujourd'hui existantes le caractère propre à chacune d'elles, le Gouvernement a soumis au plus consciencieux examen l'importante question de savoir si, dans l'intérêt de l'industrie et du commerce, il était opportun d'ajouter aux trois formes de sociétés qui sont reconnues par les lois en vigueur, une société ayant une forme et une organisation différentes.

35. Le projet qui vous est présenté est le résultat de délibérations, dans lesquelles les théories juridiques, l'expérience des praticiens, les principes de l'économie sociale et les progrès de la législation chez les nations voisines ont été consultés et mis à profit.

36. Le premier article, nous l'avons déjà fait remarquer, caractérise très-nettement le régime nouveau.

37. Il déclare qu'on pourra former des associations qui, sous le nom de *sociétés à responsabilité limitée*, ne seront point soumises à l'autorisation exigée pour les sociétés anonymes, et dans lesquelles, néanmoins, aucun des associés ne sera tenu au délà de sa mise.

38. Les avantages et les facilités que présente ce système frappent au premier coup d'œil.

39. C'est la liberté pour la constitution de la société, la liberté pour son administration, avec la limitation de la respon-

sabilité individuelle à la mise de chaque associé, et de la responsabilité collective au fonds social.

40. Il serait difficile de proposer des combinaisons meilleures pour les associés et plus séduisantes pour les capitaux.

41. Mais la sollicitude du législateur ne doit pas s'attacher d'une manière exclusive à ce qui peut favoriser les sociétés au moment de leur formation et attirer les sommes nécessaires à la constitution du fonds social; sa vue doit s'étendre plus loin, embrasser les divers intérêts qui peuvent se trouver en opposition avec ceux des associés et accorder à tous une égale protection.

42. Or, il faut en convenir, la confiance publique serait souvent trompée s'il était permis à tous ceux qui en auraient la pensée de former des associations qui ne seraient soumises à aucun contrôle, à aucune règle spéciale, à aucune condition particulière, et qui pourraient contracter des engagements sans autre garantie qu'un capital, la plupart du temps insuffisant.

43. Si l'on tolère que les obligations des sociétés anonymes n'aient pour gage que le montant des mises sociales, c'est parce que, on ne saurait trop insister sur ce point, une légitime présomption de sagesse et de bonne foi s'attache à des statuts qui ont obtenu l'approbation de l'autorité souveraine.

44. Le projet tend au même but en employant des moyens différents. Il ne place point la garantie des tiers dans un examen préalable du contrat social; il laisse à la volonté des parties plus d'indépendance. Mais, pour empêcher la fraude ou l'imprudence d'abuser de la liberté qu'il accorde, il impose des conditions à la constitution des sociétés, il prescrit pour leur administration des règles auxquelles elles devraient, dans leur intérêt bien entendu, se soumettre de leur propre mouvement.

45. En s'engageant dans cette voie, on avait un double écueil à éviter, l'excès de précaution et l'insuffisance de garantie. L'un rendrait impossible la formation des sociétés, l'autre ne

donnerait point au public la sécurité nécessaire, et par cela même écarterait la confiance et le crédit.

46. Les dispositions dont nous allons présenter l'analyse vous paraîtront, nous osons l'espérer, se maintenir, entre ces extrémités opposées, dans les bornes de la modération, et donner aux intérêts de toute nature la satisfaction qu'ils ont droit de demander.

47. Il importe, avant tout, que personne ne puisse être trompé sur la valeur et l'étendue des garanties qu'offriront les sociétés à responsabilité limitée. Le meilleur moyen pour prévenir les erreurs, c'est d'obliger les associations de ce genre à proclamer elles-mêmes, dans tous les actes par lesquels elles manifestent leur existence, leur nature spéciale.

48. L'article 2 leur impose ce devoir et punit toute infraction d'une amende de 50 fr. à 1,000 fr.

49. Lorsque le nouveau régime sera entré dans les mœurs commerciales, peut-être pourra-t-on se relâcher de cette sévérité; mais, dans les premiers temps, il faut s'armer de rigueur contre ceux qui, par un calcul frauduleux, ou même seulement par négligence, laisseraient ignorer aux tiers leur situation exceptionnelle.

50. Si la disposition est fidèlement observée, elle empêchera qu'il ne s'élève de légitimes réclamations. Des créanciers ne seront point autorisés à se plaindre de l'insuffisance des ressources affectées à leur payement, lorsque sur leur titre même ils auront lu la mention que ces ressources étaient limitées au capital de la société; que, par conséquent, ils n'avaient aucun droit sur les biens personnels des associés.

51. Après avoir dit que ce salutaire avertissement sera donné et répété toutes les fois que l'occasion pourra s'en présenter, le projet s'occupe des règles spéciales qui doivent présider à la constitution de la société et des conditions auxquelles est subordonnée sa validité.

52. Il exige d'abord le concours de dix personnes au moins,

et il ne permet pas que le capital social soit inférieur à 200,000 fr. ou supérieur à dix millions.

53. Il était indispensable de renfermer ainsi dans certaines limites le nombre des associés et le capital social.

54. Les sociétés à responsabilité limitée ont un objet sur lequel il ne faut pas se méprendre et dont on ne doit pas souffrir qu'elles s'écartent ; elles sont instituées pour favoriser, dans l'intérêt des opérations ordinaires du commerce et de l'industrie, les associations de capitaux.

55. Or, une société entre moins de dix associés sera, la plupart du temps, fondée sur les convenances personnelles de ceux qui voudront l'établir, et pour les satisfaire ils pourront employer la forme de la société en nom collectif ou de la société en commandite.

56. Lorsqu'une somme inférieure à 200,000 fr. sera assez considérable pour fournir l'aliment nécessaire aux opérations sociales, les procédés qui sont maintenant en usage seront assez puissants pour constituer un pareil capital.

57. Enfin, s'il s'agit de travaux ou de spéculations auxquels il soit indispensable de consacrer un capital supérieur à dix millions, on sera évidemment en dehors des opérations d'intérêt privé, objet habituel de l'activité commerciale ou industrielle, et l'on devra recourir soit à la société anonyme, soit à la société en commandite par actions.

58. Aux termes de l'article 31 du Code de commerce, les sociétés anonymes sont administrées par des mandataires à temps, révocables, associés ou non, salariés ou gratuits.

59. L'article 7 du projet reproduit cette disposition, en en exigeant toutefois que les administrateurs soient pris parmi les associés et qu'ils soient propriétaires, par portions égales, du dixième au moins du capital social.

60. Pour la société, comme pour les tiers, il est très-important que l'administration ne puisse être confiée qu'à ceux qui sont personnellement intéressés au succès de l'entreprise ; et

pour que cette obligation ne soit pas éludée, il a fallu fixer non-seulement la part du capital social qui doit appartenir aux administrateurs réunis, mais aussi celle dont chacun d'eux doit être individuellement propriétaire.

61. Ce ne sont point là les seules dispositions qui soient relatives à la constitution de la société; il en est d'autres non moins importantes, qui sont contenues dans les articles 4, 5, 6, 9, 10, 11, 12 et 13. Mais celles-ci sont empruntées à la loi du 17 juillet 1856, dans la partie qui n'a trouvé que des approbateurs. Nous devons donc nous borner à en indiquer la substance, en ayant soin de signaler les modifications que la différence des deux espèces de sociétés a rendues nécessaires.

62. L'article 4 détermine le chiffre des actions ou des coupons d'actions, eu égard au chiffre du capital social.

63. Il ne permet de constituer la société qu'après la souscription de la totalité du capital social, et le versement du quart au moins du capital qui consiste en numéraire.

64. Il veut que cette souscription et ce versement soient constatés par une déclaration des fondateurs faite par acte notarié.

65. Le sens du mot *fondateurs* n'est point déterminé par un texte formel. Mais dans la pratique personne ne se méprendra sur les personnes qu'il désigne. Une société, surtout une société nombreuse, ne se forme point par le consentement spontané de tous ses membres; l'idée première appartient toujours à une ou à quelques personnes qui, après l'avoir mûrie, cherchent à la propager. Elles sollicitent et obtiennent des adhésions, elles fondent véritablement la société.

66. Le vœu de la loi est que les fondateurs soient associés. Le premier titre ne peut convenir qu'à ceux qui ont droit au second. Un individu qui par ses soins parviendrait à déterminer un certain nombre de capitalistes, de commerçants ou d'industriels à former une société à laquelle il resterait étranger, ne serait qu'un agent, un intermédiaire ; on ne pourrait lui donner le titre de fondateur et considérer comme digne de

quelque confiance sa déclaration que le capital est souscrit en entier et que le quart a été versé.

67. Les articles 5 et 6 reproduisent sans modifications des dispositions qui déterminent l'époque où les actions peuvent cesser d'être nominatives, et le moment où elles deviennent négociables ; ils règlent aussi la durée de la responsabilité des souscripteurs, et le mode de vérification des apports qui ne consistent pas en numéraire, ou des avantages particuliers accordés à l'un des associés.

68. Les articles 9, 10, 11 et 13 appliquent aux actes constitutifs des sociétés à responsabilité limitée les formalités qui sont prescrites par les articles 42, 43, 44 et 46 du Code de commerce, pour donner de la publicité aux actes de société en général.

69. Mais il a paru nécessaire d'introduire dans ces articles quelques légers changements.

70. Ainsi, l'article 42 du Code de commerce fait courir de la *date* des actes de société le délai de quinzaine dans lequel ils doivent être publiés. Cela ne pouvait être autrement pour des sociétés qui sont constituées du jour même où les actes sont signés ; mais lorsque la constitution de la société est subordonnée à des conditions dont l'accomplissement est nécessairement postérieur au contrat, la date du contrat ne peut être le point de départ du délai de quinzaine ; c'est évidemment le jour de l'accomplissement des conditions.

71. Le second paragraphe de l'article 9 est explicite à cet égard.

72. Au nombre des énonciations que doit contenir l'extrait dont la publication est ordonnée, la mention que : *la société est à responsabilité limitée*, est prescrite comme l'une des plus importantes.

73. Une première sanction est écrite dans l'article 11, qui déclare nulle toute société constituée contrairement aux règles précédentes. Le même article désigne ceux à l'égard desquels la nullité est prononcée et ceux qui ne peuvent l'opposer aux

tiers, et il emploie les expressions : *intéressés* et *associés*, dont se sert l'article 42 du Code de commerce, et dont la jurisprudence a depuis longtemps fixé le sens.

74. En outre, l'article 12 fait peser sur les administrateurs les conséquences de l'annulation ; il les oblige à payer les créanciers qui seraient lésés par suite de la nullité prononcée, et réserve aux associés leur recours pour le cas où ils éprouveraient aussi quelque préjudice.

75. Cette responsabilité résulte, pour les administrateurs, de leur qualité même et des devoirs qu'elle leur impose.

76. Ils sont nommés, aux termes de l'article 8, aussitôt que la souscription totale du capital social et le versement du quart sont constatés dans la forme prescrite par le troisième paragraphe de l'article 4.

77. En entrant en fonctions, leur premier soin doit être de vérifier si les dispositions des articles 3, 4, 5, 6, 7 et 8 ont été observées ; ils doivent ensuite remplir les formalités de publication, conformément aux articles 9 et 10.

78. Ce sont des devoirs dont l'accomplissement est facile, et dont, par conséquent, l'inexécution n'est point excusable.

79. Si ceux qui acceptent les fonctions d'administrateurs ne les remplissent pas ou les remplissent mal, s'ils compromettent par là les intérêts des tiers ou ceux de leurs coassociés, il est juste qu'ils réparent le préjudice qu'a causé leur négligence.

80. A l'article 13 s'arrêtent les dispositions relatives à l'établissement de la société, et à l'article 14 commencent celles qui tracent les règles de l'administration.

81. La direction et la surveillance des affaires sociales sont confiées, avec des attributions et des obligations diverses, aux administrateurs, à l'assemblée générale et à des commissaires spéciaux nommés chaque année.

82. Les administrateurs sont élus par l'assemblée générale ; ils ne peuvent l'être pour plus de six ans ; mais ils sont toujours rééligibles, sauf stipulation contraire (art. 14).

83. Ce délai de six ans suffit pour maintenir dans le sein de

l'administration l'uniformité de vues et l'esprit de suite si utiles pour la bonne direction des affaires ; d'un autre côté, les actionnaires ne sont pas privés de la faculté de remplacer ceux des administrateurs qui ne leur paraissent pas devoir être conservés.

84. Le projet ne s'explique point sur les pouvoirs généraux des administrateurs ; il se réfère à cet égard au droit commun. Mais il indique avec précision certaines obligations auxquelles ils sont assujettis et certains actes qui leur sont interdits.

85. Premièrement, ils sont tenus de dresser chaque année le bilan de la situation active et passive de la société, de le présenter avec leurs comptes à l'assemblée générale, d'en solliciter et d'en obtenir l'approbation, de faire publier et afficher le bilan dans la quinzaine et de mettre à la disposition de chaque associé une copie ou un exemplaire tant du bilan approuvé que du rapport des commissaires (art. 18 et 21.)

86. En second lieu, il n'est pas permis aux administrateurs de prendre ou de conserver un intérêt direct ou indirect dans une opération quelconque faite avec la société ou pour son compte.

87. Il fallait éviter qu'ils fussent placés entre leur intérêt et celui de la société ; c'eût été une situation délicate, dans laquelle l'intérêt de la société aurait pu souvent être mal défendu et quelquefois ouvertement sacrifié.

88. Troisièmement enfin, défense est faite aux administrateurs de distribuer ou de laisser distribuer des dividendes non réellement acquis (art. 25).

89. La sanction naturelle d'une semblable disposition consiste dans l'obligation de rétablir dans la caisse de la société les sommes qui en ont été indûment retirées.

90. Dans quelques occasions, cette restitution pourra ne pas être la réparation entière du préjudice causé soit à des tiers, soit aux associés ; les administrateurs seront obligés de la compléter.

91. Plus cette responsabilité peut être grave, plus il est nécessaire de bien caractériser la contravention qui lui donne naissance.

92. D'abord, la responsabilité doit-elle être imposée à tous les administrateurs, même à ceux qui n'auraient point personnellement concouru à la distribution illégale?

93. La question est clairement résolue par l'article 25. Il déclare qu'en règle générale, les administrateurs qui laissent distribuer sont, comme ceux qui distribuent, tenus solidairement de la restitution et des dommages-intérêts.

94. Cela est fondé sur ce qu'un acte aussi important que la distribution des dividendes est présumé l'œuvre commune et collective de tous ceux qui sont chargés de l'administration.

95. Si l'un des administrateurs pense que ses collègues se trompent sur le caractère des sommes dont ils se proposent de faire la distribution, il doit s'y opposer. Ce ne serait pas assez de se tenir à l'écart, de fermer les yeux, de garder le silence, de s'abstenir. Un acte formel d'opposition est nécessaire pour repousser la responsabilité.

96. Il ne faut pas non plus se méprendre sur la portée de ces mots : *Dividendes non réellement acquis*.

97. Il ne suffit pas que des opérations engagées fassent concevoir des espérances qui paraissent presque des certitudes, ni même que des conventions faites, des marchés conclus, constituent des droits véritables, des créances positives. Les résultats probables des entreprises, les effets des conventions et des traités, ne sont pas encore des bénéfices qu'on puisse distribuer. Si on en fait la répartition avant qu'ils soient effectivement réalisés, avant que la caisse sociale ait reçu les sommes qui en sont la représentation, c'est sur le capital social qu'est pris ce qui est donné aux actionnaires sous le nom de dividendes ; c'est là ce que les administrateurs ne peuvent faire sans se compromettre.

98. Au surplus, l'art. 26, par une disposition générale, décide que toutes les fois que la société ou des tiers auront éprouvé

un dommage par suite d'infractions à la loi ou de fautes imputables aux administrateurs, ceux-ci en devront la réparation. C'est le droit commun, c'est notamment la règle à laquelle sont soumis tous les mandataires par les articles 1991 et 1992 du Code Napoléon.

99. Le projet contient quelques dispositions essentielles sur la composition des assemblées générales, sur la portion de capital qui doit y être représentée, selon l'importance des objets de leurs délibérations, et sur leur périodicité.

100. Il se borne à poser le principe que les résolutions sont prises à la majorité des voix; mais il ne décide point si tout actionnaire, ne fût-il porteur que d'une seule action, aura le droit de prendre part aux délibérations; il laisse aux statuts de chaque société le soin de résoudre la question et de fixer non-seulement le nombre d'actions nécessaire pour être admis dans l'assemblée, mais aussi le nombre de voix que doit avoir chaque actionnaire, eu égard au nombre d'actions dont il est porteur.

101. Une règle uniforme et immuable n'aurait pas été sans de graves inconvénients, en présence de sociétés si diverses, soit par leur composition, soit par leur importance, soit par le nombre des associés, soit par la valeur des actions (art. 15, 16 et 17).

102. Il était indispensable d'organiser un système de contrôle des opérations de l'administration et de sa comptabilité. Il y est pourvu de la manière suivante.

103. Des commissaires nommés chaque année par l'assemblée générale sont chargés de l'examen préalable du bilan et des comptes dressés par les administrateurs, et l'assemblée générale ne peut valablement délibérer, lorsqu'ils lui sont présentés, que sur le rapport des commissaires. Sans cette instruction préliminaire, les votes ne seraient pas suffisamment éclairés.

104. Les commissaires ont droit, toutes les fois qu'ils le jugent convenable dans l'intérêt social, de prendre communica-

tion des livres, d'examiner les opérations de la société et de convoquer l'assemblée générale.

105. Si ces pouvoirs ne leur étaient pas conférés, ils seraient dans l'impossibilité de rendre à la société le service qu'elle doit attendre de leur intervention, ils ne rempliraient pas le but pour lequel la loi les institue.

106. Leur mission est d'ailleurs clairement déterminée ; elle constitue un mandat, mais un mandat renfermé dans des limites assez restreintes, et dont, au surplus, l'étendue et les effets sont réglés par les principes du droit commun (art. 21, 22 et 23).

107. Deux articles placés sous les numéros 19 et 20 prescrivent des mesures qui sont déjà adoptées dans beaucoup de sociétés, et qui ont paru devoir être aussi avantageuses pour les associés que profitables aux tiers. L'un ordonne de faire annuellement sur les bénéfices nets un prélèvement qui est affecté à la formation d'un fonds de réserve, et qui cesse d'être obligatoire lorsque la réserve a atteint le quart du capital social ; l'autre déclare qu'en cas de perte des trois quarts du capital social, la dissolution de la société doit être prononcée, soit par une délibération de l'assemblée générale, soit par une décision judiciaire ; il fait un devoir aux administrateurs de provoquer la dissolution, et reconnaît à tout intéressé le droit de la demander.

108. Le fonds de réserve établit une sage et prévoyante compensation entre les résultats de la bonne et de la mauvaise fortune ; il emprunte au présent au profit de l'avenir ; il est un motif de confiance pour les tiers ; une ressource et un élément de crédit pour la société.

109. La dissolution, obligée quand les trois quarts du capital social sont perdus, empêchera les gens honnêtes de s'aveugler sur leur situation et de courir à une ruine complète ; elle empêchera surtout de tromper le public par une apparence de vie, lorsque, dans la réalité, la société ne peut plus exister.

110. Presque toutes ces dispositions, aussi bien celles qui concernent les administrateurs que celles qui sont relatives aux assemblées générales, aux commissaires, au fonds de réserve et aux effets de la perte d'une partie notable du capital social, sont empruntées aux statuts des sociétés anonymes et des sociétés en commandite qui sont le mieux constituées. Elles doivent donc être considérées bien moins comme imposées par l'autorité du législateur que comme l'expression de la volonté probable des parties intéressées.

111. Les contraventions et les délits qui sont prévus par les articles 27 et 28, sont précisément ceux que punissent les articles 11, 12 et 13 de la loi du 17 juillet 1856. Les mêmes peines doivent atteindre les mêmes faits, quelles que soient d'ailleurs les associations à l'occasion desquelles ils ont lieu ; spécialement, les administrateurs des sociétés à responsabilité limitée qui, en l'absence d'inventaires ou au moyen d'inventaires frauduleux, distribuent des dividendes non réellement acquis, ne peuvent échapper au châtiment qui, en pareil cas, atteint les gérants des sociétés en commandite par actions.

112. Si même la loi devait faire une distinction, ce serait contre les premiers qu'elle pourrait s'armer d'une sévérité plus grande.

113. Le dernier article a pour but de rendre moins dispendieux les procès dans lesquels se trouvent souvent engagés un grand nombre d'associés ayant un intérêt commun.

114. C'est une faveur qu'il était juste d'accorder aux nouvelles sociétés, puisqu'elle a été déjà accordée aux sociétés en commandite par actions. Le Gouvernement ne négligera jamais l'occasion de donner à l'esprit d'association les moyens légitimes de se développer.

115. La législation anglaise sur les sociétés de commerce a reçu depuis quelques années d'importantes modifications.

116. Autrefois la règle générale était que dans toutes les sociétés, même dans celles qui n'avaient point révélé leur exis-

tence par des manifestations publiques, chaque associé, lorsque sa qualité était constatée, était tenu sur tous ses biens de la totalité des dettes sociales.

117. Aujourd'hui, par une transition un peu brusque, dans le plus grand nombre des associations, moyennant l'accomplissement de certaines formalités et en se soumettant à des conditions déterminées, chaque associé n'est tenu que jusqu'à concurrence de sa mise.

118. Pour arriver à cette situation, il y a nécessité de faire enregistrer l'acte de société dans un bureau spécial, mais aucune autorisation n'est exigée.

119. Ce régime a, avec celui que nous vous proposons d'inaugurer, de nombreuses analogies, et si vous adoptez le projet qui vous est présenté, les deux législations seront semblables, autant que le permettent les différences qui existent entre les institutions, les mœurs, le caractère national et les conditions économiques des deux pays.

120. D'ailleurs, vous le savez, un traité récent entre la France et l'Angleterre (1) « accorde à toutes les compagnies et autres » associations commerciales ou financières constituées ou » autorisées suivant les lois particulières à l'un des deux pays, » la faculté d'exercer tous leurs droits et d'ester en justice » devant les tribunaux, soit pour intenter une action, soit pour » y défendre, dans toute l'étendue des Etats et possessions de » l'autre puissance, sans autre condition que de se conformer » aux lois desdits Etats et possessions. »

121. L'effet de cette convention sera de permettre aux sociétés anglaises à responsabilité limitée d'avoir en France une existence légale, d'y faire toutes les opérations, en vue desquelles elles auront été établies, d'y jouir de tous les avantages qui résultent de l'organisation spéciale dont nous avons essayé d'indiquer le mécanisme.

122. Cette circonstance nous semble donner au projet un

(1) Il porte la date du 15 mai 1862.

caractère d'opportunité manifeste. Les commerçants, les industriels français n'ont-ils pas le droit de demander que notre législation leur assure, pour se procurer des capitaux au moyen des associations, toutes les ressources, toutes les facilités dont jouissent leurs puissants et habiles voisins? ne sont-ils pas aussi autorisés à repousser les objections qu'on pourrait opposer à l'établissement en France des sociétés nouvelles, en citant les bons résultats qu'elles ont déjà produits en Angleterre, et en faisant remarquer qu'il serait aussi injuste qu'inconséquent de permettre aux sociétés à responsabilité limitée d'origine britannique, de fonctionner en France et de proscrire celles qui seraient nées sur le territoire national?

123. La loi qui est soumise à vos délibérations n'aura point pour effet, dans la pensée du Gouvernement, de substituer la forme d'association qu'elle autorise aux autres espèces de sociétés aujourd'hui existantes. Celles-ci ont aussi leurs avantages; les garanties qu'offrent, dans les sociétés en nom collectif, la responsabilité de tous les associés; dans les sociétés en commandite, la présence du gérant; dans les sociétés anonymes, l'approbation du Gouvernement, pourront, en beaucoup d'occasions, leur faire accorder la préférence. La société nouvelle viendra prendre sa place à côté des autres, elle ne doit pas avoir plus de prétention. Mais elle sera certainement un moyen de plus, et un moyen efficace, pour donner à l'esprit d'association de la puissance et de l'activité; à l'industrie et au commerce, de la force et de la confiance.

124. Nous espérons que vous partagerez notre conviction, et que vous adopterez le projet qui vous est présenté par le Gouvernement comme réalisant une amélioration incontestable dans une partie importante de la législation commerciale.

RAPPORT

FAIT A LA SÉANCE DU CORPS LÉGISLATIF DU 28 AVRIL 1863, AU NOM DE LA COMMISSION (1) CHARGÉE D'EXAMINER LE PROJET DE LOI CONCERNANT LES SOCIÉTÉS A RESPONSABILITÉ LIMITÉE,

PAR

M. DU MIRAL,
Député au Corps législatif.

Messieurs,

125. Le projet de loi sur les sociétés à responsabilité limitée, dont, depuis la session dernière, vous nous avez confié le difficile examen, a, vous le savez, pour objet la création d'une forme nouvelle d'association de capitaux, pour but le développement de la production et de la richesse de la France. Il a donné lieu, dès son apparition, à des appréciations diverses, à des critiques contradictoires; on l'a attaqué d'un côté comme une dérogation irréfléchie à un des principes fondamentaux de notre droit; la responsabilité indéfinie qui garantit l'exé-

(1) Cette commission était composée de MM. Le Clerc d'Osmonville, *président*; Josseau, *secrétaire*; Roy-Bry, Du Miral, Arman, Ollivier (F.), Werlé, Aymé, de Belleyme.

cution des engagements, comme une innovation inutile et dangereuse. On lui a reproché, en sens contraire, un excès de sévérité et un abus de réglementation de nature à rendre son application impossible.

126. Placés en face d'opinions aussi divergentes, nous avons, au début de nos travaux, exprimé le désir que les tribunaux et les chambres de commerce fussent consultés; leurs avis, favorables en général au principe du projet de loi, nous ont été, pour son étude, d'un utile secours.

127. La rédaction définitive que nous vous présentons aujourd'hui, d'accord avec le Conseil d'État, après de longues discussions, a été, dans une notable partie, empruntée au contre-projet élaboré par votre commission; elle est, dans son ensemble, comme vous le pressentez, le résultat de concessions réciproques que la nature du sujet rendait, pour ainsi dire, inévitables.

128. Le caractère distinctif de la société à responsabilité limitée, que nous vous proposons d'établir, est facile à déterminer.

129. C'est, dans la réalité, une société anonyme dispensée de l'autorisation du Gouvernement, et dans laquelle les garanties inhérentes à cette autorisation sont remplacées par une réunion de règles destinées à protéger les actionnaires et les tiers. Les associés peuvent donc administrer sans être obligés indéfiniment, comme dans la société en nom collectif, sans avoir à redouter, comme dans la société en commandite, les dangers de l'immixtion; cette forme nouvelle leur offre tous les motifs de sécurité qu'ils pourraient rencontrer dans une société anonyme proprement dite, en même temps qu'elle leur évite les lenteurs ou les difficultés de l'autorisation gouvernementale. A ce premier point de vue, il est évident que cette innovation doit être accueillie avec faveur et qu'elle peut efficacement contribuer au résultat qu'on en espère.

130. Est-il vrai qu'elle mérite en sens contraire les reproches qui lui ont été adressés?

131. C'est sans doute une règle sage de notre droit que celle en vertu de laquelle tous les biens de celui qui s'oblige répondent de l'exécution de son engagement ; mais c'est aussi un principe non moins certain de notre législation que les conventions sont la loi des parties. Or, le tiers qui contracte avec une société à responsabilité limitée est averti que l'engagement pris envers lui ne peut être exécuté que sur le capital social. Ce ne sera point là, du reste, une nouveauté dans nos Codes. Il en est de même en ce qui concerne les commanditaires dans les sociétés en commandite et tous les associés dans les sociétés anonymes; les principes du droit ne sont donc aucunement compromis par l'adoption du projet.

132. On objecte vainement que, dans la société en commandite, le gérant est tenu sur tous ses biens ; cette obligation indéfinie du gérant ne fait pas disparaître le caractère limité de l'obligation des commanditaires. Il n'y a, du reste, dans la société anonyme, aucun membre qui soit tenu indéfiniment, et on ne saurait dire que l'engagement indéfini des sociétaires y soit remplacé par l'autorisation du Gouvernement ; car cette garantie, purement morale, est d'un ordre tout différent.

133. Comment, d'ailleurs, ne pas admettre comme équivalentes au décret d'autorisation de la société anonyme proprement dite les règles établies par la loi elle-même pour la société dont nous nous occupons ?

134. Ce qu'il importe vraiment de rechercher, c'est si cette nouvelle forme de société, en principe et sauf examen détaillé des diverses dispositions du projet, est dangereuse ou inutile.

135. Les adversaires du principe du projet lui trouvent un double danger.

136. Ils supposent d'abord qu'il sera pour les spéculateurs téméraires un moyen facile de se lancer dans des opérations aventureuses et de tenter, avec la certitude de ne pas excéder une perte minime, la chance de bénéfices considérables au détriment de la morale, de la fortune publique et de ceux avec

lesquels ils traiteront; mais ils oublient que les tiers seront avertis de la nature, de la portée de l'engagement qui sera contracté envers eux; qu'ils connaîtront la quotité du capital qui seul leur servira de garantie; que les moyens de publicité les plus efficaces seront employés pour les protéger. La limitation de la responsabilité existe aussi dans les sociétés anonymes autorisées et ne rend pas ces sociétés plus téméraires; cette limitation ne fait pas disparaître l'intérêt qu'ont les sociétaires à conserver leur capital; il est rare qu'on puisse trouver un moyen de gagner beaucoup en risquant peu; le résultat qu'on redoute ne pourrait s'obtenir qu'à l'aide de moyens frauduleux, dont l'emploi sera sévèrement puni; la responsabilité indéfinie des gérants est loin, d'ailleurs, de l'avoir toujours prévenu dans les sociétés en commandite.

137. Ils se préoccupent ensuite de la concurrence que les sociétés nouvelles vont faire aux commerçants qui agissent individuellement avec leurs propres capitaux, ou aux sociétés en nom collectif, et prévoient une perturbation commerciale comme conséquence probable de leur développement trop rapide.

138. Cette seconde appréhension ne nous semble pas mieux fondée que la première.

139. Les commerçants, dont le crédit entier, dont la fortune entière sont engagés, qui se consacrent exclusivement à une affaire, conserveront habituellement la supériorité et l'avantage dans la lutte qu'ils auraient à soutenir contre des administrateurs n'ayant qu'un intérêt partiel dans l'affaire qu'ils administrent. Les obligations de publicité, de responsabilité imposées aux sociétés nouvelles, si elles n'empêchent pas leur formation, comme le supposent ceux qui attaquent le projet dans un sens contraire, s'opposeront au moins à leur développement trop rapide.

140. On ne saurait prévoir raisonnablement une concurrence perturbatrice, c'est-à-dire préjudiciable pour ceux contre qui elle serait dirigée, sans profit pour ceux qui la créeraient,

sans avantage pour le public. Quant à la concurrence loyale et sérieuse qui pourrait se produire, nous n'avons pas à vous apprendre quel est le meilleur stimulant de la production, la plus sûre garantie des consommateurs : nous devons en souhaiter le développement plutôt que le craindre.

141. Ce ne serait pas assez, cependant, pour le projet, que de ne pas être dangereux, il faut encore que son utilité, que son opportunité soit réelle, et qu'il constitue par rapport à la législation existante un véritable progrès et un complément désirables.

142. Il est sans doute des cas nombreux où la société en nom collectif, la société en commandite ordinaire, la société anonyme autorisée et même la société en commandite par actions pourront être préférables à la société à responsabilité limitée. Mais il y en a beaucoup d'autres où celle-ci obtiendra la préférence.

143. Ce n'est, sauf les exceptions, qu'avec l'anonymat et la commandite par actions qu'elle peut être utilement comparée.

144. On ne saurait nier, tout en rendant hommage à l'activité, aux lumières, et à la haute impartialité avec lesquelles sont instruites par le Conseil d'État les demandes en autorisation de sociétés anonymes, que cette nécessité d'autorisation et le pouvoir d'annulation qui en est la conséquence, ne soient une gêne considérable, une exception au grand principe de la liberté et de l'irrévocabilité des conventions ; il est, du reste, des cas où une affaire importante ne peut s'engager qu'à la condition d'un conclusion immédiate.

145. Quant à la société en commandite par actions, la difficulté d'y concilier le pouvoir du gérant avec la légitime surveillance des commanditaires, l'impossibilité pour ces derniers de participer efficacement à l'administration de l'affaire, même depuis le remaniement des articles 27 et 28 du Code de commerce que nous venons de voter, ne permettent pas qu'elle offre habituellement les facilités et les avantages de la société à responsabilité limitée.

146. Le nombre des gérants honnêtes et capables est loin de s'être accru en proportion de la progression de la richesse mobilière.

147. Ce système, qui avait été rationnel à une époque où la commandite n'était que l'accessoire et pour ainsi dire l'appoint de la fortune et de la capacité personnelle du commandité, où le capital des sociétés commerciales n'atteignait jamais des proportions très-élevées, et où le crédit personnel du gérant dominait le capital social, est devenu progressivement moins logique, moins praticable depuis que le chiffre du capital s'est élevé à des quotités qu'on ne supposait même pas autrefois, et que son importance a amoindri ou pour mieux dire absorbé la personnalité du gérant.

148. Il faut, du reste, reconnaître que les abus pratiqués au préjudice des actionnaires et l'impossibilité pour eux de surveiller efficacement leurs intérêts ont commencé à détourner les capitaux de ce genre de placement ; rien ne peut les y ramener davantage que la possibilité pour les intéressés de participer à l'administration des sociétés sans encourir les responsabilités indéfinies qui atteignent les gérants ; cette possibilité empêcherait aussi beaucoup de ceux qui s'enrichissent dans l'industrie ou le commerce de quitter complétement, comme ils le font trop souvent aujourd'hui, la carrière à laquelle ils doivent leur fortune, dont ils possèdent l'expérience et la tradition, pour ne pas rester exposés aux périls d'une responsabilité sans limite.

149. Il est d'autres considérations plus décisives encore qui se réunissent pour démontrer l'opportunité du projet.

150. Deux grands motifs exigent que nous ne négligions rien de ce qui est possible pour le développement de notre activité commerciale et industrielle :

151. Le traité de commerce récemment fait avec l'Angleterre et la nécessité de lutter avec elle à armes égales ;

152. L'impulsion bienfaisante donnée sur tous les points du territoire à la création des moyens de transport, et la nécessité

de grandir parallèlement notre production et nos échanges pour utiliser sans retard le capital consacré à ces vivifiantes créations.

153. Or, l'Angleterre est déjà en possession de la forme de société nouvelle dont il s'agit de doter la France; elle en obtient, nous nous en sommes assurés, les meilleurs résultats, et, aux termes d'une clause particulière du traité, elle est autorisée à faire fonctionner chez nous à son profit ces sociétés dont elle nous a donné la première l'utile exemple, quoique nous lui en eussions fourni par la commandite et l'anonymat la première idée.

154. Il existe un troisième motif non moins considérable, quoique d'un ordre différent, que nous ne pouvons passer sous silence.

155. L'Empereur, dans sa haute sagesse et dans sa féconde initiative, a noblement proclamé la doctrine de la liberté économique et commerciale; il a provoqué la spontanéité des citoyens à s'affranchir progressivement de la tutelle de l'État; il a signalé cette base de la liberté civile comme la meilleure et la plus solide sur laquelle pussent s'établir les assises de notre liberté politique.

156. Le projet qui vous est soumis est dans son principe un hommage rendu à cette grande pensée, il en est une des premières réalisations; le Corps législatif ne peut que l'approuver et y applaudir; votre commission, à l'unanimité, lui a donné son adhésion.

157. Nous croyons avoir suffisamment repoussé les objections dirigées contre l'idée mère du projet; nous allons maintenant l'examiner dans ses détails; cet examen nous fournira l'occasion de répondre aux attaques dont il a été l'objet au point de vue de la liberté.

158. Le projet définitif se compose de trente-deux articles.

159. Les dix premiers règlent ce qui est relatif à la constitution et à la publicité.

160. L'administration et le fonctionnement sont régis par les articles 11, 12 et suivants, jusqu'au 22 inclusivement.

161. Les dix derniers déterminent les prohibitions, les nullités, les responsabilités de diverses natures.

§ 1er.

ARTICLE PREMIER.

162. La commission avait proposé de substituer au titre de sociétés à responsabilité limitée, celui de sociétés *anonymes libres* ; elle y voyait l'avantage de préciser d'une manière plus claire, plus exacte le véritable caractère de la société nouvelle; le Conseil d'État ne s'est pas rendu sur ce point à nos observations ; mais ce dissentiment sur la dénomination , que nous persistons à regretter, n'en implique néanmoins aucun sur le fond des choses.

163. La commission avait aussi dans son contre-projet manifesté l'intention d'appliquer la forme nouvelle aux sociétés civiles comme aux sociétés commerciales, dans le but de déterminer plus clairement, sinon d'élargir le cercle de la loi et de faire cesser les hésitations ou les divergences qui se sont produites dans la jurisprudence, sur le point de savoir si des sociétés civiles peuvent prendre la forme anonyme.

164. Le Conseil d'État a retranché du contre-projet le mot civiles, pour qu'il demeurât bien entendu que la loi ne peut s'appliquer qu'aux sociétés commerciales.

165. Cette rédaction n'a du reste aucunement l'intention de combattre la jurisprudence, par suite de laquelle il a été décidé que des sociétés dont l'objet était primitivement civil avaient pu prendre le caractère commercial et se soumettre valablement à la forme anonyme par suite des agissements vraiment commerciaux auxquels elles se livraient.

166. Votre commission exprime à cette occasion le vœu que la législation sur les sociétés civiles soit l'objet d'une révi-

sion prochaine qui fasse disparaître les inconvénients et les incertitudes auxquels le contre-projet avait eu l'intention de remédier en partie.

167. Un dissentiment d'une moindre importance s'était produit entre le Conseil d'État et la commission au sujet de la nécessité de l'acte authentique ; elle a été maintenue.

ART. 2.

168. Nous avons réduit à sept le nombre de dix membres qui, d'après le projet primitif, était nécessaire pour la constitution de la société.

169. Ce nombre de sept, qui est celui de la législation anglaise, paraissait encore trop élevé à quelques-uns de vos commissaires ; il a semblé nécessaire à la majorité pour permettre la possibilité de l'organisation du conseil d'administration et des commissaires chargés de la surveillance ; elle a pensé, d'ailleurs, que les formes actuelles étaient suffisantes pour des sociétés plus restreintes.

ART. 3.

170. Le projet primitif posait au capital des sociétés nouvelles une double limite, et voulait qu'il ne pût être inférieur à 200,000 francs ou supérieur à 10,000,000 de francs. Votre commission avait proposé la suppression pure et simple de cette disposition ; notre contre-projet laissait donc pour la fixation du capital l'entière liberté qui existe déjà pour les sociétés en commandite.

171. Le projet définitif supprime la limite inférieure et porte à 20,000,000, au lieu de 10,000,000 la limitation par en haut.

172. Il est rare qu'au-dessus de ce chiffre de vingt millions on n'ait pas recours à l'anonymat autorisé ; il ne s'est formé, dans les cinq dernières années, que deux sociétés en commandite, par actions, à un capital supérieur.

173. Le champ laissé à la nouvelle société, *à son début*, demeure assez vaste pour que votre commission ait dû se résigner à donner son adhésion à cette nouvelle disposition.

174. Tous les autres paragraphes de l'article 3 sont relatifs à la quotité des actions, à la possibilité de les négocier, aux obligations des souscripteurs originaires.

175. Ces dispositions sont littéralement empruntées à la loi de 1856 sur les sociétés en commandite par actions.

176. Elles constituent des moyens efficaces de combattre le jeu, la fraude et d'assurer la réalité du capital, qui est, dans les sociétés nouvelles, d'une importance fondamentale; elles ont, du reste, reçu l'approbation de la presque unanimité des tribunaux et chambres de commerce consultés.

Art. 4.

177. Cet article est encore emprunté, pour la presque totalité, à la loi de 1856; il s'occupe spécialement de la souscription et du versement du capital.

178. Le dernier paragraphe prescrit la vérification par la première assemblée générale de la réalité des souscriptions et des versements; c'est une précaution de plus due à l'initiative de vos commissaires.

Art. 5.

179. Il règle ce qui est relatif aux apports et aux stipulations d'avantages particuliers; c'est aussi une reproduction presque littérale des dispositions de la loi de 1856, sauf le dernier paragraphe que vos commissaires ont fait ajouter, pour qu'il fût bien entendu que l'approbation donnée par les actionnaires ne ferait pas obstacle à leurs légitimes réclamations, lorsqu'elles auront pour base le dol ou la fraude des fondateurs,

180. Notre honorable collègue M. Calley-Saint-Paul avait proposé sur cet article un amendement dont le but était de faire évaluer judiciairement les apports au moyen d'une expertise et avec le concours du tribunal de commerce.

181. Ce moyen, qui avait été déjà proposé et repoussé lors de la discussion de la loi de 1856, nous a semblé avoir plus d'inconvénients que d'avantages ; il fait sortir les juges consulaires de la sphère qui leur est propre pour leur attribuer une responsabilité des plus délicates et éminemment dangereuse pour les tiers, dans le cas où leur religion aurait été surprise ; il constitue une dérogation à cette règle élémentaire que les intéressés sont et doivent être les meilleurs juges de leurs intérêts ; enfin, il crée une barrière infranchissable contre les recherches ultérieures et met les entraînements si dangereux du moment à l'abri des investigations ou des révélations de l'avenir.

ART. 6.

182. Son objet est la nomination des administrateurs et des commissaires.

183. Nous signalerons plus tard l'utilité de l'institution des commissaires. Quant aux administrateurs, il est évident qu'ils sont la personnification de la société à responsabilité limitée comme de la société anonyme, qu'elle ne peut exister sans eux et qu'elle n'est constituée qu'à partir de leur acceptation.

184. Les dispositions de cet article sont assez claires pour ne pas avoir besoin d'autres explications.

ART. 7.

185. Si l'ensemble des administrateurs doit, aux termes de cet article, être propriétaire d'un vingtième du capital social, chacun d'eux est tenu d'avoir dans ce vingtième une part égale.

186. C'est une précaution de bonne administration qui, renfermée dans cette limite, ne peut pas créer de difficulté sérieuse pour le choix des administrateurs et ne saurait produire que des avantages.

187. Cette disposition donne satisfaction au vœu manifesté par le tribunal de commerce de la Seine, dont l'honorable pré-

sident, M. Denières, avait signalé le premier dans un discours remarquable l'utilité du projet.

Art. 8, 9 et 10.

188. Les articles 8, 9 et 10 déterminent d'une manière nouvelle et satisfaisante les conditions de publicité pour la constitution de la société et pour ses actes les plus importants.

189. Le greffe du tribunal de commerce devient un lieu de dépôt sûr, commode et complet, où tout intéressé pourra constamment se procurer les documents propres à le renseigner sur la situation des sociétés à responsabilité limitée.

§ 2.

Art. 11.

190. L'article 11 impose avec raison aux sociétés nouvelles l'obligation de révéler dans tous leurs actes, dans toutes leurs manifestations extérieures, leur véritable caractère.

191. Le véritable sens des mots : « responsabilité limitée, » ne tardera pas à être connu de tous ceux qui se livrent à des opérations commerciales ; la prescription du présent article constitue donc un utile avertissement.

Art. 12, 13, 14.

192. Les articles 12, 13 et 14 règlent avec clarté ce qui est relatif à la tenue des assemblées générales.

193. Ils distinguent avec raison les assemblées dans lesquelles, à cause de l'importance de l'objet, la moitié du capital au moins doit être représentée, de celles auxquelles tous les actionnaires sont nécessairement admis avec voix délibérative.

194. Cette dernière disposition a un caractère libéral et moral qui ne vous échappera pas.

195. La prescription relative à la feuille de présence des actionnaires qui prennent part aux délibérations, au dépôt et

à la communication de cette feuille est une sage précaution contre les fraudes dont la tenue de ces assemblées n'est que trop fréquemment l'occasion.

ART. 15 ET 16.

196. Les articles 15 et 16 déterminent l'institution, les devoirs et les droits des commissaires dont il a été déjà question à l'occasion de l'article 6.

197. Leur mission principale est de vérifier l'exactitude du bilan et des comptes qui chaque année doivent être présentés par les administrateurs et de faire un rapport qui constate cette vérification ; ils exercent aussi un contrôle permanent sur la situation de la société et sur les actes des administrateurs.

198. Cette institution a la plus grande analogie avec celle des *inspecteurs* qui, dans les sociétés anglaises, sont établis par les articles 48, 49, 50, 51 et 52 de l'*acte* du 14 juillet 1856.

199. Quoiqu'elle ait été très-généralement approuvée, quelques tribunaux ou chambres de commerce y ont vu le germe probable d'un antagonisme fâcheux entre les administrateurs et les commissaires, une atteinte au principe de l'unité de direction indispensable, à leurs yeux, pour la bonne *marche des affaires*. Nous n'avons pas partagé ces appréhensions.

200. La sphère d'action des administrateurs et des commissaires est distincte : les premiers agissent ; les seconds se bornent à contrôler et n'ont pas même le droit de *veto* sur les actes des premiers ; il est vrai que les commissaires peuvent convoquer l'assemblée générale, mais ce n'est pas là un acte d'administration proprement dit, et il est difficile d'admettre qu'ils en fassent usage en dehors des cas exceptionnels où il sera impérieusement commandé par l'intérêt social. L'unité de direction n'est donc pas compromise par cette création.

201. Elle pourra sans doute parfois causer une gêne et un ennui aux administrateurs ; mais ce n'est là qu'un inconvénient secondaire, et il est impossible de ne pas reconnaître qu'elle

constitue pour les actionnaires non administrateurs et pour les tiers une garantie efficace et presque nécessaire.

ART. 17 ET 18.

202. Ces articles 17 et 18 imposent aux administrateurs l'obligation de dresser, chaque trimestre, un état résumant la situation active et passive de la société. Cette sage prescription, utile pour les administrateurs eux-mêmes, facilitera singulièrement le contrôle des commissaires.

203. Ils règlent ensuite un des objets les plus importants : la rédaction de l'inventaire annuel, son dépôt au greffe, sa communication par divers moyens aux intéressés dans un délai qui en permette l'utile examen.

ART. 19.

204. Il prescrit un prélèvement annuel d'un vingtième sur les bénéfices pour la formation d'un fonds de réserve, mais ce prélèvement cesse d'être obligatoire lorsque le fonds de réserve a atteint le dixième du capital social.

205. Ce prélèvement, renfermé dans une raisonnable mesure, a l'avantage d'établir une compensation désirable entre des années inégales, et surtout de maintenir l'intégrité du capital social, dont la conservation est pour les actionnaires, pour les tiers et même pour la fortune publique, d'un intérêt supérieur.

ART. 20.

206. Il oblige les administrateurs en cas de perte des trois quarts du capital social, à soumettre à l'assemblée générale la question de la dissolution de la société et à rendre publique la résolution prise à cet égard.

207. On rencontre une disposition analogue dans l'article 67 de la loi anglaise.

208. Nous avons rendu facultative la prescription obligatoire

qui existait à cet égard dans le projet primitif, parce qu'il y a certaines affaires qui peuvent encore fonctionner avec un capital réduit, et qu'il serait trop rigoureux d'anéantir au moment où elles semblent devoir réparer leurs pertes ; mais, dans le plus grand nombre des situations, il sera sage de s'arrêter et il y aura toujours avantage à ce que le public soit averti.

ART. 21.

209. Il est la sanction nécessaire de la limitation du nombre fixé par l'article 2.

ART. 22.

210. Il donne aux actionnaires qui ont à former des réclamations contre les administrateurs, des facilités analogues à celles qui ont trouvé place dans l'article 14 de la loi de 1856 ; il ne saurait s'élever sur ce point aucune difficulté.

§ 3.

ART. 23.

211. Il interdit aux administrateurs de prendre ou de conserver un intérêt direct ou indirect, dans une opération quelconque faite avec la société ou pour son compte ; à moins *qu'ils ne soient autorisés par l'assemblée générale pour certaines opérations spécialement déterminées.*

212. Ce tempérament introduit par votre commission fait disparaître les inconvénients qui avaient été signalés par divers tribunaux de commerce, notamment par celui de la Seine, en ce qui concerne cette disposition du projet.

213. Ainsi modifiée, elle constitue une innovation des plus morales et des plus heureuses, qui sera certainement étendue aux statuts des sociétés anonymes autorisées.

ART. 24.

214. Il prononce la nullité des sociétés qui n'ont pas été

constituées et des actes ou délibérations qui n'ont pas été déposés ou publiés, conformément aux articles 1, 2, 3, 4, 5, 6, 7, 8 et 9.

215. Cette nullité est la sanction nécessaire des articles que nous venons d'énumérer.

216. Cet article n'est guère que la reproduction de l'article 6 de la loi de 1856 dans une partie où elle n'a jamais été critiquée.

Art. 25.

217. Il détermine les responsabilités encourues par les administrateurs ou les fondateurs, lorsque la nullité de la société, des actes ou des délibérations a été prononcée.

218. Là rédaction primitive de cet article a été modifiée sur notre proposition de manière à limiter la responsabilité à ceux auxquels elle est réellement imputable.

219. Notre honorable collègue M. Calley-Saint-Paul avait présenté sur les articles du projet primitif que cet article 25 remplace un amendement qui avait pour but de permettre aux administrateurs de s'exonérer, sous de certaines conditions, des responsabilités qui leur sont imposées pour l'accomplissement des diverses prescriptions dont l'exécution leur est confiée ; il était ainsi conçu :

« Les administrateurs sont toujours libres de se libérer de » la responsabilité que font peser sur eux les articles 11 et 12 » (projet primitif).

» A cet effet, aussitôt l'accomplissement des formalités et » stipulations prévues par les art. 3, 4, 5, 6, 7 et 8 (projet pri- » mitif), ils devront rendre en assemblée générale un compte » justificatif de cette partie spéciale de leur mandat.

» Le compte rendu par eux sera préalablement soumis aux » commissaires nommés aux termes de l'art. 8 ; ces commis- » saires feront de leur examen un rapport, et, ce rapport lu » à l'assemblée générale, elle donnera ou refusera son appro- » bation ; si le vote est favorable, il sera soumis à l'homolo-

» gation du tribunal de commerce; le jugement d'homologa-
» tion libérera complétement les administrateurs des respon-
» sabilités prévues dans les articles 11 et 12. »

220. Nous ne l'avons pas adopté, parce que nous n'avons pas trouvé la garantie de cette vérification équivalente à celle de la nullité inscrite dans la loi, parce que cette nullité n'a pas été seulement introduite dans l'intérêt des actionnaires, mais principalement dans l'intérêt des tiers qui ne seraient pas représentés dans la délibération, parce que l'intervention du tribunal de commerce, en l'absence d'une contradiction suffisante, ne pourrait être qu'un simple enregistrement, et enfin, parce que l'accomplissement des formalités prescrites est assez simple, assez facile pour qu'avec un peu d'attention les administrateurs soient entièrement sûrs de ne s'exposer à aucun danger.

ART. 26.

221. Aux termes de cet article, l'étendue et les effets de la responsabilité des commissaires envers la société sont déterminés d'après les règles générales du mandat.

222. Cet article n'était susceptible d'aucune critique; il ne peut donner lieu à aucune observation.

ART. 27.

223. Il se compose de deux paragraphes.

224. Le premier se borne à énoncer que les administrateurs sont responsables conformément au droit commun. des infractions aux dispositions de la loi et des fautes commises dans leur gestion.

225. Il n'a donné lieu dans le sein de votre commission à aucune discussion.

226. Il n'en est pas de même du second paragraphe.

227. Celui-ci s'applique à la faute spéciale qui est commise par les administrateurs, lorsqu'ils distribuent des dividendes qui ne sont pas réellement acquis.

228. Cette faute, dans le projet primitif, était prévue par l'article 25 dans les termes suivants :

« Les administrateurs qui distribuent ou laissent distribuer » sans opposition des dividendes qui ne sont pas réellement » acquis sont tenus solidairement *d'en rétablir le montant* » *dans la caisse de la société*, sans préjudice de plus amples » dommages et intérêts, s'il y a lieu, envers les tiers ou les » associés. »

229. Nous avions, dans notre contre-projet, purement et simplement supprimé cet article 25.

230. Nous considérions, d'un côté, que le droit commun suffisait pour atteindre la faute particulière dont il s'agit, et nous appréhendions que l'énonciation spéciale de cette responsabilité ne fût de nature, en maintenant les inquiétudes créées par la loi de 1856, à éloigner des actionnaires honorables du rôle d'administrateurs dans les sociétés nouvelles.

231. Nous pensions, d'un autre côté, que l'obligation de réintégration dans la caisse sociale des dividendes versés pourrait parfois constituer, sans intérêt aucun, un irréparable préjudice pour les administrateurs et créer un injuste avantage pour des actionnaires qui auraient souvent provoqué ou au moins approuvé la distribution et en auraient toujours profité.

232. Le Conseil d'Etat a donné satisfaction à cette dernière partie de nos observations par la rédaction contenue au projet définitif, à laquelle nous avons fini par adhérer ; cette rédaction est ainsi conçue :

« Ils (les administrateurs) sont tenus solidairement du pré- » judice qu'ils peuvent avoir causé soit aux tiers, soit aux asso- » ciés, en distribuant ou en laissant distribuer sans opposition » des dividendes qui, d'après l'état de la société constaté par » les inventaires, n'étaient pas réellement acquis. »

233. Il importe de bien en préciser le sens avant d'indiquer les motifs qui nous ont déterminés à l'adopter.

234. Il est d'abord bien évident, à la simple lecture du paragraphe, qu'il n'exige pas, pour que la responsabilité qu'il

édicte soit encourue, que la distribution des dividendes non réellement acquis ait eu lieu frauduleusement dans un but mauvais ou tout au moins en connaissance de cause. Le mot *sciemment* n'y est pas écrit.

235. Une faute grave, certaine, suffirait donc pour l'application de la disposition, même alors que la bonne foi du distributeur serait présumable ou constante.

236. Mais que faut-il entendre par ces expressions *qui d'après l'état de la société constaté par les inventaires n'étaient pas réellement acquis ?*

237. La disposition ne sera-t-elle applicable que lorsque la distribution aura été faite en contradiction de l'inventaire qui aura été dressé, même alors que l'inventaire serait inexact, et suffira-t-il qu'un inventaire défectueux semble autoriser la distribution pour qu'elle ne donne lieu à aucune responsabilité ? Ce serait une erreur de le penser. La distribution sera recherchable, ou qu'elle soit faite contrairement à un inventaire régulier, ou qu'elle ait eu pour motif un inventaire défectueux qui ne constatait pas le véritable état de la société, ainsi qu'aurait dû le faire un inventaire exact et sincère. Dans ce dernier cas, la faute de la distribution procède de celle qui a donné naissance à la confection vicieuse de l'inventaire ; elles se confondent l'une et l'autre ; il faut donc entendre le mot inventaire employé dans le paragraphe comme emportant avec lui l'idée de l'exactitude et de la régularité.

238. Il ne nous reste plus qu'à déterminer la signification de ces expressions *réellement acquis*.

239. On a voulu exprimer ainsi les bénéfices qui ne peuvent plus échapper à la société, qui ne sont plus à l'état de simple éventualité, quelle qu'en soit la vraisemblance, dont aucun coup du sort, excepté une insolvabilité imprévue, ou une destruction fortuite, ne peut plus priver la société. Sans doute il ne sera pas toujours nécessaire que le bénéfice ait été encaissé ; il pourra résulter d'une valeur, d'une traite, même d'une simple créance, pourvu qu'elle soit réputée bonne, non

susceptible de discussion et de nature, suivant les usages du commerce, à figurer à l'actif. Le bon sens et la pratique commerciale seront, sur ce point, le meilleur commentaire de la loi. Quel est, pour ne prendre qu'un exemple, le commerçant, l'industriel, qui ne sache pas distinguer une opération conclue et liquidée de celle qui n'est qu'en cours d'exécution?

240. Indiquons maintenant les motifs qui nous ont décidés à consentir au maintien de la disposition ainsi précisée.

241. Le principal, c'est qu'elle n'est dans la réalité qu'une répétition, une reproduction *explicite,* pour cette faute spéciale de la distribution de dividendes non acquis, de la disposition générale du paragraphe premier du même article qui déclare le droit commun applicable aux fautes commises par les administrateurs de la nouvelle société.

242. Or, n'est-ce pas une faute évidente, palpable, préjudiciable au plus haut degré aux tiers qui contractent avec la société, à ceux qui en achètent ou en conservent les titres, que celle qui consiste à les tromper sur sa véritable situation?

243. Le dissentiment entre nous et le Conseil d'État ne pouvait donc porter que sur la forme et non sur le fond, sur lequel nous étions nécessairement d'accord.

244. Il s'agissait uniquement entre nous de s'avoir s'il valait mieux rappeler par une énonciation explicite cette portée incontestable du droit commun en matière de mandat, ou ne pas le faire.

245. Nous serions peut-être restés fidèles à ce dernier parti que nous avions adopté d'abord, si le projet primitif n'avait pas eu à cet égard une disposition formelle, et si son retranchement n'eût pas été de nature à faire penser qu'on abandonnait sur ce point la voie dans laquelle était entré le législateur de 1856.

246. Cette dernière considération a été pour nous décisive. La suppression pure et simple de la disposition du projet primitif aurait laissé subsister une équivoque; or, il faut avant tout qu'une loi soit sincère, précise, qu'elle dise franchement ce

qu'elle veut et qu'elle ne laisse pas par son silence prétexte à la mauvaise foi ou à l'erreur.

247. Nous avions dû nous demander, il est vrai, si la simple faute en matière de dividende ne pourrait pas être innocentée et s'il ne conviendrait pas de n'atteindre que les distributions frauduleuses ou celles faites en connaissance de cause. Quelques-uns de nous avaient même fait remarquer, dans le sens de cette dernière opinion, que l'article 10 de la loi du 17 juillet 1856 sur les commandites n'établit la responsabilité des membres des conseils de surveillance que lorsqu'ils ont consenti à la distribution *en connaissance de cause*. Mais la réflexion fait comprendre qu'on ne saurait assimiler à des administrateurs qui dressent eux-mêmes les inventaires, qui doivent en posséder tous les éléments, de simples surveillants étrangers à l'administration et réduits à voir ce qu'on leur montre.

248. L'idée de supprimer la responsabilité des administrateurs pour cette faute particulière, pour cette faute exceptionnellement grave et dangereuse de la distribution des dividendes (même en dehors des cas de fraude), n'a pas semblé à la majorité de votre commission résister à un examen attentif. Il faudrait évidemment, si elle était admise, l'étendre à toutes les autres fautes. Comment d'ailleurs justifier cette dissemblance avec la société anonyme autorisée, et cette dérogation aux règles les plus générales et les plus salutaires du droit civil et commercial ?

249. Ne comprend-on pas que, sous prétexte de n'atteindre que la fraude, on s'exposerait, dans une foule de cas, à lui ouvrir la porte et à la rendre inattaquable ?

250. Il ne faut pas, du reste, s'exagérer les périls et les inconvénients de la responsabilité des administrateurs.

251. La perfection absolue n'est pas de ce monde ; les choses humaines s'apprécient toujours humainement.

252. Il n'arrivera presque jamais, lorsque des administrateurs auront été de bonne foi, qu'ils auront apporté aux affaires

de la société un soin ordinaire, qu'ils puissent être recherchés; la vérification des commissaires, le rapport qu'ils auront rédigé, le vote donné par l'assemblée générale, en connaissance de cause, après avoir eu à sa disposition tous les moyens d'information, créeront presque constamment une fin de non-recevoir morale, invincible contre ceux qui voudraient les attaquer ; il faudra d'ailleurs que ceux qui ne reculeront pas devant cette difficile entreprise commencent par justifier d'un préjudice; et, grâce aux précautions prises par le projet, ce préjudice ne pourra que bien rarement se rencontrer.

253. Il n'est pas, nous le reconnaissons, impossible que quelques esprits timorés s'effrayant outre mesure de la possibilité d'une recherche contre laquelle leur bonne foi n'aurait pas suffi pour les prémunir, ne s'abstiennent d'accepter les fonctions d'administrateur.

254. Ces abstentions seront quelquefois regrettables; mais la suppression de la responsabilité tutélaire et indispensable des administrateurs le serait bien davantage.

255. Ces abstentions sans motif suffisant deviendront d'ailleurs de plus en plus rares à mesure que la véritable portée de la disposition sera mieux connue. Son inconvénient, s'il existe, sera donc relativement faible ; elle aura dans un sens opposé l'inappréciable avantage d'augmenter sensiblement dans les conseils d'administration la proportion des gens sérieux qui sont décidés à remplir scrupuleusement leurs devoirs, à faire et à voir par eux-mêmes et à ne pas s'en rapporter aveuglément aux déclarations d'autrui.

256. Nous avons néanmoins proposé de soumettre à une prescription de cinq ans cette responsabilité spéciale à la distribution de dividendes non réellement acquis.

257. Nous ne nous dissimulions pas que c'était une exception aux règles ordinaires du droit, mais ce tempérament nous semblait offrir moins de dangers que d'avantages, et nous regrettons que le Conseil d'Etat n'y ait pas donné son adhésion.

ART. 28.

258. Il est la sanction nécessaire et modérée de l'article 11.

ART. 29.

259. Il punit d'une amende de 500 à 10,000 francs ceux qui, par des moyens frauduleux, exercent dans l'assemblée générale des actionnaires une majorité factice.

260. Ces abus sont trop regrettables et ils ont trop d'extension pour qu'il n'ait pas paru sage à votre commission, qui en a pris l'initiative, de les prévenir en les punissant.

ART. 30, 31, 32.

261. Il sont presque littéralement empruntés à la loi de 1856.

262. L'article 30 contient la sanction nécessaire des prescriptions relatives à l'émission et à la négociation des actions.

263. Quant à l'article 31, il punit des peines de l'article 405 du Code pénal, c'est-à-dire des peines applicables à l'escroquerie :

1° Les simulations et les publications dolosives de souscriptions et de versements ;

2° Les publications mensongères des noms de personnes désignées, contrairement à la vérité, comme étant attachées à la société, dans le but d'obtenir des souscriptions ou des versements.

264. Ces manœuvres, d'un caractère analogue à celles qui constituent l'escroquerie, quoiqu'elles n'en réunissent pas toujours tous les éléments essentiels, nous ont semblé mériter une égale répression.

265. Le paragraphe 3 de cet article 31 applique les mêmes peines aux répartitions de dividendes non acquis, opérées au moyen d'inventaires frauduleux, ou en l'absence d'inventaires.

266. Des faits de cette gravité, dont l'immoralité ne peut être un instant douteuse, sont nécessairement inspirés par un

mobile de cupidité et ne peuvent avoir d'autre but que de surprendre la bonne foi des tiers. Nous n'avons pas hésité à leur appliquer la même peine.

267. Le tribunal de commerce de la Seine dans son avis, et deux de nos honorables collègues dans leurs amendements, MM. Javal et Calley-Saint-Paul, avaient cependant demandé que ces dispositions pénales fussent retranchées du projet, en se fondant : 1° sur ce que le droit commun les rendait inutiles ; 2° sur ce qu'elles témoignaient d'une défiance injurieuse et injuste envers le commerce français ; 3° sur ce qu'elles étaient de nature à éloigner les hommes honorables des sociétés nouvelles.

268. Aucun de nous n'a partagé cette appréciation, nous n'avons pas pensé d'abord qu'aucun homme honnête et résolu à ne pas cesser de l'être pût concevoir la moindre appréhension de pénalités qui ne pourront jamais l'atteindre tant qu'il ne deviendra pas malhonnête.

269. Nous n'avons pas admis non plus que le projet fût plus injurieux pour le commerce français que les dispositions qui prévoient la banqueroute simple ou frauduleuse, que le Code pénal militaire ne l'est pour l'armée, que le crime de forfaiture ne l'est pour les fonctionnaires.

270. Quant à l'insuffisance du droit commun pour réprimer les abus que nous voulons prévenir, il suffit de parcourir les incriminations diverses du projet pour se convaincre que les dispositions du Code pénal ordinaire seraient, dans les cas les plus nombreux, impuissantes à les suppléer.

271. Qui ne se rappelle du reste la situation antérieure à la loi de 1856 et les nécessités législatives qu'elle a révélées?

272. Nous ne disons rien d'autres amendements de l'honorable M. Javal parce qu'ils ont trouvé dans le projet modifié une satisfaction pareille ; mais il en est deux parmi ceux qu'avait présentés M. Calley-Saint-Paul.

273. Par le premier, notre honorable collègue prévoyait et

voulait faciliter la transformation des sociétés en commandite en sociétés à responsabilité limitée.

En voici les termes :

« Les sociétés en commandite pourront toujours se convertir en sociétés à responsabilité limitée ; l'assemblée générale, » spécialement convoquée à cet effet par le gérant et les commissaires de surveillance, délibérant à la majorité des trois » quarts des voix des membres présents, aura qualité pour » autoriser la conversion et faire aux statuts de la société les » modifications nécessaires pour les harmoniser avec les prescriptions de la présente loi. »

274. Il est en effet probable qu'un certain nombre de sociétés en commandite voudra adopter la forme nouvelle ; mais la loi ne pourrait, sans violer la règle de la non-rétroactivité, porter atteinte à leurs statuts, et y introduire une faculté qui n'aurait pas été prévue ou qui aurait pu être interdite. L'intérêt des actionnaires saura, du reste, trouver, sans le secours de la loi, un moyen de réaliser cette transformation quand ils y auront un réel avantage. Nous n'avons pas adopté l'amendement.

275. Nous ne pouvions pas non plus donner notre adhésion au second amendement que nous a présenté l'honorable M. Calley-Saint-Paul.

276. Cet amendement, contenu dans un seul article, constituait en quelques lignes un contre-projet complet et impliquait le rejet tout entier du projet de loi.

Il était ainsi conçu :

« L'article 37 du Code de commerce est remplacé par la » disposition suivante :

» La société anonyme ne peut exister qu'avec l'autorisation » de l'Empereur et avec son approbation pour l'acte qui la » constitue ; cette approbation sera donnée sur la proposition » de M. le ministre du commerce. »

277. Notre honorable collègue le motivait sur l'exemple de la Belgique, où il prétend que ce système donne les meilleurs résultats.

278. Nous ne pensons pas qu'on puisse contester davantage les bons résultats des sociétés anonymes en France, quoique, au lieu d'être autorisées sur la proposition du ministre seulement, l'autorisation leur soit donnée par décret rendu en conseil d'Etat.

279. Les motifs que nous avons déjà donnés en faveur de l'adoption du projet de loi ne nous permettaient pas d'adhérer à cet amendement si, comme nous ne pouvons pas en douter, il était dans la pensée de son auteur une protestation contre le projet.

280. S'il n'était, au contraire, qu'une simple modification de l'article 37 du Code de commerce, nous n'avions pas à l'examiner, parce que nous n'étions pas constitutionnellement saisis de la révision de cet article.

281. Nous voici parvenus au terme de l'examen des détails du projet et des amendements proposés; cet examen, si nous ne nous faisons illusion, vous aura convaincus comme nous que les attaques dont il a été l'objet, sous le prétexte d'un excès de réglementation et de pénalités, ne sont pas mieux fondées que celles qui le désignent comme dangereux pour la morale et pour le crédit ; nous avons, du reste, comme vous avez pu en juger, donné aux unes et aux autres de nombreuses satisfactions.

282. Il est vrai que des précautions nombreuses y ont été réunies pour sauvegarder l'intérêt de ceux qui traiteront avec les sociétés nouvelles, pour paralyser les spéculations coupables, pour prévenir de dangereux entraînements, pour empêcher le retour de scandales qui se sont trop fréquemment renouvelés et pour assurer le succès d'une innovation commerciale dont le développement sera d'autant plus rapide qu'il se mêlera moins d'abus et de désastres aux résultats utiles de ses premières applications.

283. Nous nous faisons honneur de ces précautions au lieu de nous en excuser.

284. Pour les bien apprécier, il ne faut pas les juger superficiellement, en bloc et d'après leur nombre ; il convient, au

contraire, de les examiner individuellement, ainsi que nous venons de le faire, d'en peser tour à tour les inconvénients et les avantages.

285. Il en est sans doute de moins importantes que d'autres, mais il n'en est aucune d'inutile ou de nuisible, et celles qu'on attaque le plus vivement, ou pour mieux dire les seules qu'on attaque, ont, nous croyons l'avoir démontré, un caractère d'indispensable nécessité.

286. La difficulté du projet était, en partie, nous en convenons, dans une juste pondération de la liberté et de la règle.

287. Cette pondération a parfois un caractère arbitraire, que nous ne voulons pas dissimuler ; il en est toujours ainsi dans les questions de mesure ou de limite. Les divergences s'expliquent facilement lorsqu'elles portent sur un nombre, sur une quotité, sur une proportion quelconque, comme la part d'intérêt des administrateurs, le prélèvement pour le fonds de réserve, le chiffre des sociétaires et même celui du capital.

288. Mais les dissentiments doivent devenir plus rares quand il s'agit de l'application des principes généraux du droit commun, et il n'y a qu'un malentendu qui puisse les expliquer dans une Chambre française, quand il y a lieu de nous prémunir contre la fraude ou l'improbité.

289. Votre commission a la conscience de n'avoir rien négligé de ce qui lui a semblé de nature à donner satisfaction aux divers intérêts engagés dans le projet dont vous l'avez saisie. Ses efforts pour l'amélioration du projet primitif, dont le désir s'était manifesté dans vos bureaux, sont loin d'être demeurés stériles ; le plus grand nombre de ses propositions a obtenu l'assentiment du Conseil d'Etat.

290. Elle est convaincue que la société à responsabilité limitée, à laquelle vous allez donner place dans nos Codes, répond à un véritable besoin ; qu'elle amènera ou conservera dans les opérations commerciales, avec profit pour la richesse publique, sans danger sérieux pour le crédit, des hommes utiles et honnêtes que la crainte de la responsabilité indéfinie

qui pèse généralement sur notre commerce aurait écartés de cette voie.

291. L'avenir montrera, nous le pensons, que la publicité et les règles protectrices, organisées dans le projet, sont habituellement pour les tiers eux-mêmes une garantie, au moins aussi certaine que l'engagement sans limite de commerçants, dont la véritable situation est trop fréquemment un mystère ou un démenti à de trompeuses apparences.

292. Il n'est pas à souhaiter, et il ne nous semble pas à craindre, que la société à responsabilité limitée envahisse trop promptement le domaine des sociétés anciennes ; il vaut mieux que leur enfantement soit un peu plus lent au début, à condition d'être plus sûr.

293. Un jour viendra où leur essor sera de plus en plus rapide et où il sera permis de leur assigner un champ plus vaste.

294. L'expérience qui va se faire, l'exemple d'un pays voisin ne permet à cet égard aucun doute, loin d'être à redouter, ne peut être que profitable et concluante ; elle sera certainement un des bienfaits du règne glorieux à tant de titres qui a inauguré en France la liberté commerciale.

295. Nous vous proposons avec confiance l'adoption du projet de loi.

SÉANCE DU CORPS LÉGISLATIF.

Lundi 4 mai 1863.

PRÉSIDENCE DE S. EXC. M. LE DUC DE MORNY.

296. *M. le Président*. La suite de l'ordre du jour appelle la discussion du projet de loi concernant les sociétés à responsabilité limitée.

297. (MM. Vuillefroy, président de section ; Suin et Duvergier, conseillers d'État, siégent au banc de MM. les commissaires du Gouvernement.)

298. Quelqu'un demande-t-il la parole sur la discussion générale?

299. *M. de Saint-Paul*. Je la demande, monsieur le président.

300. *M. Javal*. Je l'ai demandée auparavant ; je suis inscrit.

301. *M. le Président*. Non, c'est sur les articles, sur un grand nombre d'articles.

302. *M. Javal*. Sur la discussion générale aussi.

303. *M. le Président*. Vous avez la parole.

304. *M. Javal*. Messieurs, le temps qui nous reste pour examiner le projet de loi qui nous est soumis et pour le discuter est tellement court, que je serai forcé d'être court aussi ; car si l'on pouvait parler sur cette loi aussi longtemps que le sujet le comporte, je crois qu'on n'aurait pas fini avec la session.

305. Quarante jours ont été employés par la commission pour discuter avec le Conseil d'Etat ; un quart d'heure (j'espère ne pas vous tenir davantage) me sera bien accordé, je sup-

pose, pour soumettre à la chambre quelques observations. (Parlez! parlez!)

306. Le projet de loi qui nous est soumis a été certainement conçu dans l'origine dans une pensée libérale; mais les auteurs du projet de loi ont mis leur libéralisme, je le crains, d'un seul côté de la balance. Ils ont été préoccupés de la situation qui serait faite aux actionnaires; ils ont voulu surtout défendre les mineurs, et nous ne pouvons que les en féliciter. Si, en défendant ainsi la position de celui qui apporte le capital, on était bien certain d'augmenter sa sécurité, je suis de ceux qui défendraient à outrance le capitaliste contre l'administrateur auquel il a confié ses intérêts; mais si la rigueur contre le gérant arrive à cette conséquence étrange de porter préjudice à son associé, il me semble que la position qu'on veut faire au gérant doit être examinée avec le plus grand soin.

307. Si votre loi est trop sévère à l'endroit des gérants ou administrateurs, vous courez risque d'écarter les hommes de valeur et vous ferez ainsi une mauvaise chose pour les actionnaires que vous avez la prétention de protéger. Faites une loi libérale. Que le public sache qu'il ne doit s'engager que dans des sociétés patronnées et gérées par des hommes honorablement connus. C'est là, je le crois du moins, la vraie manière d'obtenir la constitution d'affaires sérieuses et d'en assurer la prospérité, bien plus que ne saurait le faire l'intervention de la police correctionnelle ou des commissaires de police.

308. Voilà les observations générales que j'avais à vous soumettre.

309. Maintenant, je suis à me demander si la loi atteindra réellement son but. En effet, si nous voulons aujourd'hui faciliter l'organisation de sociétés à responsabilité limitée, celles à fonds sociaux peu élevés, sociétés si ardemment attendues par le petit commerce pour lequel le secours du capital devient de jour en jour d'une urgence plus marquée, c'est que nous poursuivons le but de favoriser la création d'associations

reposant sur des capitaux considérables, et aussi d'aider les sociétés à petits capitaux. Le projet s'est montré très-libéral en permettant de fixer le capital à un chiffre aussi bas que le réclamera la convenance des fondateurs.

310. En lisant l'art. 1er de la loi, je vois qu'immédiatement...

311. *M. Du Miral*, rapporteur. Vous discutez les articles.

312. *M. Javal*. Je vous demande pardon, je ne puis pas discuter l'ensemble du projet, sans dire quelque chose des articles, parce que les articles se lient et constituent l'ensemble du projet.

313. Eh bien! en lisant l'article 1er de la loi, qu'est-ce que je vois tout d'abord? Je vois tout d'abord qu'on ne parle que des sociétés par actions; pas un mot des autres sociétés, des petites associations. La pensée libérale qui m'a apparu tout à l'heure, semble avoir été oubliée pendant l'élaboration du projet, où l'on ne parle pas des associations (sans actions) qui touchent plus particulièrement les sociétés à petits capitaux, par exemple celles de 25, 20, 15 ou 10,000 francs. Permettez-moi, messieurs, de vous rappeler que, lorsqu'on a discuté dernièrement la révision des articles 27 et 28 du Code de commerce, on paraît avoir oublié, lors de la rédaction, la position des sociétés par actions; aujourd'hui, contrairement à ce qui s'est passé pour le Code de commerce, on ne s'occupe, dans le projet que nous discutons, que des sociétés par actions. Il n'y a pas un mot, soit dans le rapport, soit dans la loi, qui ait trait au mode de fonctionnement des petites associations. J'espère que, dans le cours de la discussion, quelques explications pourront être fournies à cet égard, qui combleront la lacune que je trouve dans le rapport et dans les articles, explications qui donneront à ceux qui, comme moi, ne comprennent pas parfaitement, le moyen de se former une opinion sur la manière dont le Gouvernement, l'administration et les tribunaux devront s'y prendre pour le fonctionnement de cette partie de la loi. (Interruption.)

314. *Plusieurs membres*. Plus haut! on n'entend pas!

315. *M. L. Javal.* Je répète que dans le projet de loi on ne parle que des sociétés par actions, qu'on ne parle pas des autres sociétés, qu'on limite le capital par en haut. On dit que le capital ne peut pas être de plus de 20 millions ; mais qu'on ne fixe pas de limite en descendant, car l'on peut créer une société à responsabilité limitée au capital le plus minime.

316. Eh bien! il n'est pas probable qu'on puisse appliquer aux sociétés sans actions tout ce qui a été longuement dit...

317. *M. Du Miral.* Ce que vous dites se rapporte à l'article 3.

318. *M. L. Javal.* Je reconnais, avec l'honorable rapporteur qui me fait l'honneur de m'interpeller, que c'est en effet l'article 3 qui parle de la limitation du capital à 20 millions, mais M. Du Miral reconnaîtra bien avec moi que l'article ne parle pas d'autre chose ; en ce qui a trait à la limite du capital en descendant ou à la société où il ne serait pas créé d'actions...

319. *Plusieurs membres.* Vous discutez les articles.

320. *M. L. Javal.* C'est pour répondre à l'honorable M. Du Miral.

321. Le projet de loi parle de la manière dont fonctionneront les sociétés par actions, et il ne parle pas des autres sociétés.

322. Je me réserve de demander plus tard des explications soit aux membres de la commission, soit à MM. les conseillers d'Etat, moins, je le déclare, pour satisfaire ma curiosité que pour donner des indications claires et précises au public, qui, sans cela, ne comprendrait pas très-bien.

323. C'est là la première observation que j'avais l'honneur de soumettre à la Chambre.

324. *M. le Président.* Permettez, monsieur Javal, vous avez demandé la parole pour la discussion générale et vous en sortez !

325. *M. L. Javal.* Je ne discuterai pas les articles.

326. *M. le Président.* Mais vous les discutez. (Rire d'adhésion.)

327. *M. L. Javal.* Je croyais rester dans la question générale en traitant un point d'un article qui se rattache à l'ensemble de la loi.

328. *M. le Président.* Voulez-vous me permettre, monsieur Javal, de vous faire une observation ?

329. *M. L. Javal.* Certainement, monsieur le président.

330. *M. le Président.* C'est une très-courte observation.

331. *M. L. Javal.* Monsieur le Président, je vous écoute avec attention.

332. *M. le Président.* Alors ne m'interrompez pas ! (On rit.) Si vous discutiez l'opportunité de présenter une loi de cette nature, son danger, ses inconvénients, ce serait de la discussion générale. Mais si vous discutez un point d'un article et un point d'un autre article, vous ne ferez qu'embrouiller la discussion. Ce n'est pas là de la discussion générale. Vous aurez parfaitement le loisir de discuter les points spéciaux à l'occasion de chaque article. Alors on vous répondra et les articles seront ensuite mis aux voix. Mais vous venez parler sur l'article 1er....

333. *M. L. Javal.* C'est sur l'article 3!

334. *M. le Président.* Sur l'article 1er et sur l'article 3. Si vous voulez parler sur ces articles, attendez pour cela qu'ils viennent en discussion.

335. Comme vous avez demandé la parole à peu près sur tous les articles, vous n'avez pas besoin de les discuter prématurément dans la discussion générale. Si vous ne voulez pas faire perdre le temps de la Chambre, réservez votre discussion pour chaque article en particulier.

336. *M. L. Javal.* J'espère, monsieur le Président, que, quand les articles viendront, vous me permettrez d'adresser quelques questions à messieurs les conseillers d'État. Sans cette réserve, la Chambre ne serait peut-être pas disposée à m'écouter de nouveau ; je la prie donc de vouloir bien me permettre de reprendre plus tard mes observations.

337. *M. le Président.* Vous pourrez parler sur les articles,

sans entrer dans les développements d'une discussion générale.

338. *M. le vicomte de Kervéguen.* Je demande la parole.

339. *M. le Président.* Sur la discussion générale seulement?

340. *M. le vicomte de Kervéguen.* Je ne parlerai même pas des articles.

341. Messieurs, je ne comptais pas prendre la parole sur la loi en discussion, parce que la matière qu'elle traite est bien ardue ; mais, en voyant dans le public commercial un courant d'idées si contraire aux propositions de la commission, je n'ai consulté que mon courage, et je pense qu'il faut que chacun apporte sa pierre à l'édifice.

342. La discussion gagnera certainement à ce que tout le monde donne les motifs, les uns de leur adhésion, les autres de leur refus. Quant à moi, je suis malheureusement contraire à la loi, et je demande la permission de déduire les motifs de mon opposition.

343. Que veut le Conseil d'État? Il désire faciliter les affaires, activer le commerce et aussi donner une grande impulsion à toutes les transactions. C'est exactement la pensée dont sont animés tous les députés, et j'ai l'honneur de partager leurs convictions. Nous avons donc tous d'excellentes intentions ; nous avons la même pensée, nous poursuivons tous le même but, mais par des moyens différents.

344. La loi qui vous est proposée procède, elle, par la menace, les pénalités et un long cortége de responsabilités qui seront nécessairement fatales aux administrateurs et aux commissaires qui accepteront le rude et compromettant mandat des actionnaires. En un mot, votre loi procède d'un principe général et persistant de défiance. Je voudrais, messieurs, qu'on voulût bien essayer de marcher dans une voie diamétralement opposée, et que je préfère de beaucoup, à celle de la défiance.

345. Permettez-moi de développer les motifs de mon opinion.

346. Il y a dans la loi un article qui parle du mandataire. Ici ce n'est plus, comme dans la société en commandite, un gérant, c'est un mandataire. Le nom est changé; les fonctions resteront les mêmes. Seulement le mandataire est nommé à temps et révocable à volonté, à la volonté naturellement de ceux qui l'ont nommé. Eh bien, messieurs, c'est là une bonne disposition que j'approuve sans réserve et qui devrait être reproduite dans la loi sur la commandite; en effet, cette dernière ne périt que par l'omnipotence qu'on accorde au gérant, lequel peut ruiner stupidement sa société, sans qu'une destitution opportune et méritée puisse arrêter le cours de ses folies.

347. Il n'y a que le cas de malversation qui pourrait être une cause légale de révocation. Si le gérant était révocable, les associations en commandite auraient subsisté et prospéré, et, avec cette modification essentielle que j'appelle de tous mes vœux, elles seraient florissantes dans l'avenir. Revenons à la loi en discussion et au mandataire ; chaque société sera obligée de le salarier ; mais il ne sera pas le seul, puisqu'on propose des administrateurs qui surveilleront le mandataire, sous menace d'une foule de peines.

348. Eh bien, messieurs, causons, si vous voulez, comme on cause dans les affaires. Supposons un certain nombre de personnes réunies auxquelles on propose une opération financière. Cette affaire est étudiée, on en montre les bons côtés, on fait voir qu'elle est solide, palpable, et qu'il y a des bénéfices à en retirer avec sécurité et régularité. Les personnes à qui on s'adressera diront certainement ceci : Nous voulons bien être participantes à cette affaire, mais à la condition que nous ne serons ni administrateurs ni commissaires.

349. Nous avons une situation d'honorabilité et de quiétude que nous tenons à conserver ; nous ne voulons donc pas être traînés en police correctionnelle par le premier venu. Soyez certains que ces raisons seront alléguées par les sommités du

monde commercial. Quant à moi, j'ai consulté beaucoup de négociants, de banquiers, de financiers et d'hommes importants dans les affaires, et j'ai toujours entendu cette même réponse-ci : « Je ne serai jamais ni commissaire ni administrateur dans les sociétés à responsabilité limitée. »

350. Eh bien, messieurs, comment trouvez-vous cette manière d'envisager la question et d'activer les choses ? On vous propose aujourd'hui de constituer des sociétés avec un mandataire qui administre, mandataire révocable, surveillé par les administrateurs, lesquels seront nommés par les actionnaires. Voilà déjà un rouage, un contrôle. Eh bien ! pour simplifier la chose, on met, à côté des administrateurs, des commissaires qui sont nommés encore par les actionnaires pour surveiller le gérant et les administrateurs. Puis viennent les actionnaires qui peuvent se réunir pour contrôler le mandataire, les administrateurs et le commissaire. Je ne sais pas, puisqu'on était en train de créer tant de rouages, pourquoi on n'a pas inventé encore des censeurs, qui auraient été chargés de surveiller à la fois le mandataire, les administrateurs, les commissaires et les actionnaires eux-mêmes. Alors nous aurions été de cascade en cascade à l'infini.

351. Vous savez, messieurs, ce qui se pratique en mécanique, car nous avons tous étudié les mathématiques. Quand on veut lever un fardeau, on y met une poulie ; si le fardeau est trop lourd, on accouple des poulies ensemble, on fait une moufle, et obtient des résultats magnifiques. Si, au lieu de deux ou trois poulies, nous en mettons 500, d'après les lois mécaniques et les mathématiques, il semblerait qu'on devrait avoir une force prodigieuse ; mais il y a un obstacle, il y a le frottement qui empêche la multiplication indéfinie de la force et paralyse tout. Il en est de même au cas actuel, et votre loi sera inexécutable et inexécutée, parce que vous aurez multiplié les rouages légaux des sociétés commerciales, qui ne peuvent vivre et s'épanouir que dans une atmosphère de sage liberté.

352. *M. Vuillefroy*, commissaire du Gouvernement. L'ho-

norable membre est dans l'erreur. Il n'y a pas de mandataires. Ce que vous prenez pour mandataires, ce sont des administrateurs de la société ; il n'y a pas trois rouages, il n'y a que des administrateurs et des commissaires.

353. *M. Duvergier*. Les administrateurs, ce sont les mandataires ; ce sont les termes du Code de commerce que nous copions.

354. *M. le vicomte de Kervéguen*. Il peut y avoir des mandataires, mais il faut toujours des administrateurs.

355. Au surplus, je l'admets; il n'y aura que deux rouages au lieu de trois; eh bien ! je dis que personne ne voudra être administrateur, parce qu'il encourra une responsabilité terrible. Vous ne trouverez personne qui sera disposé à administrer, à moins que vous ne lui donniez une rémunération suffisante. Autant de personnes qui accepteront cette responsabilité, autant de rémunérations. Les commissaires aussi, encourant une responsabilité, diront : « Mais nous ne pouvons pas supporter la crainte continuelle des procès, sérieux ou non, qu'on peut nous faire, ni dormir tranquilles, à l'idée d'avoir cette épée de Damoclès d'une poursuite toujours imminente. Donnez-nous des jetons de présence qui équivalent aux risques que nous encourons. » Si les administrateurs vous demandent, les uns des traitements, les autres des jetons de présence, il ne restera plus rien pour les malheureux actionnaires, qui n'auront que l'écaille de l'huître, comme dans la fable des *Plaideurs*. Aussi j'estime que votre société ne se constituera pas.

356. On dira : cela se fait de la sorte en Angleterre et la responsabilité limitée y fleurit à merveille et y porte fruit.

357. Cette raison-là n'en est pas une pour moi ; nous sommes entichés d'une anglomanie contre laquelle je m'élèverai sans cesse. On arrive nous répétant toujours : « En Angleterre on fait cela ; donc il faut imiter l'Angleterre. » Toujours l'Angleterre !

358. Trouvez-vous, messieurs, beaucoup de ministres anglais qui viennent dire au parlement britannique : « En

France on fait cela ! en France on agit ainsi ; donc imitez les Français ! » Si un ministre anglais disait cela, il ne resterait pas huit jours ministre. (C'est vrai !)

359. *M. Belmontet.* Restons Français !

360. *M. le vicomte de Kervéguen.* Messieurs, n'imitons les Anglais que dans leur patriotisme pour leur pays et leurs usages ; mais, pour le reste, ne parlons jamais des Anglais, laissons-les de côté et occupons-nous de nos affaires.

361. Ils ont fait, dites-vous, des sociétés à responsabilité limitée ; pourquoi ? parce que cela leur a plu, parce que c'est dans leur tempérament, et ils ont dit : Les administrateurs peuvent être atteints par les procès ! Ah ! rassurez-vous, messieurs, les procès en Angleterre sont difficiles. On y regarde à deux fois avant de s'y engager. Les hommes de loi sont des vampires, qui font payer leur intervention des prix fabuleux, et qui s'entendent parfaitement, comme en beaucoup d'autres pays d'ailleurs, à ruiner leurs clients. Il est peu de personnes, par delà le détroit, qui aient entamé un procès et qui l'aient vu finir de leur vivant. Je le répète : en Angleterre, on y regarde à deux et à trois fois ! La loi anglaise n'offre pas dès lors aux administrateurs les embûches que je redoute ici pour eux. En France, on fait tous les jours des procès dits *de chantage*, et quand vous aurez des administrateurs bien posés, puissants dans l'opinion, vous verrez des gens mal famés auxquels ils auront donné l'adresse et la demeure de leurs actionnaires, venir audacieusement les traduire en police correctionnelle.

362. Qui donc après cela voudra de gaîté de cœur se charger des affaires des actionnaires, pour subir de pareils déboires ?

363. On dit toujours : Imitons les Anglais. Mais, voyons franchement, les Anglais ont toute espèce de vilaines choses dont nous ne voudrions pas. Ils se servent du fouet, ces hommes si humains et si libéraux. Voulez-vous introduire aussi le fouet dans nos régiments ? non ! Laissons donc les Anglais chez eux, avec leurs mœurs, leurs codes, et répudions leurs ana-

chronismes et leurs sociétés où la responsabilité dite limitée est tout ce qu'il y a de plus illimité et de plus arbitraire au monde.

364. Je crois donc pouvoir affirmer que la loi en discussion, si elle est adoptée, ne produira aucun bien sensible et n'atteindra aucun des résultats après lesquels le monde commercial soupire depuis deux ans.

365. Autrefois, un conseil d'administration se composait de personnes ayant, les unes une honorabilité parfaite ou une célébrité, d'autres l'expérience consommée des affaires, et enfin une 3e catégorie d'hommes riches et puissants par leur fortune. Tout cela se mêlait utilement, se confondait et s'harmonisait pour le bien général.

366. Avec la loi proposée, l'habileté, la capacité, le travail, la renommée et l'intelligence ne sont plus un apport réel et acceptable. Ils avaient et ils ont encore une valeur réelle à mes yeux.

367. Ne sera donc désormais administrateur que l'argent, le 20e du capital social, représenté par messieurs tels et tels, capables ou non.

368. L'argent sera tout dans l'administration sociale, et le mérite et l'instruction n'auront plus qualité pour être quoi que ce soit, s'ils ne sont pas 20e du capital.

369. J'entends dire à mes côtés et derrière moi : Vous critiquez la loi, mais que faut-il faire ? Je vais vous le dire, parce que j'ai l'habitude, quand je ne trouve pas une chose bonne, d'ajouter, selon mon opinion, ce qu'il conviendrait de substituer à la place.

370. *Une voix.* Très-bien !

371. *M. le vicomte de Kervéguen.* C'est toujours la conclusion de mes discours.

372. Vous savez ce qui s'est passé en Belgique. Il y a quelques années, le même vent qui a soufflé sur la commandite en France a passé sur la Belgique ; et là-dessus je ne sais si on a fait une loi ou pris des dispositions hostiles. Bref, la comman-

dite a été tuée comme en France. Mais les Belges sont des hommes d'affaires, des gens intelligents et surtout pratiques. (Interruptions.)

373. *M. le Président.* Alors il faut faire comme les Belges, et non pas comme les Anglais. (On rit.)

374. *M. le vicomte de Kervéguen.* Donc, les Belges nos voisins ont compris qu'il y avait quelque chose à faire, qu'ils avaient tué la poule aux œufs d'or. Alors le gouvernement a réuni toutes les sommités commerciales du pays, et on a créé la société d'encouragement pour l'industrie nationale à un capital considérable.

375. Que fait cette société? quel est son fonctionnement? Permettez-moi de vous l'expliquer en quelques mots.

376. Une ou plusieurs personnes imaginent de mettre en société en commandite une affaire donnée. Elles s'adressent à cette société de patronage, qui délègue plusieurs de ses membres pour examiner les statuts, les rapports, enfin tout ce qui s'ensuit. Si la société déclare l'affaire bonne et acceptable, il y a immédiatement deux ou trois des administrateurs de la société de patronage qui deviennent de droit membres ou administrateurs de cette nouvelle société, et la société de patronage entre pour une certaine portion de ses fonds dans le capital de la nouvelle société.

377. Alors on dit au public : Voilà ce que la société de patronage a examiné et trouvé bon, puisqu'elle s'y intéresse pour telle somme. Voulez-vous venir compléter le capital demandé sous ses auspices? Et aussitôt le public accourt et la nouvelle société voit le jour dans d'excellentes conditions de vie et de durée.

378. La Chambre comprend qu'avec un pareil patronage, avec une si haute protection accordée par des personnes du plus haut mérite, de la plus honorable respectabilité, le capital est fait, la société constituée. C'est ainsi que cette même société de patronage a mis au monde plusieurs centaines de belles et grandes sociétés qui font à cette heure le bonheur des

travailleurs et qui répandent partout l'aisance et l'activité.

379. Eh bien! pourquoi ne faisons-nous pas en France ce que la Belgique a si utilement pratiqué. Vous réunissez les notables négociants à certaine époque pour qu'ils nomment les juges consulaires. Pourquoi ne grouperions-nous pas en faisceau les plus grands noms et les plus grandes fortunes de France afin de constituer aussi à Paris une société de patronage et d'encouragement pour notre industrie, notre commerce et nos mines ?

380. *M. le Président.* Tout cela n'a rien à faire à la forme légale d'une société. C'est une idée ; mais la forme légale, ce qui est l'objet de la loi, n'y est pour rien.

381. *M. Chevandier de Valdrôme.* C'est une centralisation de plus que vous demandez ; il y en a déjà bien assez !

382. *M. le vicomte de Kervéguen.* Je répondrai à M. de Valdrôme que je préfère de beaucoup la centralisation qui crée et vivifie, à l'anarchie actuelle, qui est la mort certaine.

383. Je crois donc la loi actuelle superflue et inutile, et je pense qu'on ne doit pas la voter.

384. Selon moi, l'abrogation de la loi de 1856 suffirait à raviver le mouvement commercial et industriel, surtout en stipulant que, désormais, les gérants ne seraient nommés que pour un temps et révocables.

385. Aujourd'hui, vous voulez créer des sociétés nouvelles et vous vous arrangez de façon à ce que personne ne veuille y entrer. Il vaut mieux se tenir en repos que de faire une loi qui n'aura pas d'application.

386. *M. le Président.* Vous attaquez la loi, d'autres la défendront.

387. M. de Saint-Paul a demandé la parole.

388. *M. de Saint-Paul.* J'ai quelque hésitation à prendre la parole ; je crains d'abuser de la bienveillante attention de la Chambre, et cependant j'aurais quelques observations à présenter dans la discussion générale ; je me réserve complétement pour les articles, et je n'anticiperai pas sur la discussion

des détails. Je serai très-court, je comprends la situation : ce n'est pas un discours que je veux faire, ce sont de simples observations que je désire soumettre à l'assemblée.

389. *M. le Président*. Cela vaut bien mieux !

390. *M. de Saint-Paul*. La loi a été la conséquence des traités de commerce et principalement du traité du 15 mai 1862.

La première pensée, qui aurait pu venir et qui est sans doute venue au Gouvernement, était de voir si, dans la forme actuelle des sociétés acceptées par le public, on ne trouvait pas une satisfaction complète à ses idées, et s'il ne fallait pas se borner à faciliter ces sociétés.

391. La société anonyme, selon moi, donnait pleine satisfaction aux idées du public. Seulement, beaucoup de personnes croient qu'il est difficile de former une société anonyme ; elles croient qu'il faut beaucoup de temps pour obtenir l'autorisation nécessaire. C'est là-dessus que je voudrais m'expliquer en quelques mots.

392. La réglementation administrative de la société anonyme est inscrite dans l'article 37 du Code de commerce, qui dit que « les sociétés anonymes ne peuvent exister qu'avec l'autorisation de l'Empereur, et que cette autorisation, pour les actes qui la constituent, doit être donnée dans la forme prescrite par les règlements d'administration publique. »

393. Les règlements d'administration publique sont d'une date fort ancienne. Il y en a trois : le premier est du 22 octobre 1807 ; le deuxième, du 30 décembre 1817 ; le troisième, du 11 juillet 1818. Il faut convenir que les affaires industrielles et commerciales ont beaucoup marché depuis lors.

394. Je crois qu'il est très-facile de simplifier la marche de la constitution des sociétés anonymes.

395. Voici, en peu de mots, comment on procède. Je parle de Paris, je ne parle pas de la province. Voici, dis-je, comment on procède à Paris.

396. Lorsqu'on veut obtenir l'autorisation pour une société anonyme, on réunit les actionnaires, on inscrit leurs noms et

leurs souscriptions, on rédige un projet d'acte, et on dépose le tout à la préfecture de police.

397. La préfecture de police fait son instruction administrative, non-seulement sur la liste des actionnaires, mais encore sur leur moralité; non-seulement pour voir quelle est l'origine et quel est le but de la société, mais encore pour examiner si ceux qui la composent sont des gens solvables.

398. La préfecture de police fait son rapport sur l'ensemble des deux dossiers qui lui ont été envoyés.

399. Tout cela prend, en moyenne, à peu près deux mois.

400. La préfecture de police transmet ensuite au ministère du commerce les deux dossiers, et là l'instruction commence.

401. Eh bien, messieurs, il serait aussi facile d'envoyer les dossiers au ministère du commerce, qui, lui, en même temps, communiquerait au préfet de police un de ces deux dossiers afin qu'il l'examinât; pendant ce temps, le ministre du commerce ferait examiner chez lui : on gagnerait le mois d'instruction qu'on perd à la préfecture de police.

402. Quant au ministère du commerce, je crois que les affaires y sont menées aussi vite qu'elles peuvent aller au Conseil d'Etat. Je ne dis pas qu'elles subissent là des lenteurs ; les membres du Conseil d'Etat, je le sais, mettent un si grand zèle dans l'accomplissement de leurs devoirs, que je ne voudrais pas qu'ils prissent ce que je veux dire pour une critique. Mais une affaire lui est-elle renvoyée, qu'arrive-t-il? Un rapporteur est nommé. Le rapporteur saisit la section, et puis on saisit le conseil en assemblée générale; il y a là inévitablement quelque lenteur.

403. A cette occasion-là, je signale une chose qui est peut-être fâcheuse.

404. Il n'y a pas au Conseil d'Etat de jurisprudence complète sur la rédaction. Suivant les rapporteurs, on a une rédaction différente. Eh bien, il serait à souhaiter que, dans une demande à fin de constitution de sociétés anonymes, on sût exactement sous quelle réglementation il faut se mettre.

405. Je crois qu'il y a moyen d'abréger considérablement les délais.

406. Ainsi il faut aujourd'hui quatre ou cinq mois pour la formation d'une société anonyme; je crois qu'il serait facile d'obtenir le même résultat en deux ou trois mois; je crois que l'on pourrait facilement abréger le délai de la moitié. Et cette abréviation de délai se réaliserait en une économie d'argent; car ceux qui sollicitent une autorisation ne s'occupent pas pendant ce temps-là de leurs affaires.

407. Maintenant, quand il s'agit des mines, et je signale cela parce que je désire que nos observations devenant publiques, M. le ministre du commerce puisse se les approprier; quand, dis-je, il s'agit de mines, l'instruction a une autre portée, mais elle n'est pas plus rapidement faite, elle n'est pas plus tôt rapportée. Il y a là une vieille habitude de procédure qui est fâcheuse et qui entraîne de très-grands délais. Il y a probablement, dans cette assemblée, beaucoup de mes honorables collègues qui connaissent à cet égard ce qui se passe.

408. Quand il s'agit de mines, on envoie le dossier à l'ingénieur en chef; l'ingénieur en chef l'adresse à l'ingénieur ordinaire; l'ingénieur ordinaire fait son rapport à l'ingénieur en chef; celui-ci envoie ce rapport, avec ses observations, à l'inspecteur général; l'inspecteur général renvoie le tout au conseil des mines, et quand le conseil des mines a donné son avis, le dossier est envoyé au directeur général, qui donne le sien.

409. Ainsi vous avez là, pour la même affaire, cinq avis donnés par la même direction de l'administration; et, comme cela est assez dans la nature humaine, chacun donne un avis qui n'est pas tout à fait celui de son collègue.

410. Ainsi, voilà pour une affaire cinq examens, cinq instructions, avec, je ne dirai pas autant d'exigences; mais, enfin, on demande à la société anonyme des concessions qui sont le résultat des réflexions de chacun.

411. Et puis, lorsque tous ces avis ont été donnés, l'affaire revient à la section du commerce, à une autre partie du mi-

nistère du commerce, et de là est envoyée au Conseil d'Etat pour l'instruction ordinaire.

412. Ces affaires, en fin de compte, je ne crains pas de le dire, et je crois pouvoir l'affirmer, durent entre deux ans et trois ans; je m'en suis assuré au ministère même. Je ne donne pas ces chiffres en faisant allusion à une affaire en particulier, je parle en général.

413. Eh bien! je crois que le résultat des circonstances commerciales dans lesquelles nous nous sommes trouvés, ce doit être d'amener un nouveau règlement d'administration publique qui abrége les délais, qui ne décourage pas ceux qui voudraient faire examiner leurs affaires et qui souhaiteraient bien que le Gouvernement pût le faire dans le plus bref délai possible; car il est évident que leur intérêt les porterait à rentrer dans le régime des sociétés anonymes au lieu d'entrer dans celui de la loi de 1856, ou de la loi nouvelle, qui s'inspire plus de la loi de 1856 que de celle qui régit les sociétés anonymes.

414. Je dis donc, en voyant la loi, que je regrette qu'elle n'ait pas amené une solution qui eût été la simplification, la démocratisation des sociétés anonymes.

415. C'était, au surplus, ce que demandait le tribunal de commerce de la Seine. L'année dernière, la commission de la Chambre a témoigné le désir que les tribunaux de commerce et les chambres de commerce donnassent leur avis sur le projet de loi.

416. Le tribunal de commerce de la Seine a fait une réponse que j'ai dans la main, et dont je demande la permission de lire quelques lignes; c'est à l'occasion des sociétés anonymes:

« Les avantages du principe de la responsabilité limitée aux apports ne sauraient être contestés par ceux qui ont été les témoins des merveilleux progrès dus au fonctionnement des sociétés anonymes. Est-il besoin de rappeler les innombrables créations qu'a engendrées cette forme d'association? Et lorsque, dans les temps de travail et de concurrence où nous vivons, un aussi utile levier peut être mis avec profit aux mains de tous, convient-il de lui conserver plus longtemps son caractère d'exception et de privilége, si contraire à cette égalité que commandent impérieusement nos institutions et nos mœurs? »

417. Vous le voyez, messieurs, le tribunal de commerce (et je puis dire que la délibération a été prise à l'unanimité, j'ai vu ce détail) demandait que l'on étendît le régime des sociétés anonymes.

418. Ne concluez pas de ceci que je sois contre la loi qui vous est présentée. La loi n'est gênante pour personne. S'il est des personnes qui n'en veulent pas, elles n'ont qu'à ne pas accepter les fonctions d'administrateur, de commissaire ou d'actionnaire dans ces sociétés.

419. J'aurai occasion, dans le cours de la discussion, d'indiquer certains détails; mais je n'insiste pas davantage : dans ce moment-ci, je rapporte plutôt que je ne discute.

420. *M. Emile Ollivier.* Je demande la parole comme membre de la commission. Messieurs, la loi qu'on vous propose d'adopter est, dans le commerce, depuis longtemps déjà, l'objet d'une attente générale et de nombreuses discussions. Cependant, au moment où votre commission vous la présente, il se produit à son égard cet effet singulier : qu'appelée par tous, elle semble ne satisfaire complétement personne. Les uns trouvent qu'elle a fait trop, et il paraît aux autres qu'elle n'a point fait assez. Les négociants des ports de Marseille, de Bordeaux, du Havre, pensent qu'il y a un danger réel à porter atteinte au principe salutaire de la responsabilité personnelle : ce principe, disent-ils, est l'âme et la vie du commerce; il n'y a de bonne affaire, d'affaire sûre que lorsqu'on se rencontre en présence de quelqu'un qui réponde corps pour corps de ses opérations et qui offre en gage à ses créanciers son patrimoine tout entier.

421. Au contraire, les économistes et les hommes d'affaires, à Paris surtout, dont l'opinion vient d'être interprétée par les honorables messieurs Javal et de Kervéguen, dans des termes

très-nets et très-vifs, soutiennent que la loi est trop restrictive, qu'elle n'accorde point assez à la liberté, qu'elle établit des pénalités redoutables et dangereuses, et qu'il est à peine permis d'espérer que dix sociétés de cette nature parviennent à se constituer.

422. Je vous demanderai la permission d'examiner très-rapidement, car je comprends votre fatigue et je ne voudrais pas la prolonger, d'examiner, dis-je, très-rapidement ces deux objections et de rechercher s'il est vrai que la loi fasse trop, d'examiner ensuite s'il est exact qu'elle fasse trop peu.

423. Mais, pour que cette discussion puisse être claire et brève, il est nécessaire que nous précisions avant tout en quoi consiste l'innovation que la loi apporte dans nos Codes. Parmi les 32 articles que nous vous proposons, il est évident qu'il y a lieu de dégager ce qui est principal de ce qui n'est qu'accessoire; cette distinction faite, il faut négliger ce qui est accessoire, se placer en présence de la pensée qu'on a reconnue principale, puis soit la blâmer, soit la louer.

424. Or, qu'est-ce que veut la loi? Quelle est sa pensée culminante? La pensée culminante de la loi est uniquement de créer, à côté de l'anonymat privilégié, l'anonymat libre. (C'est cela!)

425. Voilà le fond de la loi, ni plus ni moins; le reste, ce sont des détails sur lesquels on peut être ou n'être pas d'accord, des dispositions accessoires qu'on peut critiquer ou louer; mais l'idée capitale qui constitue le mérite ou le démérite de la loi, et qui constitue sa personnalité, si j'ose dire ainsi, est d'introduire la liberté de l'anonymat. Jusqu'à ce jour, pour constituer une société anonyme, il fallait être privilégié, il fallait s'adresser au Conseil d'Etat qui avait le droit absolu d'accorder ou de refuser, et ce n'était que quand le Conseil d'Etat avait donné l'investiture à la société anonyme, qu'elle commençait à exister et à agir.

426. Désormais, d'après la loi, on pourra constituer une so-

ciété anonyme sans l'autorisation du Conseil d'Etat, pourvu qu'on se conforme à certaines obligations spécifiées.

427. Cette idée est-elle bonne? Voilà ce qu'il faut vous demander dans une discussion générale. Si elle est bonne, vous vous occuperez ultérieurement des détails; si elle est mauvaise, vous repousserez la loi.

428. Je trouve, quant à moi, l'idée féconde, l'idée heureuse, et je l'approuve complétement.

429. En l'introduisant dans notre législation, nous ne faisons rien de trop; nous ne violons pas d'une manière inquiétante le principe de la responsabilité personnelle en matière commerciale. L'objection que nous adressent à cet égard les honorables négociants dont l'avis est consigné dans les délibérations des chambres de commerce ou des tribunaux de commerce n'est fondée ni en droit ni en économie politique.

430. Elle n'est pas fondée même selon les règles les plus strictes du droit le plus ancien. Sans doute, il est parfaitement vrai que qui s'oblige oblige le sien; il est parfaitement vrai que qui contracte un engagement doit supporter les conséquences de son engagement sur tout ce qui constitue sa fortune. Mais ce principe, quoique incontestable, n'est pas unique, comme semblent le croire les adversaires de la loi. Il est corrigé, ou plutôt contenu par un autre principe également vrai qu'il n'est pas possible de négliger. Ce principe est celui en vertu duquel il appartient toujours aux personnes qui s'engagent de limiter leur engagement, à celles qui contractent une obligation de stipuler en quoi elle consistera et de déterminer la limite extrême qu'elle ne devra pas dépasser.

431. Lors donc que vous dites qu'il faut maintenir le principe de la responsabilité, que c'est là un principe tutélaire et nécessaire, vous avez raison; mais ajoutez aussitôt qu'il faut également maintenir et respecter cet autre principe selon lequel un engagement doit être renfermé dans les termes mêmes qu'a voulus celui qui s'est engagé.

432. La loi qu'on vous propose est strictement conforme aux principes du droit les plus certains et les plus anciens.

433. J'ajoute qu'elle est de plus conforme à toutes les nécessités économiques qui se sont révélées dans les derniers temps et ont amené une transformation aussi complète de notre législation commerciale.

434. Les sociétés anonymes existent dans notre législation. Qui a jamais proposé de les supprimer par respect pour la responsabilité personnelle? Si l'utilité des sociétés anonymes est prouvée, quel inconvénient y a-t-il à les rendre plus accessibles et à les émanciper? Objectera-t-on qu'avec la liberté les tiers seront privés de la protection utile que leur assure l'examen du Conseil d'Etat?

435. Je répondrai sans hésitation que l'autorisation du Conseil d'Etat est une protection insuffisante et inefficace; quelle que soit la capacité des personnes qui composent le Conseil d'Etat, elles ne peuvent pas juger avec autorité le mérite des affaires qu'on leur soumet, et décider où finit la sécurité et où commence l'audace. Par cela seul qu'ils ne sont pas au milieu du mouvement des affaires, leur jugement est très-faillible, et, sans chercher des exemples autour de nous, il me suffit de rappeler que cette fameuse banque par actions qui a donné la première des scandales, des audaces et des désastres financiers, la banque de Law avait été autorisée par le gouvernement, et laissez-moi vous dire avec M. le premier président Troplong qui ne peut pas être accusé de pencher trop vers la liberté, même en matière juridique, « qu'il y a eu des Law par ordonnance, comme il y en a eu de par la liberté. »

436. Les garanties que nous assurons aux actionnaires et au public sont bien plus réelles que celles qui résultaient de l'autorisation préalable du Conseil d'Etat. La première est dans le caractère de dépendance et de révocabilité du gérant. Des actionnaires constituent une société; ils choisissent parmi eux celui dont le caractère domine dans la société, et qui peut le

mieux la diriger; puis ils le surveillent, sans crainte, comme dans la commandite, d'être condamnés pour s'être immiscés; s'ils pensent que son administration est défectueuse, ils peuvent le révoquer.

437. Ils n'ont plus au-dessus d'eux un roi absolu tel que le gérant de la commandite, qu'ils sont obligés de respecter.

438. Si la société est mal administrée, si les affaires tournent mal, aux actionnaires la responsabilité, à eux d'empêcher les désastres, car ils seront à l'avenir dans la situation où on se trouve lorsque dans un Etat on discute publiquement un budget; leur budget, actif et passif, sera publiquement exposé, discuté, contrôlé; s'ils sont négligents, s'ils ferment l'oreille, s'ils ne se donnent pas la peine d'étudier la spéculation dans laquelle ils mettent leur fortune, ce n'est pas au législateur d'être plus prévoyant qu'ils ne le sont eux-mêmes et de prendre les soucis d'une surveillance qu'ils ne veulent pas exercer.

439. Ceci m'amène à vous indiquer la seconde des garanties que je trouve dans le projet de loi; elle me semble résulter de la forme même de la société anonyme. Je maintiens que de toutes les formes de société c'est celle qui offre le plus de sécurité; je crois qu'elle en offre plus encore que ne pourrait en présenter un simple individu responsable indéfiniment.

440. Supposez cet individu aussi solvable, aussi riche que vous le voudrez. Qui vous dit que cette solvabilité n'est pas déjà compromise? Qui vous assure que cette richesse n'est pas une simple apparence? Comment savoir si le luxe qu'on étale n'est pas entretenu par des emprunts usuraires, si ce n'est pas le moyen de soutenir une situation menacée, un expédient redoutable de masquer la ruine qui s'avance?

441. Comment savoir, dites-le-moi si vous le savez, comment savoir si ce négociant, dont la signature vous paraît avoir une valeur au-dessus du soupçon, n'est pas à la veille du jour fatal où il déposera son bilan en entraînant dans son désastre une multitude de familles que rien ne pouvait protéger contre ce coup imprévu? (Très-bien!)

442. Oui, quand on traite avec un individu, quelque sincérité qu'inspire une situation apparente, il y a le jour même un inconnu, un point d'interrogation, et souvent le lendemain une terrible réalité.

443. Au contraire, dans la société anonyme telle que nous la constituons, tout est connu ; rien qui ne doive se passer autrement qu'en pleine lumière, qui ne doive être public. L'administration d'une société anonyme libre peut être aussi claire que l'est la comptabilité publique dans le budget de l'Etat ; de telle sorte qu'il n'y aura de trompé que celui qui voudra l'être.

444. Indépendamment de ces protections générales, qui résultent du caractère même des sociétés anonymes, nous en avons introduit dans la loi qui sont de nature à nous rassurer. Nous avons constitué un système de publicité qui permet aux tiers d'être constamment instruits de ce qui se passe. Nous avons institué des assemblées d'actionnaires sérieuses. Désormais, les actionnaires ne seront plus instruits de l'état de leurs affaires par des rapports dont la lecture rapidement faite ne peut pas les éclairer ; les rapports seront communiqués d'avance aux intéressés de manière à ce qu'une discussion puisse s'établir avec profit et que le contrôle soit réel.

445. Cet ensemble de garanties nous a semblé avoir la même efficacité que l'autorisation du Conseil d'Etat et nous a décidés à admettre le principe de la loi.

446. Je crois donc que nous n'avons pas fait trop, que notre œuvre est sage, et que toutes les précautions justes, légitimes, ont été exigées.

447. Je passe maintenant à la seconde partie de mon argumentation, et je prouve que nous ne méritons pas non plus le reproche d'avoir fait trop peu, et qu'il n'est pas juste d'accuser la loi d'être illibérale.

448. Je reconnais, messieurs, et ici vous me permettrez de parler seulement en mon nom, que certaines réserves doivent être faites.

449. Vous savez mieux que moi que les lois se font par voie de transaction; les commissions n'obtiennent pas tout ce qu'elles désirent. Il n'est pas douteux qu'il existe dans le projet de loi nombre de restrictions que j'aurais voulu en écarter. J'aurais désiré, en ce qui me concerne, qu'il n'y eût, même en haut, aucune limitation dans le chiffre du capital; que les coupures d'actions ne fussent pas limitées, que les pénalités correctionnelles fussent moins prodiguées, que la réglementation eût été moins minutieuse. J'aurais désiré que le nom, au lieu d'être un nom anglais, qui est à la fois un barbarisme et un solécisme, fût un nom, je ne dirai pas plus national (ce n'est pas là où je place mon point d'honneur national), mais un nom français, un nom plus intelligible. Il est clair qu'en bien des points la loi devra être perfectionnée.

450. Seulement je n'admets pas qu'elle pèche en ce qu'elle exige relativement à la responsabilité des administrateurs. Je ne partage nullement l'opinion de l'honorable M. Javal, et de l'honorable M. de Kervéguen. Je n'ai pas à entrer dans des détails à cet égard, ils seraient déplacés, nous attendons les occasions pour nous expliquer; seulement, comme vue d'ensemble, je ferai remarquer à mes deux honorables collègues qu'aucune doctrine n'est plus simple que celle de la commission, relativement aux administrateurs. Ce sont des mandataires.

451. Ils seront soumis à toutes les conséquences du mandat qu'ils ont sollicité ou accepté. Il n'y a pas dans la loi autre chose; et je le dis hautement, aucune de ses dispositions ne permet de soutenir qu'on veuille faire peser sur les administrateurs d'autres conséquences que celles qui résultent, d'après le droit commun, de l'acceptation d'un mandat (C'est cela!) Et j'ajoute que si nous n'avions pas agi ainsi, nous aurions été très-coupables.

452. La liberté, c'est une très-grande et très-bonne chose partout, même en matière de société commerciale, à la condition toutefois qu'en matière de société commerciale, comme en

toute autre matière, elle ait un correctif sans lequel elle serait une abominable chose, un redoutable danger, je n'hésite pas à le dire (Très-bien !), à condition qu'elle ait pour correctif la responsabilité de celui qui s'en sert. Si vous nous faites libres, et que vous ne me fassiez pas responsable, vous accomplissez une détestable œuvre, et je ne veux pas de votre liberté. (Très-bien ! très-bien !)

453. Loin donc que nous ayons maintenu la responsabilité des administrateurs, nous avons été fidèles aux exigences du droit, aux principes du bon sens, aux préceptes de la morale. Je n'hésite pas à considérer cette partie de la loi comme celle qui peut le mieux résister à la critique. Voilà ma réponse à ceux qui prétendent que nous n'avons pas été assez libéraux.

454. Après m'être défendu des deux côtés, après avoir écarté ceux qui trouvent que nous avons trop fait et ceux qui trouvent que nous n'avons pas fait assez, je conclus : oui, dans cette loi, il y a des imperfections, je le reconnais ; beaucoup des restrictions qu'elle consacre encore devront disparaître ; mais telle qu'elle est adoptez-la ; elle sera efficace, et soyez certains que, peu de jours après son adoption, elle amènera la création de plus de sociétés que les dix dont a parlé l'honorable M. de Kervéguen.

455. Ne tombons pas cependant dans l'excès des espérances. Cette loi, pas plus que les précédentes, ne sera une panacée universelle, grâce à laquelle les affaires de languissantes deviendront prospères ; la prospérité dépend de beaucoup d'autres conditions. Dans les affaires commerciales, pas plus qu'ailleurs, aucun mécanisme, aucun formalisme ne dispensera jamais de la bonne conduite, qui est la condition du succès dans les affaires humaines ; de la bonne foi, qui est le fondement de la confiance qu'on inspire aux autres ; surtout rien ne dispensera jamais de cette noble nécessité du travail et de la persévérance ; rien ne fera jamais, pas plus dans les affaires qu'ailleurs, quand on a jeté du grain en terre, qu'il ne faille attendre neuf

mois avant qu'il lève, et qu'il ne soit pas insensé de vouloir semer et récolter le même jour. (Très-bien! très-bien !)

456. A un autre point de vue, tout différent et que je ne puis qu'indiquer, la loi produira des conséquences heureuses. En créant aux capitaux un moyen de constituer des sociétés par actions, sans autorisation du Gouvernement, elle rendra inutiles les commandites par actions. Et dès lors la commandite purifiée, dégagée de tout alliage impur, rendue à sa véritable nature, deviendra une source de biens au lieu d'être une source de maux.

457. Nous nous épuisons tous depuis vingt ans à chercher des règles sur les sociétés en commandite. Les uns proposent des remèdes nouveaux ; les autres invoquent je ne sais quelle législation étrangère et nous échouons toujours ; la cause en est que nous sommes sortis de la réalité des principes en admettant des actions au porteur dans les sociétés en commandite. Jamais une telle doctrine n'aurait dû être admise. De là sont nés les scandales, là est l'impossibilité d'une bonne loi sur la commandite ; comme le disait l'honorable M. Javal, et son observation était pleine de sens, on se trouve toujours dans l'impossibilité d'édicter des dispositions qui conviennent à la fois à la commandite simple et à la commandite par actions. On ne peut accoupler sous des règles identiques deux formes d'associations qui n'ont point le moindre rapport entre elles. La pratique a été amenée à cette déviation, parce qu'elle ne possédait pas pour grouper les capitaux l'anonymat libre. Nous le lui donnons. Dès lors on pourra restituer la commandite à sa véritable nature, et ne l'admettre désormais qu'avec des bailleurs de fonds connus ou des actions nominatives ; et la commandite redeviendra un merveilleux instrument d'action. Voyez comme elle se combinera bien avec l'anonymat libre, et que leur domaine respectif est aisé à délimiter ! Le but principal des associés est-il de rapprocher des capitaux, de se procurer la puissance que donne le crédit avec le numéraire, la

considération de la personne ne sera-t-elle que secondaire, alors nous constituerons une société en responsabilité limitée, avec ses gérants révocables et sa surveillance efficace.

458. Au contraire, aura-t-on en vue, par l'appel au capital, d'assurer l'action d'une personne déterminée, par exemple d'un homme de génie ou d'un inventeur habile, ou d'un homme réputé par sa compétence en une matière quelconque, alors le capital deviendra l'accessoire ; ce qui dominera, c'est la considération de la personne ; alors on adoptera la forme de la commandite avec son gérant omnipotent et ses commanditaires subordonnés. Et par ces moyens vous arriverez au même but : la sécurité des actionnaires et le développement de l'association. (Très-bien ! très-bien !)

459. Je ne sais pas, messieurs, si j'ai exprimé ma pensée bien clairement (Oui ! très-bien !), mais je suis convaincu que je vous indique la combinaison grâce à laquelle nous développerons d'une manière honnête l'esprit d'association et l'esprit commercial. Que la crainte de spéculations malhonnêtes ne nous fasse pas étouffer les spéculations honnêtes ; ce serait d'un esprit étroit et d'une mauvaise politique. (Très-bien !) Gardons-nous aussi, dans ce cas aussi bien que dans tout autre, de l'esprit d'exclusion ; ne croyons pas qu'il n'y ait qu'une seule manière d'arriver à un même but ; ce serait d'un esprit superficiel. Bien souvent les routes sont diverses ; mais elles sont également bonnes, parce qu'il y a des esprits divers. Eh bien ! au lieu de limiter les formes dans lesquelles l'initiative individuelle peut se produire, élargissez-les, étendez-les. Faites que chacun puisse toujours adopter ce qui convient le mieux à sa nature ; de manière à ce que de la liberté de chacun naisse la prospérité de tous. (Marques générales d'approbation.)

460. *M. le Président*. La discussion générale paraît close. (Oui ! oui !)

Nous passons donc à la discussion des articles.

461. « Art. 1er. Il peut être formé, sans l'autorisation exigée par l'article 37 du Code de commerce, des sociétés com-

merciales dans lesquelles aucun des associés n'est tenu au delà de sa mise.

» Ces sociétés prennent le titre de *Sociétés à responsabilité limitée.*

» Elles sont soumises aux dispositions des articles 29, 30, 32, 33, 34, 36 et 40 du Code de commerce.

» Elles sont administrées par un ou plusieurs mandataires à temps, révocables, salariés ou gratuits, pris parmi les associés. » (Adopté.)

462. « Art. 2. Le nombre des associés ne peut être inférieur à sept. » (Adopté.)

463. Sur l'article 3, M. Javal a demandé la parole.

464. *M. Javal.* J'ai renoncé à parler sur l'article 1er par suite des explications qui ont été données par notre honorable collègue M. Emile Ollivier sur la position du mandataire ; mais je n'y renonce pas sur l'article 3 ; d'après cet article, le capital social ne peut excéder 20 millions. J'aimerais mieux, comme la commission, qu'on n'eût pas limité le capital ; mais, du moment où on l'a limité, je trouve qu'il y a une contradiction dans l'article.

465. En effet, supposons un industriel qui crée un grand établissement. Surviennent des traités de commerce qui le forcent à changer son matériel ; il peut très-bien se faire que, malgré les précautions les plus grandes prises par lui, et bien que ses études aient été parfaitement bien faites, son capital soit devenu insuffisant. Que fera-t-on, si le capital est limité ? Raisonnons sur le chiffre de 20 millions. On se dira : Faisons une société de 15 millions, il nous restera 5 millions en réserve pour les cas extraordinaires qui peuvent se présenter. Ainsi donc, étant prévenu, on prendra les précautions nécessaires. Mais alors je rencontre une autre difficulté non moins sérieuse. Vos titres ne sont rendus nominatifs que lorsque tout le capital est versé. Eh bien, on a fait une société au capital de 20 millions, quoiqu'on ne voulût employer que 15 millions. Vous avez par précaution laissé 5 millions sans les appeler.

Cependant les titres restent nominatifs. Il y a là une difficulté très-sérieuse.

466. Si messieurs les conseillers d'État avaient à cet égard une explication à nous donner qui pût nous rassurer, j'en serais pour ma part extrêmement heureux; j'ai le plus vif désir de voir adopter la loi, surtout si elle est accompagnée d'explications sufisantes pour qu'elle puisse fonctionner et donner toute sécurité dans une société de ce genre.

467. Messieurs, la question que j'ai à vous poser sur l'article 3 je la résume ainsi : Comment le titre devra-t-il rester nominatif, alors qu'il sera avéré qu'on aura fait une société, je le suppose, au capital de 15 millions, et que, comme mesure de précaution, on se sera réservé de verser ultérieurement 5 autres millions en face des circonstances exceptionnelles qui pourraient survenir?

468. *M. Vuillefroy*, commissaire du Gouvernement. La réponse est bien facile.

469. L'honorable M. Javal fait remarquer que le maximum du fond social que pourront avoir les sociétés à responsabilité limitée est fixé à 20 millions. Il demande ce qui se passerait dans le cas où, sur les 20 millions adoptés par une société pour son capital, il n'aurait été versé que 15 millions. Il désire savoir si, en pareil cas, les actions resteraient ou ne resteraient pas nominatives.

470. Il me semble que le texte de l'article ne permet aucun doute à cet égard. Vous avez également dans la loi de 1856 pour les sociétés en commandite par actions un article qui porte que les actions seront nominatives jusqu'à leur entière libération.

471. Je n'ai pas besoin d'expliquer à la Chambre l'importance qu'il y avait à imposer une prescription de cette nature. Alors que la responsabilité personnelle disparaît, et qu'elle est uniquement remplacée par le capital social, il faut que ce capital social existe ; c'est une garantie qu'on doit au public. Or, le capital social n'existe qu'à la condition d'être souscrit par

des personnes connues et auxquelles on puisse s'adresser tant que tous les versements n'ont pas été faits.

472. La situation est donc bien nette. Si la société que suppose M. Javal a un capital de 20 millions, il ne lui sera pas permis de faire des actions au porteur avant que la totalité de son capital ait été versée.

473. *M. Javal.* Je le regrette.

474. Je n'ai pas fini. Sur ce même article, je demande à présenter une autre observation.

475. Dans cet article 3, on ne parle que des sociétés à responsabilité limitée ; on ne parle pas des autres sociétés. Comment fonctionneront ces autres sociétés?

476. *M. le commissaire du Gouvernement.* Je crois qu'il y a confusion. Le projet de loi que nous discutons se réfère à l'article 37 du Code de commerce, c'est-à-dire qu'il dispense les sociétés dont il est question dans le projet de loi actuel de remplir les formalités prescrites par cet article pour les sociétés anonymes. Il ne s'agit donc ici que des sociétés par actions. Vous voyez, du reste, qu'il faut qu'il y ait au moins sept actionnaires pour former la société dont nous nous occupons en ce moment.

477. J'avoue donc que je ne me rends pas compte de l'observation de M. Javal.

478. *M. L. Javal.* Je vais vous l'expliquer. Sept actionnaires sont nécessaires pour faire un capital quelconque, pour faire, par exemple, un capital de 1,400 fr. pour un petit boutiquier, qui, lui aussi, est intéressant ; je regrette qu'ils soient dans l'obligation d'être sept ; mais enfin il faut qu'ils forment ce nombre. Comment vont-ils fonctionner?

479. *M. le commissaire du Gouvernement.* Dans les conditions déterminées par le projet de loi.

480. *M. L. Javal.* La loi sur les sociétés à responsabilité limitée est-elle applicable dans ce cas?

481. *M. le commissaire du Gouvernement.* Toute société qui

se formera dans les conditions déterminées par le projet de loi sera soumise à ses dispositions.

482. *M. Du Miral.* On pourra, au lieu d'actions, diviser le capital en parts d'intérêt.

483. *M. L. Javal.* On pourra diviser en parts d'intérêt ; je comprends ainsi la réponse qu'a faite M. le commissaire du Gouvernement. Dans ce cas, au lieu de faire des actions, on donnera à chaque intéressé une part, et voilà tout.

484. *M. le Président.* Je demande la permission à la Chambre, et, si elle l'exige, je descendrai du fauteuil (non ! non !), je demande, dis-je, la permission d'adresser à la commission et à MM. les commissaires du Gouvernement une simple question. (Parlez !)

485. Il y a dans l'article 3 cette disposition :

« Les actions ou coupons d'actions ne sont négociables qu'après le versement des deux cinquièmes. »

486. Je demande si la commission avait primitivement adopté cette disposition, ou si c'est le Conseil d'Etat qui la lui aurait fait accepter. Il me semble que la commission était primitivement disposée à se contenter d'un cinquième.

487. *M. Du Miral, rapporteur.* Il y avait eu, au début, hésitation sur ce point ; mais, après nouvel examen, nous avons reconnu qu'il y aurait inconvénient à déroger aux dispositions de la loi de 1856 ; et la disposition sur laquelle nous avons à prononcer est empruntée à la loi de 1856. Voilà pourquoi nous avons consenti à cette disposition.

488. *M. le Président.* Alors je soumettrai à la Chambre quelques réflexions, et je prierai M. Réveil de vouloir bien me remplacer au fauteuil, Je crois que le point qui nous occupe a une importance réelle.

489. *De toutes parts.* Restez au fauteuil, restez, monsieur le président ! vous serez mieux entendu.

490. *M. le Président.* Je n'étais nullement préparé à la question. Je demande à la Chambre la permission de lui soumettre

seulement quelques observations sur l'article 3. Voici la disposition qui nous préoccupe en ce moment :

« Les actions ou coupons d'actions ne sont négociables qu'après le versement des deux cinquièmes.

» Les souscripteurs sont, nonobstant toute stipulation contraire, responsables du montant total des actions par eux souscrites. »

491. Il est bien clair que si les souscripteurs sont responsables du montant total des actions souscrites, une action qui a été vendue offre le lendemain plus de garantie que la veille. En effet, le premier souscripteur d'une action ayant négocié son action à un second individu, l'action, le lendemain, représente non-seulement l'engagement du premier souscripteur, mais encore celui du second possesseur. Il est donc clair qu'il n'y a alors aucun danger, soit pour les tiers, soit au point de vue de la responsabilité de la société. Et maintenant je vais dire immédiatement à la Chambre la raison qui me fait désirer qu'on revienne à la disposition qui n'exigeait que le versement d'un cinquième.

492. Il y a deux espèces d'affaires ; mais élaguons d'abord les affaires industrielles ; ces affaires qui, en général, demandent des capitaux considérables, se composent d'un capital qui sert aux frais de premier établissement, et en outre d'un capital de fonds de roulement qui aide à la marche de l'entreprise. Dans ces sortes d'affaires, le capital entier est nécessairement versé ; il a besoin d'être versé ; il le faut pour pourvoir aux frais d'établissement, pour rendre possible la marche de l'entreprise, et il est de bonne règle industrielle qu'une affaire bien constituée possède son fonds de roulement intégralement réalisé, et ne marche pas à l'aide du crédit.

493. Laissons donc là ces affaires, qui ne se contenteront jamais du versement des deux cinquièmes.

494. Il y a deux espèces d'affaires, sur lesquelles je m'expliquerai le plus succinctement possible, qui jouent un grand

rôle dans les opérations commerciales et financières, qui sont très-utiles et qui, pour bien marcher, n'ont besoin que d'un faible capital versé que l'on appelle capital de garantie : ce sont les affaires d'assurances et les affaires de banque. Dans ce cas, plus vous exigez que le capital versé soit élevé, plus vous nuisez à l'affaire, à la marche prudente de l'affaire.

495. Ainsi, pour faire bien comprendre le rôle d'un capital de garantie, supposons une société de banque, et, pour voir les choses en grand, prenons la Banque de France. Si la Banque de France avait exigé de ses actionnaires la totalité des sommes qui constituent son mouvement d'affaires, elle serait une déplorable institution.

496. Comment fait-elle pour donner à ses actionnaires de si beaux bénéfices ? Elle le fait en se servant d'un faible capital de garantie, et d'un grand capital créé avec du papier, c'est-à-dire avec le droit régalien qu'elle a de frapper monnaie. Son capital de garantie étant modique, il lui est facile, en se contentant d'un faible intérêt et d'un faible bénéfice sur ses opérations, de donner de grands dividendes pour ce faible capital de garantie qui constitue son capital-action, et en même temps elle rend les plus grands services au commerce et à l'industrie.

497. De même pour les sociétés d'assurances qui exploitent la matière assurable avec un capital de garantie très-faible, et qui l'exploitent à très-bon marché. Les primes d'assurances qu'on leur paye, et qui sont relativement très-faibles, forment en s'accumulant un revenu considérable, eu égard au capital versé, et procurent de larges bénéfices aux actionnaires qui ont constitué l'affaire et qui n'ont fourni qu'un modique capital.

498. Remarquez que, dans les deux sortes d'entreprises, banques ou assurances, si on avait à faire produire des intérêts à un capital très-important, il faudrait que les primes fussent portées à un chiffre élevé, ou que les frais de négociation de papiers, que les intérêts qu'on cherche à obtenir du public ou du commerce, fussent également considérables.

499. Prenons maintenant les banques.

500. Les banques qui se sont constituées en Angleterre, je le dirai en opposition aux critiques de l'honorable M. de Kervéguen, se sont constituées sur une idée extrêmement ingénieuse que voici. Elles exigent un très-faible capital versé, et elles ont un très-gros capital engagé, ce qui est la condition de la loi actuelle; on ne verse qu'un cinquième de l'action, et l'engagement du surplus constitue un levier puissant de crédit. Avec ce crédit énorme, on reçoit des dépôts considérables; ces dépôts sont utilisés au profit du commerce avec une très-faible rétribution, et procurent très-facilement un produit suffisant pour rémunérer largement un très-petit capital versé.

501. C'est là la clef du système; et cette organisation, si utile au commerce, exige une très-grande prudence, car il faut une grande prudence pour acquérir la confiance du public et faire affluer les dépôts.

502. Eh bien, cette organisation qui est si intelligente et si pratique, vous la détruiriez par la disposition de l'article 3 dont je parle en ce moment et qui serait, à mon avis, inutile, si l'on juge bien tous les intérêts engagés dans la question.

503. Qu'importe qu'une action soit négociée avec un cinquième seulement payé, puisque le lendemain, je l'ai déjà dit, elle vaut plus que la veille, soit à l'égard des tiers, soit à l'égard de la compagnie, puisqu'elle a deux garants au lieu d'un?

504. Par la disposition que j'indique, vous laisserez se constituer les affaires d'assurances et les affaires de banque qui, après un simple versement du cinquième, ne demanderont jamais davantage, qui vivront avec un petit capital versé, et qui, au moyen de leurs dépôts et de leur crédit, seront de si énergiques auxiliaires pour le commerce et l'industrie, tout en assurant de beaux bénéfices à leurs actionnaires.

505. Cela peut être considéré comme une théorie; mais, après avoir parlé de l'Angleterre, je prendrai maintenant un exemple dans ce qui se passe en France.

506. En France, il y a, en vertu d'une autorisation émanée du Conseil d'Etat, une société de crédit commercial et industriel qui n'a demandé que le versement du quart de son capital, qui négocie ses actions au quart, qui marche avec cela, qui n'en demandera jamais davantage, qui reçoit des dépôts considérables, qui rend de grands services à l'industrie. Ses statuts lui défendent toute participation dans les affaires qui entraîneraient immobilisation de capital; elle n'est qu'une banque de prêt, qui n'a que le côté utile et n'a point le côté dangereux des banques.

507. Eh bien, il y a lieu de se demander si une banque de ce genre pourra se former en province, avec la loi telle qu'elle est rédigée en ce moment par la commission et le Conseil d'Etat. Quant à moi, j'inclinerais à la suppression de cet alinéa de l'article 3 : « Les actions ou coupons d'actions ne sont négociables qu'après le versement des deux cinquièmes. »

508. A cela je verrais des avantages sans aucun inconvénient.

509. *M. L. Javal.* Cela aurait d'autant moins d'inconvénient, monsieur le président, que les actions doivent rester nominatives jusqu'à leur entière libération.

510. *M. le Président.* C'est vrai ; toutefois je dois ajouter que je ne suis pas de l'avis de M. Javal qui voudrait dégager le souscripteur avant le versement intégral du montant des actions.

511. Cette obligation du versement intégral est un principe de moralité et de responsabilité entièrement utile ; quand on s'engage dans une affaire, il faut savoir à quoi on s'expose et être responsable jusqu'au bout. (Marques d'assentiment.)

512. *M. L. Javal.* Je ne demande pas qu'on ne soit pas responsable.

513. *M. le Président.* On ne peut être responsable que si l'on est personnellement engagé.

514. *M. Vuillefroy*, président de section au Conseil d'Etat, commissaire du Gouvernement. Je demande la permission de soumettre à la Chambre quelques observations sur celles qui

viennent d'être faites par l'honorable président du Corps législatif.

515. La disposition qui vous est proposée n'est pas une disposition nouvelle et qui soit spéciale aux sociétés à responsabilité limitée. C'est une disposition qui a été présentée par la commission du Corps législatif qui a préparé la loi de 1856 sur les sociétés en commandite par actions. C'est une disposition qui a été votée par la Chambre, et qui est devenue la loi de ces sociétés. C'est une disposition que la loi de 1845 avait déjà déclarée applicable à toutes les sociétés de chemins de fer.

516. Si je fais cette observation, c'est que peut-être le Corps législatif trouvera qu'il y aurait quelque chose de grave à faire à une nature de société qui ressemble beaucoup à la société en commandite par actions, une situation différente de celle qui a été faite à cette dernière société.

517. L'intérêt qu'a surtout fait valoir M. le président du Corps législatif est celui qui s'attacherait à certaines natures d'affaires, à des sociétés d'assurances, par exemple, et à des sociétés de banque. Voici à cet égard ma réponse.

518. En matière d'assurances, la loi actuelle n'est évidemment pas applicable; les assurances par actions doivent être autorisées par le Gouvernement, en vertu de dispositions spéciales, et elles ne pourront pas donner matière à la formation des sociétés dont il s'agit en ce moment. Par conséquent, cette objection disparaît; elle aurait été considérable, je le reconnais.

519. En effet, dans les sociétés d'assurances, il est d'usage d'avoir ce qu'on appelle un capital de roulement et un fonds de garantie; l'usage est de n'appeler qu'un ou deux cinquièmes; le reste demeure entre les mains des actionnaires, qui répondent dans le cas où la société éprouve des sinistres et se trouve avoir besoin de versements nouveaux pour y faire face. L'objection, en pareil cas, aurait donc pu avoir quelque valeur. Mais, je le répète, la forme de société que nous introduisons ne va pas dispenser les sociétés d'assurances de recourir à l'autorisation du Gouvernement, et c'est sous la forme de so-

ciétés anonymes que ces sociétés se constitueront à l'avenir, comme elles se forment aujourd'hui.

520. M. le président du Corps législatif a fait allusion à des sociétés de la nature de celle de la Banque de France. Je crois que les actions de la Banque ne présentent pas le caractère qu'il suppose, et que le capital en est versé intégralement.

521. *M. le Président.* Je n'ai pas dit le contraire; je crois que vous m'avez mal compris. J'ai cité les sociétés qui ont un capital de garantie.

522. *M. le commissaire du Gouvernement.* Je demande la permission de relever les deux noms qui ont été prononcés, celui de la Banque de France et celui de la société du Crédit commercial et industriel, et j'avoue que, quant à moi, je crois que des sociétés de cette importance et qui sont placées dans une situation si exceptionnelle sont de celles qu'il sera toujours utile de soumettre à l'autorisation du Gouvernement; il est évident que la Banque de France ne pourrait pas s'en passer, même avec la loi actuelle. Quant à la société de Crédit commercial et industriel, elle a un capital de 40 millions ; elle ne saurait être, en effet, une grande société financière sans avoir un grand capital ; par conséquent, elle ne serait pas soumise à la loi actuelle, qui ne doit s'appliquer qu'aux sociétés dont le capital ne sera pas supérieur à 20 millions de francs.

523. Du reste, messieurs, c'est précisément en matière de banque que la forme de société que nous vous apportons pourrait donner quelques inquiétudes. En Angleterre, on l'avait tellement senti, qu'à l'origine, lorsqu'on a introduit la forme des sociétés à responsabilité limitée, on avait déclaré qu'elle ne pourrait pas être appliquée aux banques. Avec la loi nouvelle, les maisons de banque qui voudront s'établir en France avec un fonds social supérieur à 20 millions devront continuer à prendre la forme anonyme et demander l'autorisation du Gouvernement. Quant à celles qui voudront se fonder avec un capital inférieur à 20 millions et sans autorisation, je crois qu'il importe de les soumettre aux dispositions de l'article 3,

que leurs actions ne doivent être négociables qu'après le versement des deux cinquièmes, et que les souscripteurs doivent rester responsables de la totalité des actions par eux souscrites. Ce serait là la véritable garantie du public. (Marques d'approbation.)

524. Permettez-moi, messieurs, une observation.

525. Nous faisons ici l'épreuve d'une chose parfaitement nouvelle dans notre pays. Jusqu'à présent on avait considéré que la responsabilité personnelle non-seulement en matière commerciale, mais encore en matière civile, était le principe de droit commun. Une exception n'avait été introduite que pour les sociétés anonymes qui, comme on l'a fait remarquer, n'étaient pas des sociétés de droit commun, mais des sociétés exceptionnelles, puisqu'elles étaient soumises d'une manière toute spéciale à l'approbation et à l'autorisation du Gouvernement, et ces sociétés, d'ailleurs, n'étaient jamais autorisées que pour certaines natures d'entreprises qui paraissaient présenter un caractère d'intérêt général ou une importance.

526. Aujourd'hui on entre dans une voie nouvelle ; pour les sociétés que nous réglons, on abandonne le principe de la responsabilité personnelle, et l'on se contente de la responsabilité du capital.

527. Mais, messieurs, n'allons pas trop loin. Il faut au moins nous assurer que le capital existera, qu'il soit sérieusement souscrit, et qu'on soit toujours sûr de pouvoir le trouver. Le moins que nous puissions demander à cette nouvelle forme de société, c'est de se former dans des conditions sérieuses et solides qui soient la garantie du public.

528. Il y aurait donc, à mon avis, quelque chose de fâcheux et d'excessif si, en entrant dans la voie nouvelle où nous entrons, nous étions moins exigeants vis-à-vis de la société nouvelle que vis-à-vis des autres sociétés par actions.

529. Je le dis dans l'intérêt même de la forme nouvelle de société que nous voulons accréditer, prenons garde de la compromettre par une trop grande facilité, et exigeons d'elle

les conditions et les garanties qui sont imposées aux autres sociétés.

530. *Plusieurs voix.* Très-bien !

531. *M. le Président.* S'il est dans l'esprit du Gouvernement que les dispositions de la loi actuelle ne s'appliquent ni aux sociétés d'assurances ni aux banques, je n'insisterai pas. Je croyais que cette forme nouvelle de société devait s'appliquer aux banques de dépôt de la province.

532. *M. Du Miral, rapporteur.* Le paragraphe sur lequel M. le président a parlé ne s'applique pas aux versements ; il ne s'applique qu'à la négociation. Il est évident qu'on ne peut négocier sans qu'il y ait un quart de versé. Toute la question est de savoir si l'on peut négocier alors que la société vient d'être constituée, qu'il y a un quart de versé, ou seulement après un versement des deux cinquièmes, comme dans la loi de 1856.

533. *M. le Président.* Très-bien. Voici le seul point que je veuille établir. D'abord, quand j'ai parlé de la Banque de France, je n'en ai parlé que pour montrer les grands effets produits par son mécanisme avec un capital de garantie relativement faible. L'honorable M. Vuillefroy a dit qu'il faudrait que le capital fût entièrement versé. Mais j'aurai, quant à moi, plus de confiance dans une banque dont toutes les actions auraient été souscrites sans être intégralement versées, que dans une banque dont tout le capital aurait été versé. Car un capital versé court des risques dont il faut tenir compte ; tandis que, avec un capital intégralement souscrit, mais versé pour une faible partie seulement, il y a des garanties plus sérieuses et un grand bien peut être produit.

534. Au surplus, je ne propose pas le renvoi de l'article à la commission. Laissons ces sociétés nouvelles fonctionner, nous les jugerons ensuite d'après l'expérience. (Approbation.)

535. *M. Vuillefroy*, commissaire du Gouvernement. Je voudrais faire remarquer que, d'après l'article 4, les sociétés ne peuvent être constituées qu'après le versement du quart du capital; par conséquent il n'y aurait, en aucun cas, intérêt à ré-

clamer pour les actionnaires la faculté de négocier leurs actions après le versement d'un cinquième seulement. Il faudrait au moins ne réclamer pour eux cette faculté qu'après le versement du quart. Mais il n'y a pas une bien grande différence entre le quart et les deux cinquièmes. Je pense donc que maintenant, quant à des sociétés comme la Banque et la société du Crédit commercial et industriel, j'ai oublié de faire observer que leur exemple pourrait d'autant moins être invoqué dans l'espèce, que ces sociétés ont un caractère tout exceptionnel, à ce point qu'elles ont des gouverneurs nommés par l'Empereur.

536. *M. Chevandier de Valdrôme.* Je demande la permission de répondre à M. le commissaire du Gouvernement, de reprendre et de défendre les idées exprimées par notre honorable président; je serai très-court.

537. Après les observations qui ont été échangées, la question est bien claire. Je ferai remarquer d'abord qu'il ne s'agit point du tout de fixer le moment où on pourra faire acte de commerce; il faut pour cela que le quart soit versé; mais, ce qui est en question, c'est de fixer le moment où les actions deviendront négociables, étant bien entendu qu'elles ne seront libérées que lorsque la totalité du capital aura été payé.

538. Ici je prends l'exemple que l'on a posé, celui d'une banque de crédit qui se forme dans une ville de province. Nous avons beaucoup de ces banques, qui rendent des services énormes quand elles sont conduites par des hommes intelligents, par des hommes qui n'ont pas par devers eux le capital nécessaire, quoiqu'ils soient d'une très-grande honorabilité, mais qui trouvent facilement des actionnaires qui se mettent à leur suite.

539. Eh bien, la question peut se résumer ainsi. Il est utile que le capital de garantie soit le plus fort possible, et ici j'abandonnerai de suite les termes de deux cinquièmes et de un cinquième introduits d'abord dans la discussion pour prendre ceux établis avec une grande exactitude par M. le commissaire

du Gouvernement, soit 2/5 et 1/4, et je ferai à cet égard un seul petit exemple par chiffres. Je suppose un homme intelligent, honnête, voulant établir une banque dans un chef-lieu de département. Il a besoin de 2 millions 1/2 pour faire ses affaires et veut offrir au public un capital de garantie de 10 millions. Il est très-important que les actions soient négociables ; car, si elles ne le sont pas, elles perdront énormément de leur valeur, puisque le porteur ne pourra les transmettre à une autre personne. Ici je m'arrête pour revenir sur l'observation de M. le président, que ce papier négocié offre plus de solidité au public qu'avant les négociations, puisqu'il porte deux signatures au lieu d'une. Je reviens à mon exemple de chiffres.

540. S'il faut 2 millions et demi à cet homme pour faire marcher une banque établie au capital de garantie de 10 millions, et s'il est obligé de faire verser les 2 cinquièmes avant que ses actions soient négociables, il faudra qu'il demande un versement de 4 millions et reçoive un capital utile pour les affaires qu'il a en vue. Si, au contraire, il suffit d'un quart, tout en conservant son capital de garantie de 10 millions, il n'aura à demander que 2 millions et demi à ses actionnaires.

541. Eh bien, il y a là une certaine facilité, et je ne vois pas pourquoi on n'admettrait pas dans l'article 3, comme dans l'article 4, le chiffre de 1 quart, ce qui aurait l'avantage de mettre les chiffres énoncés dans les deux articles en rapport.

542. « Art. 3. Le capital social ne peut excéder 20 millions de francs.

» Il ne peut être divisé en actions ou coupons d'actions de moins de 100 francs, lorsqu'il n'excède pas 200,000 francs, et de moins de 500 francs, lorsqu'il est supérieur.

» Les actions sont nominatives jusqu'à leur entière libération.

» Les actions ou coupons d'actions ne sont négociables qu'après le versement des deux cinquièmes.

» Les souscripteurs sont, nonobstant toute stipulation contraire, responsables du montant total des actions par eux souscrites. » (Adopté.)

543. « Art. 4. Les sociétés à responsabilité limitée ne peuvent être définitivement constituées qu'après la souscription de la totalité du capital social et le versement du quart au moins du capital qui consiste en numéraire.

» Cette souscription et ces versements sont constatés par une déclaration des fondateurs faite par acte notarié.

» A cette déclaration sont annexés la liste des souscripteurs, l'état des versements effectués et l'acte de société.

» Cette déclaration, avec les pièces à l'appui, est soumise à la première assemblée générale, qui en vérifie la sincérité. » (Adopté.)

544. « Art. 5. Lorsqu'un associé fait un apport qui ne consiste pas en numéraire, ou stipule à son profit des avantages particuliers, la première assemblée générale fait apprécier la valeur de l'apport ou la cause des avantages stipulés.

» La société n'est définitivement constituée qu'après l'approbation, dans une autre assemblée générale, après une nouvelle convocation.

» Les associés qui ont fait l'apport, ou stipulé les avantages soumis à l'appréciation et à l'approbation de l'assemblée générale, n'ont pas voix délibérative.

» Cette approbation ne fait pas d'obstacle à l'exercice ultérieur de l'action qui peut être intentée pour cause de dol ou de fraude. » (Adopté.)

545. « Art. 6. Une assemblée générale est, dans tous les cas, convoquée à la diligence des fondateurs, postérieurement à l'acte qui constate la souscription du capital social et le versement du quart du capital qui consiste en numéraire. Cette assemblée nomme les premiers administrateurs ; elle nomme également, pour la première année, les commissaires institués par l'art. 15.

» Ces administrateurs ne peuvent être nommés pour plus de six ans; ils sont rééligibles, sauf stipulation contraire.

» Le procès-verbal de la séance constate l'acceptation des administrateurs et des commissaires présents à la réunion.

» La société est constituée à partir de cette acceptation. » (Adopté.)

546. « Art. 7. Les administrateurs doivent être propriétaires, par parts égales, d'un vingtième du capital social.

» Les actions formant ce vingtième sont affectées à la garantie de la gestion des administrateurs.

» Elles sont nominatives, inaliénables, frappées d'un timbre indiquant l'inaliénabilité, et déposées dans la caisse sociale. » (Adopté.)

547. « Art. 8. Dans la quinzaine de la constitution de la société, les administrateurs sont tenus de déposer au greffe du tribunal de commerce : 1° une expédition de l'acte de société et de l'acte constatant la souscription du capital et du versement du quart; 2° une copie certifiée des délibérations prises par l'assemblée générale dans les cas prévus par les articles 4, 5 et 6, et de la liste nominative des souscripteurs, contenant les noms, prénoms, qualités, demeures et le nombre d'actions de chacun d'eux.

» Toute personne a le droit de prendre communication des pièces sus-mentionnées et même de s'en faire délivrer une copie à ses frais.

» Les mêmes documents doivent être affichés, d'une manière apparente, dans les bureaux de la société. » (Adopté.)

548. « Art. 9. Dans le même délai de quinzaine, un extrait des actes et délibérations énoncés dans l'article précédent est transcrit, publié et affiché suivant le mode prescrit par l'article 42 du Code de commerce.

» L'extrait doit contenir les noms, prénoms, qualités et demeures des administrateurs; la désignation de la société, de son objet et du siége social; la mention qu'elle est à responsabilité limitée, l'énonciation du montant du capital social, tant en numéraire qu'en autres objets ; la quotité à prélever sur les bénéfices pour composer le fonds de réserve ; l'époque où la société commence et celle où elle doit finir, et la date du dépôt au greffe du tribunal de commerce, prescrit par l'article 8.

» L'extrait est signé par les administrateurs de la société. » (Adopté.)

549. « Art. 10. Tous actes et délibérations ayant pour objet la modification des statuts, la continuation de la société au delà du terme fixé pour sa durée, la dissolution avant ce terme et le mode de liquidation sont soumis aux formalités prescrites par les articles 8 et 9. » (Adopté.)

550. « Art. 11. Dans tous les actes, factures, annonces, publications et autres documents émanés des sociétés à responsabilité limitée, la dénomination sociale doit toujours être précédée ou suivie immédiatement de ces mots, écrits lisiblement en toutes lettres : *Société à responsabilité limitée*, et de l'énonciation du montant du capital social. » (Adopté.)

551. « Art. 12. Il est tenu, chaque année au moins, une assemblée générale à l'époque fixée par les statuts. Les statuts déterminent le nombre d'actions qu'il est nécessaire de posséder, soit à titre de propriétaire, soit à titre de mandataire, pour être admis dans l'assemblée, et le nombre de voix appartenant à chaque actionnaire, eu égard au nombre d'actions dont il est porteur.

» Néanmoins, dans les premières assemblées générales, appelées à statuer dans les cas prévus par les articles 4, 5 et 6, tous les actionnaires sont admis avec voix délibérative. » (Adopté.)

552. « Art. 13. Dans toutes les assemblées générales, les délibérations sont prises à la majorité des voix.

» Il est tenu une feuille de présence ; elle contient les noms et domicile des actionnaires et le nombre d'actions dont chacun d'eux est porteur.

» Cette feuille, certifiée par le bureau de l'assemblée, est déposée au siége social et doit être communiquée à tout requérant. » (Adopté.)

553. « Art. 14. Les assemblées générales doivent être composées d'un nombre d'actionnaires représentant le quart au moins du capital social.

» Si l'assemblée générale ne réunit pas ce nombre, une nouvelle assemblée est convoquée, et elle délibère valablement, quelle que soit la portion du capital représentée par les actionnaires présents.

» Mais les assemblées qui délibèrent :

» Sur l'objet indiqué dans l'article 5,

» Sur la nomination des premiers administrateurs, dans le cas prévu par l'article 6,

» Sur les modifications aux statuts,

» Sur des propositions de continuation de la société au delà du terme fixé pour sa durée ou de dissolution avant ce terme,

» Ne sont régulièrement constituées et ne délibèrent valablement qu'autant qu'elles sont composées d'un nombre d'actionnaires représentant la moitié au moins du capital social.

» Lorsque l'assemblée délibère sur l'objet indiqué dans l'article 5, le capital social, dont la moitié doit être représentée, se compose seulement des apports non soumis à vérification. » (Adopté.)

554. « Art. 15. L'assemblée générale annuelle désigne un ou plusieurs commissaires, associés ou non, chargés de faire un rapport à l'assemblée générale de l'année suivante sur la situation de la société, sur le bilan et sur les comptes présentés par les administrateurs.

» La délibération contenant approbation du bilan et des comptes est nulle si elle n'a été précédée du rapport des commissaires.

» A défaut de nomination des commissaires par l'assemblée générale, ou en cas d'empêchement ou de refus d'un ou de plusieurs commissaires nommés, il est procédé à leur nomination ou à leur remplacement par ordonnance du président du tribunal de commerce du siége de la société, à la requête de tout intéressé, les administrateurs dûment appelés. »

555. *M. L. Javal.* Je demande la parole sur l'article 15.

556. *Plusieurs membres.* A demain !

557. *M. L. Javal.* J'avais des observations à présenter sur les articles 4, 6, 7, 11, 14. Je ne demande à parler que de l'article 15, parce que cet article a, à mes yeux, une importance très-grande qui doit sauter aux yeux.

558. D'après l'article 15, l'assemblée générale désigne un ou plusieurs commissaires, associés ou non ; ces commissaires sont chargés de faire un rapport à l'assemblée. Je vais tout de suite parler, si vous voulez me le permettre, pour gagner du temps, sur les articles 15 et 16 qui forment presque un article unique. Dans l'article 16, les commissaires ont droit, toutes les fois qu'ils le jugent convenable, de prendre connaissance des livres, d'examiner les opérations de la société et de convoquer l'assemblée générale. Ce sont des commissaires de police. (Interruption.) On va mettre là un étranger qui vient examiner les livres, contrôler vos affaires. Dans tous les cas, c'est une nouvelle fonction qu'on crée, et je demande au moins, puisqu'il est difficile, dans ce moment, de faire changer ces articles 15 et 16, qu'il soit bien établi, parce que je suis convaincu que c'est là la pensée de la commission et du Gouvernement, que des répressions très-sévères seront exercées contre ces commissaires, s'ils usent de leur mandat d'une manière qui puisse nuire d'une façon quelconque aux intérêts sociaux. Voilà des hommes investis d'un pouvoir extraordinaire, et qui peuvent certainement jeter du trouble dans les affaires de la société s'ils ne sont pas des hommes parfaitement modérés. Je demande une explication.

559. *M. le Président.* M. Du Miral va vous la donner.

560. *M. Du Miral*, rapporteur. L'article 26 donne complète satisfaction à l'honorable M. Javal. D'après l'article 26, les commissaires sont responsables, aux termes du droit commun, de l'exécution de leur mandat. Il est évident que s'ils commettent,

dans l'exécution de leur mandat, des fautes, des malversations, des abus, ils en seront responsables, puisque l'article 26 le porte.

561. Quant à l'institution elle-même, elle est excellente; c'est une garantie de la bonne administration des administrateurs.

562. (L'article 15 est mis aux voix et adopté.)

563. « Art. 16. Les commissaires ont droit, toutes les fois qu'ils le jugent convenable, dans l'intérêt social, de prendre communication des livres, d'examiner les opérations de la société et de convoquer l'assemblée générale. » (Adopté.)

564. « Art. 17. Toute société à responsabilité limitée doit dresser, chaque trimestre, un état résumant sa situation active et passive.

» Cet état est mis à la disposition des commissaires.

» Il est en outre établi, chaque année, un inventaire contenant l'indication des valeurs mobilières et immobilières, et de toutes les dettes actives et passives de la société.

» Cet inventaire est présenté à l'assemblée générale. » (Adopté.)

565. « Art. 18. Quinze jours au moins avant la réunion de l'assemblée générale, une copie du bilan résumant l'inventaire et du rapport des commissaires est adressée à chacun des actionnaires connus et déposée au greffe du tribunal de commerce.

» Tout actionnaire peut, en outre, prendre au siége social communication de l'inventaire et de la liste des actionnaires. »

566. *M. Quesné.* Je demande la parole.

567. Je voudrais appeler l'attention de la Chambre sur ce que je crois être un oubli dans la rédaction de l'article 18.

568. Je crois qu'il est dans l'intention de la commission et des commissaires du Gouvernement que les tiers aient le droit de prendre au greffe communication du bilan et du rapport des commissaires.

569. Eh bien, ceci n'est pas dit ici, et je suis d'autant plus

porté à croire que c'est par oubli, que dans l'article 8 on a soin de dire, au paragraphe 2 :

« Toute personne a le droit de prendre communication des pièces sus-mentionnées, et même de s'en faire délivrer copie à ses frais. »

570. Je pense que pour éviter tout malentendu, si ma réclamation était trouvée juste, il serait bon de renvoyer l'article à la commission pour qu'on remédiât à ce que je considère comme un oubli.

571. *M. Josseau.* Je crois que notre honorable collègue se trompe en disant qu'il y a eu oubli de la part de la commission.

572. Aux termes de l'article 8, le bilan est à la disposition de tout le monde. L'article 8 dit en effet :

« Dans la quinzaine de la constitution de la société, les administrateurs sont tenus de déposer au greffe du tribunal de commerce : 1° une expédition de l'acte de société et de l'acte constatant la souscription du capital et du versement du quart; 2° une copie certifiée des délibérations prises par l'assemblée générale dans les cas prévus par les articles 4, 5 et 6, et de la liste nominative des souscripteurs, contenant les noms, prénoms, qualités, demeures et le nombre d'actions de chacun d'eux.

» Toute personne a le droit de prendre communication des pièces sus-mentionnées et même de s'en faire délivrer une copie à ses frais. »

573. *Quelques voix.* Ce n'est plus la même chose !

574. *M. Quesné.* Il n'est pas là question de bilan. En tout cas, puisque nous sommes d'accord sur le fond, il me semble qu'il devrait être facile de nous mettre d'accord sur la forme.

575. *M. Du Miral,* rapporteur. Le bilan est déposé au greffe précisément pour que tout le monde en puisse prendre connaissance. Il y a une corrélation d'articles qui ne permet aucune espèce de doute ; seulement, dans le second paragraphe de l'article 18, on n'a pas donné aux actionnaires le droit d'en

aller prendre communication au siége social lui-même, parce que le siége social n'est pas public, tandis que le greffe est public.

576. *M. le Président.* Voilà la réponse de la commission.

577. L'article dit qu'on envoie à chaque actionnaire le bilan, etc. Il est bien présumable que l'actionnaire ne se donnera pas la peine d'aller au greffe voir ce qui devra lui être envoyé; donc le dépôt au greffe serait pour les tiers. C'est là l'idée de la commission.

578. *Un membre.* L'article 8 ne laisse à cet égard aucun doute.

579. *M. Josseau.* La pensée évidente de la commission c'est que le bilan soit, comme toutes les autres pièces, à la disposition de toutes les personnes au greffe.

580. *M. le Président.* Eh bien, la déclaration suffit!

581. *M. Quesné.* Je ferai seulement observer que dans l'article 8 on dit la chose formellement, et qu'on ne le dit pas dans l'article 18. (Bruit.) Si vous pensez que cette discussion a suffi pour éclaircir la question, je n'insiste plus.

582. *M. Vuillefroy*, commissaire du Gouvernement. Je crois qu'il ne peut pas y avoir de doute sur l'interprétation de l'article.

583. Les actionnaires sont les seuls à qui on puisse reconnaître le droit d'aller demander communication des pièces au siége social; quant aux tiers, s'ils veulent connaître le bilan de la société, il faut qu'ils se transportent au greffe du tribunal de commerce, où, d'après les dispositions de l'article, ce bilan doit être déposé.

584. *M. Quesné.* Si cela est dans le droit commun, pourquoi le dire dans l'article 8, et non dans l'article 18?

585. *M. le commissaire du Gouvernement.* L'article 18 porte: « Quinze jours au moins avant la réunion de l'assemblée générale, une copie du bilan résumant l'inventaire et du rapport des commissaires est adressée à chacun des actionnaires connus et déposée au greffe du tribunal de commerce. »

586. Par conséquent il est mis à la disposition du public.

587. *M. le Président.* Il y a une nuance qui m'arrive à l'instant même à l'esprit, c'est que dans les opérations de l'article 8, comme c'est le public qui est juge, il va au greffe pour se faire rendre compte de la situation de la société ; tandis que dans les opérations de l'article 18 il s'agit du bilan qu'on adresse aux actionnaires.

588. Il est bien clair qu'il y a une distinction : le public va au greffe pour connaître les opérations qui y ont été accomplies, c'est-à-dire la formation même de la société ; mais, une fois le bilan déposé, c'est aux actionnaires qu'on l'adresse ; eux seuls ont le droit de pénétrer dans le siége de la société.

589. *M. le commissaire du Gouvernement.* Mais pardon, monsieur le Président.

590. *M. le Président.* Permettez ! vous ne m'avez pas bien compris, ou je me suis mal expliqué.

591. Je comprends très-bien que le public puisse se transporter au greffe ; mais il n'y a que les actionnaires qui aient le droit d'aller au siége de la société. (C'est vrai.)

592. Vous m'avez interrompu avant d'avoir entendu la fin de ce que je voulais dire.

593. Les actionnaires ont seuls le droit d'aller au siége de la société. Le public, lui, va au greffe ; mais les actionnaires n'ont pas intérêt à y aller, puisqu'ils ont reçu directement les pièces.

594. Voilà, ce me semble, la distinction. (Aux voix ! aux voix !) Je crois qu'il n'y a pas besoin de renvoyer l'article à la commission. (Marques d'assentiment.)

595. Je mets aux voix l'article 18.

596. (L'article 18 est mis aux voix et adopté.)

597. « Art. 19. Il est fait annuellement sur les bénéfices nets un prélèvement d'un vingtième au moins, affecté à la formation d'un fonds de réserve.

» Ce prélèvement cesse d'être obligatoire lorsque le fonds de réserve a atteint le dixième du capital social. » (Adopté.)

598. « Art. 20. En cas de perte des trois quarts du capital

social, les administrateurs sont tenus de provoquer la réunion de l'assemblée générale de tous les actionnaires, à l'effet de statuer sur la question de savoir s'il y a lieu de prononcer la dissolution de la société.

» La résolution de l'assemblée est, dans tous les cas, rendue publique dans les formes prescrites par l'article 8. A défaut, par les administrateurs, de réunir l'assemblée générale, tout intéressé peut demander la dissolution de la société devant les tribunaux. »

599. *M. Cosserat.* Je demande la parole.

600. *M. le Président.* Vous avez la parole.

601. *M. Cosserat.* Messieurs, j'appelle l'attention de la Chambre sur l'article 20 du projet de loi. Selon cet article, ce n'est que quand les trois quarts du capital social seront perdus que les administrateurs seront tenus de provoquer la réunion de l'assemblée générale pour statuer sur la dissolution de la société.

602. Il me paraît nécessaire de faire remarquer à la Chambre que l'actif d'un inventaire industriel, lors même que cet inventaire est fait de bonne foi, dépasse toujours la valeur vénale, c'est-à-dire que si, par suite d'une dissolution, on met en vente l'établissement, on trouve un grand déficit entre l'actif indiqué à l'inventaire et la somme réalisée par le liquidateur.

603. De tristes et nombreuses expériences viennent chaque jour nous en donner la preuve, et j'affirme, messieurs, qu'une société industrielle qui indique 75 0[0 de perte dans son inventaire ne donnera rien ou presque rien à ses actionnaires après la liquidation définitive. Or, si nous voulons qu'il reste encore quelques bribes aux malheureux actionnaires, il ne faut pas tolérer que les administrateurs attendent qu'il y ait plus du tiers ou de la moitié du capital social perdu pour provoquer la dissolution.

604. *M. Vuillefroy*, commissaire du Gouvernement. Il me semble, autant que j'ai pu l'entendre, que l'honorable préopi-

nant s'est inquiété de ce que l'assemblée générale ne serait appelée à se prononcer sur la dissolution de la société qu'alors que le capital serait réduit des trois quarts.

605. Nous avions été plus sévères que la commission dans cette question. Nous avions pensé qu'alors que le capital serait réduit des trois quarts, la dissolution ne devait pas être purement facultative, mais obligatoire.

606. La commission nous a fait remarquer qu'il y a certaine nature d'affaires, et entre autres les sociétés d'exploitation de mines, pour lesquelles la réduction du capital à un quart, par exemple, n'est pas toujours une raison de ne pas pouvoir exister, et elle a ajouté que les sociétés devaient, dans une certaine mesure, avoir le même droit qu'ont les particuliers de continuer à vivre tant qu'ils peuvent avoir un espoir légitime de se tirer d'affaire.

607. La commission a donc substitué à la dissolution obligatoire, lorsque le capital serait réduit des trois quarts, cette disposition : qu'en pareil cas l'assemblée générale devait être appelée à délibérer, et que le public devait être averti. Nous nous sommes mis d'accord avec elle sur ce point. Les actionnaires de la société devront donc être réunis et mis en demeure de déclarer s'ils veulent ou non continuer la société S'ils sont d'avis de dissoudre, on procédera immédiatement à la dissolution ; si, au contraire, ils sont d'avis de continuer à faire vivre la société dans les conditions réduites où elle se trouvera, leur délibération devra être publiée comme les actes qui ont constitué la société primitive, et, par conséquent, le public sera averti, il n'y aura pas de péril pour lui.

608. *M. le baron de Beauverger*. Pourquoi dire la perte des trois quarts du capital ?

609. *M. le commissaire du Gouvernement*. Il est évident qu'il faut une limite, et il n'est pas possible de la fixer d'une manière trop rigoureuse. La limite qui fixe la dissolution après la perte des trois quarts du capital est celle qui est généralement adoptée pour les sociétés anonymes. Prononcer la disso-

lution d'une société quand elle aurait encore la moitié de son capital, ce serait excessif. Il arrive tous les jours qu'une société qui a la moitié de son capital peut encore parfaitement faire ses affaires et continuer ses opérations. (C'est vrai ! Aux voix ! aux voix !)

610. *M. Cosserat.* Il est clair, d'après l'article 20, que les administrateurs ne sont tenus de convoquer l'assemblée générale que lorsqu'il y a 75 0/0 de perte. Eh bien, je dis que lorsqu'il y a 75 0/0 de perdu, tout est anéanti ; c'est la ruine des actionnaires.

611. *M. le rapporteur.* Il n'est pas exact de dire que, dans tous les cas, une société soit condamnée à mourir dans l'insolvabilité quand elle a dépensé les trois quarts de son capital. En fait, il y a beaucoup d'exceptions.

612. Il n'est pas vrai non plus que les actionnaires et le public ne soient avertis de la situation fâcheuse de la société que lorsque les trois quarts du capital ont été perdus. C'est si peu exact que, chaque année, il y a des inventaires réguliers pour la sincérité desquels des prescriptions qu'on a accusées d'être trop sévères sont édictées par la loi, et qui ont pour résultat de mettre les tiers et les actionnaires au courant de la véritable situation.

613. Si donc, à raison de la nature de l'affaire, de la nature de son capital, les véritables intéressés reconnaissent, qu'il peut y avoir péril à continuer, lorsque la moitié du capital, par exemple, a péri, qu'il peut y avoir avantage alors à se dissoudre, l'assemblée générale est saisie et prononce sur la dissolution et peut statuer sur elle.

614. *Un membre.* Changeons la rédaction, alors !

615. *M. le rapporteur.* Il n'y a pas à changer la rédaction. En continuant cet ordre d'argumentation, il n'y aurait pas de raison, lorsqu'il y aura un quart du capital perdu, de ne pas dissoudre la société, et on la ferait alors mourir parfois presque au lendemain du jour où elle aurait pris naissance.

616. *M. David Deschamps.* Je crains, messieurs, que l'on ne

perde de vue l'observation très-judicieuse que vient de faire notre honorable collègue. Il a dit, et c'est un fait exact, connu de nous tous, que quand une société a perdu les trois quarts de son capital, elle est bien près de sa ruine. Eh bien, c'est à ce moment que l'article 20 enjoint aux administrateurs d'avertir les actionnaires; je crois alors qu'on a attendu trop longtemps, et que du moment qu'une société a perdu la moitié de son capital... (Très-bien! — Interruption.)

617. Je dis que l'art. 20 n'enjoignant aux administrateurs de prévenir les sociétaires que lorsque les trois quarts sont perdus, il est trop tard; il me semble qu'il suffirait que la moitié du capital fût perdue, non pas pour prononcer la dissolution, — il n'est pas question de prononcer la dissolution, — il s'agit seulement d'enjoindre aux administrateurs d'avertir les actionnaires, et c'est alors que les actionnaires avisent s'il convient de continuer ou de s'arrêter.

618. *M. le Président.* Posons bien la question. Il est bien clair que l'article 20 n'exige la convocation des actionnaires par les administrateurs que s'il y a perte des trois quarts du capital; maintenant il est clair que cela ne veut pas dire que les administrateurs n'auront pas le droit de convoquer les actionnaires, si, par exemple, la perte est de moitié.

619. Messieurs, je ne discute pas; je pose seulement la question. Je dis que l'obligation de convoquer n'existe dans le projet que quand les trois quarts du capital sont perdus. Il peut convenir à la Chambre que cette obligation naisse plus tôt, c'est-à-dire à la perte de la moitié, comme l'a indiqué M. David Deschamps. Je ne dispose pas du vote de la Chambre; je pose la question pour qu'elle soit bien comprise et que si par hasard il y a rejet de l'article, ce qui constituerait un renvoi à la commission, la commission comprenne ce que la Chambre veut. Voilà ce que l'article dispose.

620. *M. Emile Ollivier.* Je m'oppose au rejet, au nom de la commission. Cette question a été discutée très-longuement, et voici les raisons qui ne nous ont pas permis d'adopter l'opi-

nion de l'honorable M. David Deschamps. C'est qu'il est impossible de fixer un chiffre exact auquel on puisse dire sûrement qu'une société est ou n'est pas en péril. (C'est vrai !) Dire la moitié, les trois quarts, un quart, c'est une chose possible, supposable, mais qui n'a pas la certitude nécessaire pour en faire une obligation.

621. *M. André (*de la Charente*)*. Je demande la parole.

622. *M. Emile Ollivier.* C'est une question de fait que celle de savoir quand la perte réalisée dans une société la met ou ne la met pas en péril. Il peut, en effet, arriver très-bien que dans certaine société plus des trois quarts du capital aient été dépensés et qu'on arrive précisément à l'heure où la prospérité va commencer. (Interruption.) Dans cette situation, comment pouvez-vous exiger une dissolution ? (Exclamations et dénégations.)

623. Permettez, le système du projet est donc très-simple; il dit ceci : à toute heure, à tout moment, l'actionnaire est instruit de la réalité ; tous les ans ou tous les trois mois, on lui dit sa situation. Quand il juge que le moment de la dissolution est arrivé, il peut la provoquer, et seulement à titre de précaution extraordinaire. Quand la perte est des 3|4, nous allons plus loin, nous imposons à la société l'obligation de se livrer à un examen; dans tous les cas, possibilité de provoquer la dissolution. Quand les 3|4 sont perdus, nécessité d'examiner.

624. Je crois que c'est l'accumulation des précautions.

625. *M. André* (de la Charente). L'honorable M. Ollivier disait tout à l'heure qu'il était difficile de préciser à quel chiffre commençait le péril. Mais je ferai remarquer à la Chambre que la commission, en fixant 75 0|0, a elle-même déterminé un chiffre.

626. *M. Emile Ollivier.* Du tout, elle a déterminé l'examen.

627. *M. André* (de la Charente). Il ne s'agit pas de la dissolution de la société, ce n'est pas la question, il s'agit de la néces-

sité qui incombe aux administrateurs, sous leur responsabilité, de convoquer les actionnaires à délibérer.

628. Je sais bien que chaque année il y a un rapport qui est présenté en assemblée générale; mais l'expérience n'a que trop prouvé que ces assemblées et ces rapports annuels ne suffisent pas, et comment les conseils d'administration savent se rendre maîtres des votes d'une assemblée. Il leur faut une autre obligation légale et morale. La commission l'a jugé ainsi, mais elle veut attendre qu'il y ait 75 0[0 de perte de l'actif social, et on lui objecte qu'en matière commerciale un actif aux trois quarts dévoré est un actif perdu, et qu'il est trop tard pour avertir. J'insiste donc, et je crois que quand il y a 50 0[0 de perte, il y a nécessité loyale pour les administrateurs d'avertir les actionnaires. (Aux voix ! aux voix!)

629. *Plusieurs membres*. Le renvoi à la commission !

630. *M. Suin*, commissaire du Gouvernement. Je n'ai qu'une observation très-courte à présenter à l'assemblée. Je lui rappellerai l'article 17 qu'elle a voté tout à l'heure, et je dirai qu'il n'y a pas, parmi toutes les sociétés qui existent, sous quelque forme que ce soit, une société qui sera à jour fixe mieux instruite de tout ce qui se passe dans ses intérêts que la société que nous vous proposons.

631. Voici l'article 17 que la Chambre a voté tout à l'heure :

« Toute société à responsabilité limitée doit dresser, chaque trimestre, un état résumant sa situation active et passive... »

632. Chaque trimestre ! Y a-t-il une société quelconque pour laquelle, chaque trimestre, on exige un inventaire, un état de la situation active et passive ? Continuons :

« Cet état est mis à la disposition des commissaires.

» Il est, en outre, établi, chaque année, un inventaire contenant l'indication des valeurs mobilières et immobilières et de toutes les dettes actives et passives de la société.

» Cet inventaire est présenté à l'assemblée générale. »

633. Ainsi, tous les trois mois vous avez un état de la situa-

tion active et passive, et, tous les ans, un inventaire présenté à l'assemblée générale. Il est impossible que des actionnaires soient mis plus au courant et d'une manière plus exacte des affaires de la société.

634. *Plusieurs membres.* Aux voix! aux voix!

635. *M. Doumet.* Je n'ai qu'un mot à dire. La question des trois quarts serait parfaitement juste pour avertir les actionnaires, si c'était un capital ordinaire et qu'il en restât le quart. Mais notre honorable collègue a fait cette observation, que ce capital consistait le plus souvent en marchandises, et que, lorsqu'on faisait une liquidation de marchandises, elles perdaient par la seule liquidation plus de la moitié de la valeur à laquelle on les avait estimées, et qu'alors si les trois quarts étaient perdus, l'autre quart se trouvait enveloppé dans la dépréciation générale, et qu'il ne restait plus rien pour les actionnaires. (Aux voix ! aux voix !)

636. (L'art. 20 est adopté.)

637. *M. le Président.* Je lis l'article 21.

« Art. 21. La dissolution doit être prononcée, sur la demande de tout intéressé, lorsque six mois se sont écoulés depuis l'époque où le nombre des associés a été réduit à moins de sept. » (Adopté.)

638. « Art. 22. Des associés représentant le vingtième au moins du capital social peuvent, dans un intérêt commun, charger à leurs frais un ou plusieurs mandataires d'intenter une action contre les administrateurs à raison de leur gestion, sans préjudice de l'action que chaque associé peut intenter individuellement en son nom personnel. »

639. *M. le baron de Bussierre.* Je demande la parole.

640. *Quelques voix.* A demain ! à demain !

641. *Autres voix.* Parlez ! parlez !

642. *M. le Président.* Si vous voulez discuter, il faut demander la remise à demain.

643. *M. le baron de Bussierre.* J'ai seulement à demander quelques explications à la commision.

644. Cet article a été copié sur la loi de 1856, je crois; et il se rapporte aux sociétés en commandite. Aujourd'hui vous voulez faire des sociétés anonymes, avec une autre épithète. Eh bien, si cet article s'applique aux sociétés anonymes, vous ne trouverez jamais d'administrateur. Pour ma part, je ne voudrais jamais être administrateur à de pareilles conditions. J'aurais donc voulu que la commission voulût bien nous donner quelques explications.

645. *M. Du Miral.* L'article 22 n'est pas emprunté à la loi de 1856.

646. L'article 22 est ainsi conçu : « Des associés représentant le vingtième au moins du capital social peuvent, dans un intérêt commun, charger à leurs frais un ou plusieurs mandataires d'intenter une action contre les administrateurs à raison de leur gestion, sans préjudice de l'action que chaque associé peut intenter individuellement, en son nom personnel.»

647. C'est une disposition qui trouve une analogie dans la loi de 1856, et contre laquelle aucune espèce de critique n'a été élevée par des tribunaux ou des chambres de commerce; on évite ainsi des frais et des complications de procédure dans un but louable, celui de faciliter l'action qui serait intentée contre des administrateurs prévaricateurs par les actionnaires dont les intérêts auraient besoin d'être sauvegardés.

648. Il n'en résulte pas, pour les actionnaires, le droit d'intenter une action sans fondement; ils ont, du reste, incontestablement le droit d'exercer collectivement l'action dont l'article 22 autorise l'exercice collectif. Je le répète, aucune espèce de critique n'a été faite ni par les tribunaux ni par les chambres de commerce, qui ont été universellement consultées contre cette disposition de la loi qui n'a pas été modifiée par nous.

649. *M. le Président.* Je crois qu'il serait difficile de terminer dans cette séance le reste de la loi et je propose de renvoyer la suite de la discussion à demain. (Oui! oui!)

650. La séance est levée à six heures un quart.

SÉANCE DU CORPS LÉGISLATIF.

Mardi 5 *mai* 1863.

PRÉSIDENCE DE S. EXC. M. LE DUC DE MORNY.

651. *M. le Président.* L'ordre du jour appelle la suite de la délibération sur le projet de loi concernant les sociétés à responsabilité limitée.

652. (MM. Vuillefroy, président de section, Suin et Duvergier, conseillers d'Etat, siégent au banc de MM. les commissaires du Gouvernement.)

653. La Chambre se rappelle que nous en sommes restés à l'article 22, qui est ainsi conçu :

« Des associés représentant le vingtième au moins du capital social peuvent, dans un intérêt commun, charger à leurs frais un ou plusieurs mandataires d'intenter une action contre les administrateurs à raison de leur gestion, sans préjudice de l'action que chaque associé peut intenter individuellement en son nom personnel. »

654. M. de Bussierre a demandé la parole.

655. *M. le baron de Bussierre.* Messieurs, j'ai eu l'honneur de présenter hier à la Chambre quelques observations sur l'article 22, dont M. le président vient de donner lecture.

656. J'ai trouvé dans la rédaction de cet article une entrave qui se présentera, suivant moi, toutes les fois qu'une pareille société viendra à se créer. Il me semble qu'avec les conditions que l'on impose à ceux qui administreront cette société, il sera fort difficile de trouver des administrateurs. Je suis partisan

très-zélé de la société anonyme ; je trouve dans l'examen du Conseil d'Etat, dans l'autorisation qu'une société anonyme doit demander au Gouvernement, des garanties qui sont excessivement avantageuses pour le public et pour les actionnaires. Vous avez voulu faire par cette loi un anonymat libre, un anonymat moins considérable que celui qui doit demander l'autorisation du Gouvernement. Vous avez voulu étendre le bénéfice de cette forme de société à des entreprises moins considérables, à des établissements moins importants. Je m'associe à cette loi ; je m'associe à tout ce qui a été développé à l'appui, et dans le rapport de notre honorable collègue, M. Du Miral, et dans les observations qui ont été présentées hier par l'honorable M. Emile Ollivier ; mais je voudrais rendre la loi exécutable ; je voudrais que, lorsqu'il se présente une occasion de former une société pareille, ceux qu'on voudrait appeler à la gérer pussent la gérer d'une manière facile, régulière, et ne pas être dans une espèce de suspicion constante de la part de leurs associés. Quand les affaires vont bien, il n'y a jamais de réclamations ; mais aussitôt que les affaires prennent une tournure un peu moins avantageuse, et cela se présente souvent dans le commerce et l'industrie, nous en avons l'exemple dans ce moment-ci dans les affaires cotonnières et dans les affaires métallurgiques, aussitôt les actionnaires, se trouvant gênés, froissés, s'en prennent à l'administration.

657. A partir de cet article 22 jusqu'à la fin du projet de loi je vois partout une suspicion contre les administrateurs ; je vois une espèce de mise en demeure constante ; je vois à chaque article des pénalités. Eh bien, ces suspicions et ces pénalités rendront l'exécution de votre loi impossible. Le droit commun rend chaque personne responsable de ce qu'elle fait. Pourquoi changer le droit commun ? Contentez-vous du droit commun, contentez-vous de la loi dans les termes du droit commun, et supprimez l'article 22. Je ne vois pas son utilité, et je propose à la Chambre de ne pas l'adopter.

658. *M. Josseau.* Messieurs, je ne saurais partager l'opi-

nion qui vient d'être émise par l'honorable M. le baron de Bussierre. L'article qu'il attaque ne me paraît pas avoir la portée qu'il lui attribue. Et d'abord, quelle en est l'origine ? Cette origine, il faut la chercher, comme le disait hier l'honorable M. Du Miral, dans la loi de 1856. Dans quel but cette disposition a-t-elle été introduite dans la loi de 1856? C'est afin de permettre aux actionnaires, aux petits actionnaires surtout, à ceux qui sont d'autant plus dignes d'appui et de protection qu'ils sont plus faibles, qu'ils peuvent moins s'exposer aux frais disproportionnés avec leurs ressources, qu'entraîneraient des procès isolés ; c'est afin, dis-je, de permettre à ces petits actionnaires de sauvegarder plus facilement et plus économiquement que par des instances séparées les intérêts que la faute des administrateurs pourrait avoir compromis ; c'est surtout en faveur de cette classe d'actionnaires qu'il a été dérogé par la loi de 1856 à cette règle, *que nul en France ne plaide par procureur*. Cette loi leur a permis de se réunir et de s'entendre, au lieu d'intenter une série d'actions qui engendreraient des frais multipliés, elle leur a permis de nommer un ou plusieurs commissaires ayant qualité pour représenter dix, vingt, trente d'entre eux, et plaider en leurs noms. Telle est la pensée qui a présidé à l'institution des commissaires ; pensée qui n'a eu d'autre but que la simplification des procédures, la diminution des frais, et un accès plus facile auprès des tribunaux, ouvert à ces actionnaires qui sont, comme je le disais tout à l'heure, les plus dignes de la protection particulière du législateur.

659. C'est dans le même but que l'article 22 a été introduit dans le projet de loi en discussion. Ce n'est donc pas, comme le pense l'honorable préopinant, une pensée de défiance ou de suspicion contre les administrateurs qui a inspiré les auteurs de cette disposition.

660. Pourquoi refuser aux actionnaires des sociétés à responsabilité limitée une faculté qu'ils ont dans les sociétés en commandite, sans que jamais, depuis 1856, il ait été élevé la moindre réclamation contre son exercice ?

661. N'apercevez-vous pas, au contraire, que si cette facilité existe vis-à-vis des membres d'un conseil de surveillance, il y a une raison de plus pour l'admettre vis-à-vis des administrateurs d'une société à responsabilité limitée ?

662. En effet, si les actionnaires en ont usé sans qu'aucune critique ait été adressée à la loi de 1856, à ce point de vue, contre des personnes qui ne prennent aucune part à l'administration, n'est-il pas juste, à plus forte raison, que ces mêmes actionnaires puissent en user contre des administrateurs sur lesquels doit peser une responsabilité plus grande, puisqu'ils ont non-seulement la surveillance, mais l'action, la direction, la gestion de la compagnie ?

663. Je crois donc que, à ces différents points de vue, au point de vue de la simplification de la procédure, au point de vue de la protection des petits actionnaires, et par cet argument *à fortiori* que je viens d'indiquer, la disposition est facile à justifier.

664. Notre honorable collègue terminait ses observations en disant que, à partir de l'article 22, nous allions rencontrer des dispositions entachées d'un caractère de suspicion et des pénalités trop sévères contre les administrateurs.

665. Qu'il veuille bien me permettre de lui faire remarquer qu'en ce qui concerne les administrateurs, la commission, au nom de laquelle je parle en ce moment, s'est attachée à les placer, quant à leur responsabilité, sous l'empire des principes du droit commun en matière de mandat. Ils sont responsables ni plus ni moins que les autres mandataires.

666. Quant aux pénalités, elles ne s'adressent qu'à la mauvaise foi, à la fraude commise, soit comme auteur, soit comme complice. Certes, tout homme sensé reconnaîtra que, dans les sociétés nouvelles, l'absence de l'autorisation du Gouvernement les rendait nécessaires ; et je suis convaincu, pour ma part, qu'il n'y a pas un honnête homme qui soit détourné d'entrer, en qualité d'administrateur, dans une société par des appréhensions de cette nature.

667. *M. le baron de Bussierre.* Je voudrais répondre un seul mot, si la Chambre veut me le permettre. (Parlez !)

668. Je crois que c'est précisément l'introduction d'un article semblable à l'article 22 qu'on vous propose, dans la loi de 1856, qui a rendu les sociétés en commandite si rares depuis cette époque.

669. Il y avait eu de très-grands abus dans ces sociétés, je le reconnais, et il fallait un frein ; le frein qui a été mis l'a été avec la préoccupation, avec l'idée qu'il fallait empêcher les abus qui avaient eu lieu. C'est là l'origine de cet article 22 qui porte un autre numéro dans la loi de 1856.

670. Aujourd'hui, que voulez-vous faire ? Vous voulez appliquer à la petite industrie, aux gens honnêtes, à la province, le bénéfice de l'anonymat autorisé, c'est-à-dire de l'anonymat à responsabilité limitée ; et au lieu de les faire passer par la filière des formalités imposées aux grandes sociétés, par l'autorisation du Conseil d'Etat, que je regarde comme indispensable pour les grandes sociétés, vous voulez que les petites sociétés puissent réunir des capitaux avec une responsabilité bornée à ces capitaux.

671. Eh bien, je ne trouve pas qu'il soit possible, dans la pratique, d'exécuter cette loi, si vous entourez l'administration d'autant de suspicion, je ne puis me défendre de me servir de ce mot. Si vous établissez que les actionnaires ont le droit, à toute époque, de se mêler de l'administration, de venir voir les livres, si on doit leur fournir des états périodiques, si tous les trois mois on doit mettre en lumière toutes les affaires de la société, si on donne aux actionnaires tant de facilités pour entraver l'administration, vous ne trouverez jamais d'administrateurs.

672. *M. Duverger*, conseiller d'État, commissaire du Gouvernement. Messieurs, l'honorable préopinant vous disait que, dans la loi de 1856, on avait été obligé d'accumuler les précautions et les pénalités même contre les membres des conseils de surveillance qui abuseraient de leur pouvoir. Cela est vrai,

et, quant à moi, je crois qu'il faut se féliciter des mesures qui ont été prises à cette époque. On prétend que, dans la loi actuelle, on a reproduit une partie de ces précautions considérées par quelques personnes comme étant trop sévères. Quand nous arriverons aux articles auxquels faisait allusion l'honorable membre, nous les expliquerons ; mais quant à celui dont nous nous occupons en ce moment, il est parfaitement innocent du reproche qu'on croit pouvoir adresser aux autres. La disposition de l'article 22 n'a été insérée ni dans la loi de 1856, ni dans la loi actuelle, avec la pensée de rendre la condition des administrateurs plus difficile. Comme l'expliquait l'honorable M. Josseau tout à l'heure, il n'y a eu qu'un sentiment quand on a fait soit l'article 14 de la loi de 1856, soit l'article 22 de la loi actuelle : ç'a été de rendre moins onéreux, soit pour les actionnaires, soit pour les administrateurs eux-mêmes, les procès auxquels ils seraient exposés.

673. Permettez-moi de vous indiquer, et vous le savez déjà, quelle est la position des actionnaires vis-à-vis de l'administration. Chaque actionnaire, personnellement, est investi du droit de faire un procès à l'administrateur quand il croit que celui-ci a mal géré et lui a causé ainsi un préjudice. Personne ne peut avoir la pensée d'enlever à l'actionnaire cette action individuelle qui lui appartient incontestablement. De sorte que, quand même vous ne mettriez rien dans la loi, quand vous supprimeriez l'article 22, chaque actionnaire aurait toujours le droit de dire à chaque administrateur : Je vous assigne devant le tribunal de commerce, en raison du préjudice que vous m'avez causé et pour en obtenir la réparation.

674. Voilà la position des actionnaires.

675. *M. Devinck.* Je demande la parole.

676. *M. le commissaire du Gouvernement.* Que résultera-t-il de la disposition nouvelle? C'est qu'un certain nombre d'actionnaires se réunissant pourront dire : Nous avons un intérêt commun ; tel ou tel acte de l'administration nous a été nuisible ; nous en voulons la réparation.

677. Rien de plus légitime. Chacun d'eux, messieurs, peut assigner, si cela lui plaît, par un exploit séparé, l'administrateur contre lequel il croit avoir un juste motif de plainte. Au lieu de ces assignations multipliées qui donneraient droit à des frais spéciaux, à des droits d'enregistrement séparés, à des actes d'huissier distincts, on en fera un seul qui sera libellé au nom de tous les associés représentés par un seul commissaire.

678. Voilà la seule différence que l'article 22 établit entre les règles du droit commun et celles qui régiront les nouvelles sociétés.

679. Comment les administrateurs peuvent-ils voir là quelque chose qui rende leur situation effrayante? On craint, dit-on, qu'une société étant dans une mauvaise position, et tout le monde étant mécontent, on ne se groupe pour faire un procès aux administrateurs.

680. Cette action formée par une seule personne au nom de plusieurs aura, dit-on, un plus grand effet que l'action que chacun des actionnaires pourrait intenter à part. Cet inconvénient n'existe pas en réalité; seulement il y aura cet avantage qu'un actionnaire n'aura pas à supporter seul les dépens du procès qui aura été engagé.

681. Mais remarquez que cette disposition peut être aussi bien favorable à l'administrateur qu'à l'actionnaire. Si l'administrateur est condamné, il profitera de la simplification de la procédure, car il aura moins de frais à payer; et s'il gagne son procès, que lui importe que l'action ait été intentée par une ou par plusieurs personnes? Il y aura même pour lui ce bénéfice moral que lorsqu'une action collective aura été dirigée contre lui et qu'il en aura triomphé, il ne se trouvera plus parmi les actionnaires personne qui soit tenté d'élever la voix et de renouveler ce procès qui aura été déjà perdu, et perdu sous l'influence, très-grande sans doute sur l'esprit des magistrats, d'une action formée collectivement par un certain nombre d'actionnaires.

682. Il y a cependant une différence entre la loi actuelle et la loi de 1856 ; cette différence, vous l'avez déjà aperçue. On aurait pu supposer qu'un petit nombre d'actionnaires représentant un petit nombre d'actions seraient entraînés à intenter une action collective. Eh bien, pour aller au-devant de cet inconvénient dont je reconnais la possibilité, on a mis dans la loi une disposition qui exige, pour que l'action collective puisse être intentée dans la forme économique dont il s'agit, que les actionnaires réunis qui auront eu la pensée de faire le procès représentent le vingtième du capital social. Je crois qu'il y a là une garantie qui peut rassurer les plus timides, et que si l'on se pénétrait bien de l'intention qui a inspiré sa disposition et des effets qu'elle doit produire, on serait véritablement convaincu que ce n'est pas à cet article qu'il faut s'adresser lorsqu'on craint que des prescriptions trop sévères empêchent des gens honnêtes d'occuper les fonctions d'administrateur.

683. Permettez-moi de faire une réflexion générale qui est peut-être un peu prématurée, sur la position d'administrateur.

684. Comme le disait l'honorable M. Josseau que contient donc la loi sur les administrateurs ? J'entends toujours parler de cette position si difficile qu'on veut faire aux administrateurs. Que leur dit-on ? Le voici : Vous êtes des administrateurs, et tenus aux conséquences légales de cette qualité d'administrateurs ou de mandataires, car ce sont là deux expressions qui expriment la même idée. Vous êtes administrateurs ; comme tels, vous êtes obligés à être vigilants, à bien gérer les intérêts que vous avez promis d'administrer. Pour que vous puissiez être l'objet d'une action en justice, que faut-il avoir à vous reprocher ? Ou une fraude ou une faute grave.

685. Eh bien, je ne vois rien là qui soit si effrayant pour des gens qui voudront administrer avec loyauté et intelligence.

686. Sans doute il y a quelquefois dans une assemblée générale des luttes qui peuvent avoir certains désagréments pour

les administrateurs ; si on ne veut pas s'y exposer, il ne faut pas adopter cette forme de société. Mais je soutiens qu'il est impossible de comprendre une société formée d'un grand nombre de personnes, ayant à sa tête des administrateurs, sans que la responsabilité de droit commun pèse sur ces derniers. On effacerait toutes les dispositions qui soulèvent quelques inquiétudes, qu'on n'en resterait pas moins dans l'état où la loi a placé les administrateurs, c'est-à-dire sous le coup d'une responsabilité qui n'est que la conséquence de leur qualité de mandataires.

687. *M. Devinck.* Messieurs, je viens me joindre à mon honorable ami M. le baron Renouard de Bussierre pour vous soumettre quelques observations.

688. L'article 22 a pour objet évidemment de rendre plus facile, plus économique la possibilité d'intenter une action contre les administrateurs à raison de leur gestion. C'est bien là le but que l'on se propose par la disposition dont il s'agit. Eh bien, je demande si cette disposition aura pour résultat d'encourager beaucoup de personnes à devenir administrateurs de sociétés à responsabilité limitée, et je voudrais me placer un instant à un autre point de vue que celui qui vous a été indiqué tout à l'heure par mon honorable collègue.

689. Il est bien évident que lorsqu'on doit individuellement intenter une action et en supporter les dépens, on y réfléchit longtemps auparavant ; on y réfléchit moins longtemps lorsqu'il faut purement et simplement signer un pouvoir, donner à un individu le droit d'intenter une action collective. Qu'en résultera-t-il? car il faut arriver aux faits pratiques. Un agent d'affaires pourra se rendre au greffe du tribunal de commerce ; il y trouvera les noms des actionnaires, se rendra chez eux, les sollicitera et obtiendra d'eux des pouvoirs avec lesquels il introduira une action collective avec laquelle il arrêtera la marche de la société. Dans ma conviction, ce sera une mauvaise chose, non pas seulement au point de vue des actionnaires, de la société elle-même, mais encore au point de vue des

créanciers de la société; parce que, aussitôt qu'une action collective aura été intentée, soyez certains que la société sera frappée de discrédit.

690. Est-ce qu'il n'est pas préférable de laisser à chacun l'action individuelle qui lui appartient? La loi que nous examinons a pour objet d'admettre une nouvelle forme de société; je ne sais pas quel en sera le résultat; mais, comme en résumé nous ne détruisons rien, que c'est une faculté que nous donnons au commerce et à l'industrie, il y a peut-être moins d'inconvénient à admettre la loi avec certaines modifications et à une condition cependant, c'est que pour les sociétés de cette nouvelle espèce on trouve des gérants, hommes honorables et capables.

691. Eh bien, soyez convaincus que si les gérants sont toujours sous la crainte d'une action collective qui peut être intentée contre eux, on les trouvera plus difficilement. L'action individuelle n'aurait pas les mêmes conséquences, elle n'arrêterait pas la marche de la société; mais, lorsqu'un certain nombre d'actionnaires représentant le quart ou le cinquième du capital auront introduit une instance, la marche de la société sera compromise.

692. C'est pour ce motif que je viens me joindre à mon honorable collègue, M. de Bussierre, et demander le renvoi de l'article à la commission.

693. *M. Du Miral*, *rapporteur*. Vous supprimeriez l'article 22, que l'action collective dont se plaint l'honorable M. Devinck serait toujours possible. Rien n'empêcherait une agrégation d'actionnaires de se réunir, sans le secours de cet article, pour intenter l'action collective qu'on redoute. Vous ne détruiriez donc pas le prétendu danger dont vous êtes préoccupés. Mais il faut le réduire à sa juste valeur; il faut apprécier, d'un côté, l'inconvénient qui vous est signalé, et de l'autre les incontestables avantages que l'article réaliserait.

694. On suppose que les actionnaires sont des gens tracassiers, menés par des hommes d'affaires, qui viennent intenter

contre les hommes les plus honorables des procès qui n'ont pas le sens commun.

695. Je dis que cette hypothèse est une hypothèse parfaitement gratuite, qu'elle ne se réalisera presque jamais, car des gens sensés n'intentent des procès que lorsqu'ils peuvent avoir des résultats utiles. Il est de toute évidence que si les administrateurs étaient demeurés complétement honorables, s'ils n'avaient pas commis de fautes graves, on n'irait pas intenter des procès contre eux. En regard de cette situation très-invraisemblable qui préoccupe l'honorable M. Devinck, il y en a une autre beaucoup plus sérieuse et beaucoup plus ordinaire, c'est celle dans laquelle des fautes considérables ont été commises et où les actionnaires ont droit à une réparation, c'est le cas le plus fréquent. Pour ce cas-là, je maintiens que la disposition de l'article 22 est un avantage considérable. Cet article réalise une réforme qui probablement s'étendra plus tard même aux lois non commerciales, car c'est un des abus les plus graves de notre régime de procédure que l'immensité des frais qu'entraîne l'action individuellement exercée, lorsqu'en réalité elle a un caractère collectif.

696. L'avantage est donc certain, et l'inconvénient est très-faible ; s'il arrive par hasard, une fois sur mille, qu'un mauvais procès soit intenté, des administrateurs honorables n'auront pas à en redouter les suites.

697. Mais il n'est pas admissible que des actionnaires sacrifient habituellement leur intérêt bien entendu pour obéir aux provocations d'agents d'affaires.

698. En résumé, l'article ne crée pas un droit nouveau ; le droit existe ; c'est une nouvelle facilité de procédure qui profitera aux administrateurs eux-mêmes dans des cas déterminés. En présence d'un très-rare et très-faible inconvénient, il réalise un avantage incontestable dans le plus grand nombre des cas.

699. Pour ma part, je persiste à demander qu'il soit maintenu.

700. *M. Segris.* Je demande la permission de présenter une observation sur l'article 22.

701. Il est un principe qui, dans notre droit, a toujours existé jusqu'à ce jour, c'est qu'en France nul ne plaide par procureur; il importe que les parties puissent être en regard les unes des autres, parce qu'il en résulte parfois des rapprochements que certains intermédiaires pourraient empêcher.

702. L'article 22 qui vous est proposé est en contradiction avec ce principe , et on disait tout à l'heure que, ce premier pas fait dans la loi commerciale, on espérait le voir se généraliser dans la loi civile. Pour moi, je le regretterais profondément , et notamment dans la loi qui nous occupe. Je crois qu'il est bien différent de voir, placés en présence, des associés, liés par des intérêts communs , pouvant s'entendre et se rapprocher au nom de ces intérêts, avant de s'engager dans l'arène judiciaire, ou de voir se placer entre eux un intermédiaire, un tiers qui n'a pas le même intérêt, qui peut même avoir un intérêt contraire, et qui pourrait perpétuer des contestations dont le préjudice retournerait contre la société elle-même, tandis qu'elles se seraient peut-être arrêtées à l'instant même où les associés de la veille se seraient trouvés en présence des adversaires du lendemain.

703. Je crois donc qu'il n'y a pas lieu de s'arrêter aux observations présentées à l'appui de l'article, et qu'il vaut mieux s'en tenir à l'opinion que vient d'exprimer notre honorable collègue, M. Devinck.

704. *M. Vuillefroy , président de section, commissaire du Gouvernement.* L'honorable M. Duvergier et l'honorable M. Du Miral vous ont expliqué déjà l'objet de l'article 22. Je crois que personne, en ce moment, ne contestera que cet article ne crée pour les administrateurs aucune responsabilité. Chacun reconnaît que tout associé a aujourd'hui le droit de poursuivre individuellement les administrateurs devant les tribunaux, et qu'il ne s'agit que de simplifier la procédure lorsque la poursuite doit être exercée à la fois par un certain nombre d'actionnaires.

L'article a pour objet de leur permettre, en pareil cas, de se réunir et d'intenter une action collective ; cette faculté aura pour effet de diminuer les frais et de simplifier la procédure dans l'intérêt de tous. Mais je n'ai pas pris la parole pour insister sur ces points qui me paraissent suffisamment éclaircis ; je demande seulement à la Chambre la permission de lui faire une observation générale. Il y a dans la loi que nous discutons différents intérêts qu'il faut régler et protéger : il y a l'intérêt des administrateurs, qui n'est pas sur tous les points distinct de celui des actionnaires, il y a l'intérêt des actionnaires, et il y a l'intérêt des tiers. Le but du Gouvernement a été de faire à chacun sa part, de ménager chacun de ces intérêts dans la proportion où il était juste et légitime de le faire, mais de ne jamais sacrifier l'un à l'autre.

705. En vérité, à entendre certains orateurs, on croirait quelquefois que la loi que nous faisons est une loi où, avant tout, nous devons avoir en vue de ménager l'intérêt des administrateurs. Mais la loi n'est pas faite dans l'intérêt des fondateurs d'entreprise ; la loi est faite pour permettre, dans un intérêt général, de créer, à l'aide de la réunion de fonds disséminés, des entreprises auxquelles séparément ils n'auraient pas pu suffire.

706. Voilà, messieurs, l'objet de la loi.

707. Maintenant, quelle est la première préoccupation que nous devions avoir en faisant la loi ?

708. La première préoccupation devait être de ménager l'intérêt des tiers et de s'arranger de manière qu'en aucun cas cet intérêt des tiers puisse être sacrifié. Nous devions également nous préoccuper des intérêts des actionnaires.

709. Quand un appel est fait aux capitaux du public, cet appel est généralement fait par ceux qui doivent devenir les administrateurs de la société.

710. Rarement les détails de l'affaire sont bien compris par la masse des actionnaires. Leur souscription est souvent plutôt de leur part un acte de confiance qu'un acte d'examen et de

discussion. Il est donc naturel que la loi s'occupe de procurer des garanties à ceux qui apportent ainsi leur capital et de réserver leurs droits. Quelle est vis-à-vis des actionnaires la position des administrateurs? Ils ne sont que les représentants des actionnaires, les mandataires chargés de leurs intérêts, et on voudrait que ces mandataires, qui prennent la direction de l'entreprise, n'encourussent pas une responsabilité sérieuse! Mais cette responsabilité, elle est dans le droit commun. (Interruption.—Ce n'est pas la question!)

711. *M. Ernest Picard.* Je demande la parole.

712. *M. le baron de Bussierre.* Vous déplacez la question, monsieur le commissaire du Gouvernement.

713. *M. Vuillefroy.* Permettez! voici en quoi c'est la question. Si on a dû se préoccuper de ménager tous les intérêts, je vous ferai remarquer que l'article actuel ne porte aucun grief à l'intérêt des administrateurs; il les laisse dans leur situation, soumis à la responsabilité qui doit naturellement leur incomber. Mais nous n'entendons en aucune façon faire des administrateurs ce que l'honorable M. de Kervéguen nous disait hier des administrateurs anglais, qui, à raison de l'énormité des frais judiciaires en ce pays, n'auraient jamais à craindre d'être poursuivis. Nous voulons que les administrateurs remplissent leur mandat et que, lorsqu'ils ne le font pas, les actionnaires aient la possibilité de les poursuivre et de faire juger leurs réclamations.

714. C'est là l'objet de l'article. C'est de faire que les actionnaires, au lieu d'être obligés d'exercer chacun une action individuelle et d'être soumis par là à des difficultés sans nombre et à des frais très-considérables, qui souvent les arrêteraient, puissent dans un intérêt commun se réunir pour faire valoir leurs réclamations et intenter une action collective, de manière à éviter des lenteurs, des complications de procédure et des frais excessifs.

715. Voilà le but, l'unique but de l'article, c'est de simplifier la procédure dans l'intérêt des actionnaires.

716. Maintenant est-il à craindre que les actionnaires soient, comme on le disait tout à l'heure, exploités par les agents d'affaires ? Mais permettez, si les agents d'affaires ont un intérêt contraire à celui de la société, ne leur serait-il pas plus facile de trouver des actionnaires isolés pour les entraîner à des poursuites sans fondement, que d'amener une masse d'actionnaires qui représenterait le vingtième du fonds social à prendre une décision collective contraire à l'intérêt de cette masse, c'est-à-dire contraire la plupart du temps à leur intérêt propre? Du reste ces manœuvres sont peu à craindre, et il y a plutôt lieu de croire que nombre d'actionnaires possédant le vingtième du fonds social ne se décideront à intenter une action collective que dans des cas très-rares et en présence de graves irrégularités.

717. *M. Ernest Picard.* Si les intérêts des administrateurs et des actionnaires étaient en présence, je me rangerais volontiers à l'avis de MM. les commissaires du Gouvernement; mais je crois que c'est dans l'intérêt même des actionnaires que la disposition qui vous est soumise doit être rejetée par vous.

718. Que veut faire le Gouvernement? Il veut simplifier l'action et éviter des frais. Eh bien, au point de vue de la procédure, dont il faut bien parler dans une question qui est uniquement une question de procédure, il importe de rappeler à la Chambre qu'il y a un moyen bien simple pour les actionnaires d'éviter les frais, moyen dont usent les actionnaires : c'est de charger l'un d'eux de soutenir cette action ; c'est encore de se réunir pour élire un mandataire judiciaire, et de cette façon les actionnaires qui poursuivent le procès restent en face des administrateurs, et le principe fondamental de notre loi de procédure civile n'est pas violé. Au contraire, messieurs, et dans la vue de simplifier les frais, il est évident pour la Chambre que le Conseil d'Etat, en soutenant le projet de loi dans ses dispositions actuelles, nous propose d'introduire dans notre loi un principe nouveau, qu'on en a écarté avec raison, et de permettre d'encourager des actions vexatoires

qui pourraient être soutenues par des agents d'affaires contre l'intérêt même des autres actionnaires qui représentent la société. C'est qu'en effet, messieurs, quand un procès (et nous le supposons un instant mauvais) est intenté par des actionnaires contre des administrateurs, ces administrateurs peuvent en souffrir ; mais le reste de la société en souffre aussi.

719. Il ne faut donc pas poser la question entre les administrateurs et les actionnaires, et je crois que, sans préjudice pour personne, les dispositions de l'article 22 pourraient être rejetées par la Chambre. Il reste, en effet, le droit commun, et, au point de vue de la simplification des frais, le droit commun donne aux actionnaires tous les moyens de former à peu de frais, contre les administrateurs, un procès et de le soutenir. Je ne vois donc que des inconvénients dans la disposition qui est proposée ; j'y vois une dérogation très-grave au principe fondamental de notre droit, et, à ce double titre, je crois qu'il ne peut être soutenu dans cette assemblée.

720. *M. André* (Ernest). Il peut évidemment y avoir deux inconvénients, soit que l'on vote le projet de loi tel qu'il est, soit qu'on l'amende dans le sens proposé par l'honorable M. Devinck.

721. On dit : si vous ne l'amendez pas, vous risquez de ne pas trouver d'administrateurs. Moi, je crois qu'on en trouvera toujours, et peut-être trop facilement.

722. *M. L. Javal.* Lesquels ?

723. *M. André* (Ernest). On trouvera toujours des administrateurs lorsqu'il y aura des parts de fondateurs et des avantages à émettre une affaire. Car, en définitive, messieurs, on émet des affaires non-seulement pour en être administrateur, mais encore pour participer aux avantages des affaires elles-mêmes, et quelquefois pour avoir part au gâteau. (On rit.)

724. Et maintenant que la manie publique se porte vers les affaires d'actions, si la loi ne protége pas efficacement dans certaines occurrences les actionnaires, je ne sais pas où l'on finirait par arriver ; l'actionnaire n'a pas trop de moyens de

se faire rendre compte de l'état de ses affaires, à moins que la bonne volonté de l'administrateur ne s'y prête et qu'elle ne rende elle-même des comptes comme il faut qu'ils soient rendus pour être bien compris.

725. Je dis donc : exposons-nous plutôt à ne pas trouver des administrateurs que de faire une loi où l'intérêt général ne serait pas suffisamment représenté. S'il y a des inconvénients, on le verra bientôt. Il sera toujours temps de modifier la loi.

726. Croyez-moi, il est absolument indispensable, à l'époque de fièvre actuelle, de donner aux associatious générales toute la force possible, sans que cela puisse gêner la marche des opérations sociales.

727. Les administrateurs ont des parts généralement avantageuses qui leur sont distribuées toutes les fois qu'il y a des bénéfices, et c'est parfaitement naturel ; il ne faut pas qu'un homme ait pu travailler pour rien. Mais si les actionnaires présents dans une assemblée n'ont d'autre droit, lorsqu'ils ne sont pas contents, que celui de dire : Je ne renomme pas tel ou tel administrateur, c'est un affront qu'on peut ainsi faire à un honnête homme en ne le renommant pas quand il est rééligible. Comment voulez-vous d'ailleurs que cet administrateur puisse se défendre si on a entendu lui infliger un blâme quelconque ? Et, d'un autre côté, comment les actionnaires peuvent-ils se faire entendre s'ils ont des reproches quelconques à faire à l'administration et qu'ils ne puissent pas les lui adresser séance tenante ?

728. Je demande donc, ce qui est très-naturel, qu'on puisse se mettre deux, trois, dix, vingt actionnaires pour exercer ses droits et les poursuivre en commun , plutôt que d'attendre tous les ans des comptes qui n'arrivent jamais de la manière dont on voudrait les avoir, assez clairs pour qu'on puisse se rendre un compte exact de la manière dont votre argent est placé, s'il l'est bien ou mal. Eh bien, je crois que tout administrateur honnête doit désirer d'être contraint à rendre des comptes tels que tous ceux à qui ils sont rendus n'aient rien à

y objecter. Toutes les fois qu'il y a de l'hésitation et du sombre à cet égard, c'est un reproche qu'il doit faire à sa propre conscience, et malheureusement si vous prenez les rapports qui existent en général et que vous cherchiez à les définir, vous n'y verrez pas grand'chose. (On rit.)

729. En conséquence donc, je désire et je demande que l'article 22 soit maintenu. (Très-bien !)

730. *M. le Président.* Je consulte la Chambre.

731. *M. Millet.* Je demande la parole. (Aux voix !) Il me semble... (Aux voix ! aux voix !) Permettez.. (Aux voix ! — Parlez !)

732. *M. le Président.* Est-ce contre l'article ?

733. *M. Millet.* C'est sur la rédaction.

734. Il me semble que la rédaction de l'article 22 laisse beaucoup à désirer, et je suis très-disposé à me ranger de l'avis de M. Segris comme de celui de M. Picard.

735. Comme l'a très-bien dit M. Segris, cette rédaction introduirait un droit nouveau, un droit tout à fait contraire à notre principe de procédure : « Que nul ne plaide par procureur. »

736. La rédaction de l'article semblerait indiquer que les administrateurs ne seront pas en présence des associés, mais en présence de mandataires que les associés auraient, à leurs frais, chargés de poursuivre.

737. Dans les règles ordinaires de la procédure, ce sont toujours les parties intéressées qui plaident ; c'est à leur requête que l'on agit, ce n'est jamais à la requête de mandataires. Ici, au contraire, on pourrait induire des termes de l'article que les mandataires auront qualité pour agir à ce titre, directement et en leur propre nom. Sous ce rapport, il me semble que nous ne pouvons pas admettre cette rédaction.

738. D'un autre côté, la faculté que cet article introduit est, selon moi, de droit commun, et nous avons dans l'article 27 que nous allons être appelés à voter, une disposition qui sauvegarde complétement, à mon avis, l'action qu'on ne rappelle

ici que pour la restreindre, dans le cas d'une demande collective, à l'obligation par les associés qui voudront agir en commun, de représenter le vingtième au moins du capital social.

739. En effet, l'article 27 vous dit :

« Les administrateurs sont responsables, conformément aux règles du droit commun, soit envers la société, soit envers les tiers, de tous dommages-intérêts résultant des infractions aux dispositions de la présente loi et des fautes par eux commises dans leur gestion. » (Aux voix ! aux voix ! — On n'entend pas!)

740. Je dis, messieurs, que dans cet article 27 vous trouvez pour les associés le droit d'agir contre les administrateurs, et qu'il est dès lors superflu de le leur donner par l'article 22. Cet article peut donc être supprimé sans préjudice pour le projet de loi et sans l'inconvénient qui pourrait résulter d'un renvoi à la commission.

741. Cela étant, vous devez rejeter cet article par cette double considération que sa rédaction est vicieuse, et qu'il est complétement inutile. (Aux voix ! aux voix !)

742. *M. le Président.* Avant de mettre aux voix l'article 22, je fais remarquer à la Chambre, et c'est ce qui ressort de la discussion, que cet article 22 pourrait être supprimé sans porter atteinte au droit commun. Par conséquent, je mets aux voix cet article, qui, s'il était rejeté, serait simplement supprimé sans renvoi à la commission. (C'est cela !—Aux voix !)

743. (L'art. 22, mis aux voix, est adopté.)

744. « Art. 23. Il est interdit aux administrateurs de prendre ou de conserver un intérêt direct ou indirect dans une opération quelconque, faite avec la société ou pour son compte, à moins qu'ils n'y soient autorisés par l'assemblée générale pour certaines opérations spécialement déterminées. » (Adopté.)

745. « Art. 24. Est nulle et de nul effet, à l'égard des intéressés, toute société à responsabilité limitée pour laquelle n'ont pas été observées les dispositions des articles 1, 3, 4, 5, 6, 7, 8 et 9.

» Sont également nuls les actes et délibérations désignés

dans l'article 10, s'ils n'ont point été déposés et publiés dans les formes prescrites par les articles 8 et 9.

» Cette nullité ne peut être opposée aux tiers par les associés. » (Adopté.)

746. « Art. 25. Lorsque la nullité de la société ou des actes et délibérations a été prononcée, aux termes de l'article 24 ci-dessus, les fondateurs auxquels la nullité est imputable et les administrateurs en fonctions au moment où elle a été encourue sont responsables solidairement et par corps envers les tiers, sans préjudice des droits des actionnaires.

» La même responsabilité solidaire peut être prononcée contre ceux des associés dont les apports ou les avantages n'auraient pas été vérifiés et approuvés conformément à l'article 5. » (Adopté.)

747. « Art. 26. L'étendue et les effets de la responsabilité des commissaires envers la société sont déterminés d'après les règles générales du mandat. » (Adopté.)

748. « Art. 27. Les administrateurs sont responsables, conformément aux règles du droit commun, soit envers la société, soit envers les tiers, de tous dommages-intérêts résultant des infractions aux dispositions de la présente loi et des fautes par eux commises dans leur gestion.

» Ils sont tenus solidairement du préjudice qu'ils peuvent avoir causé soit aux tiers, soit aux associés, en distribuant ou en laissant distribuer sans opposition des dividendes qui, d'après l'état de la société, constaté par les inventaires, n'étaient pas réellement acquis. »

749. *M. L. Javal.* J'ai demandé la parole sur l'article 27.

750. *M. le Président.* Vous avez la parole.

751. *M. L. Javal.* L'article 27 dit que les administrateurs « sont tenus solidairement du préjudice qu'ils peuvent avoir causé soit aux tiers, soit aux associés, en distribuant ou en faisant distribuer sans opposition des dividendes qui, d'après l'état de la société, constaté par les inventaires, n'étaient pas réellement acquis. »

752. J'espère que la discussion ne sera pas longue sur cet article, car je suis convaincu que MM. les commissaires du Gouvernement et MM. les membres de la commission l'entendent comme moi. Cependant, pour qu'il ne reste aucune ambiguïté, une explication à cet égard me paraît utile.

753. Je ne pense pas que si, de bonne foi, des administrateurs ont fait, lors de leur inventaire, des évaluations, et que ces évaluations, par suite des circonstances, se sont trouvées erronées, on ait l'intention de les rendre responsables, et que les mots « dividende réellement acquis » puissent leur être opposés, attendu qu'on trouverait qu'il n'en est pas ainsi, puisqu'il y aurait eu dépréciation dans les valeurs, dépréciation postérieure.

754. Conséquemment, si l'article devait être ainsi entendu, je ne demanderais pas le renvoi à la commission, car nous sommes à une époque de la session où ce renvoi pourrait avoir de graves inconvénients; mais si la manière d'entendre l'article est la même de la part du Gouvernement et de la commission que de la part de l'assemblée, ce serait une tranquillité que l'on donnerait à tout le monde.

755. Eh bien, pour obtenir ce résultat, je crois que l'article devrait être rédigé dans ce sens, et alors nous serions parfaitement d'accord.

756. Il faudrait dire : « Les dividendes qui, d'après l'état de la société, constaté par les inventaires, ne pourraient pas, de bonne foi, être considérés par les administrateurs comme réellement acquis. »

757. Je crois que c'est là la pensée de l'article. Si c'est là aussi la pensée de l'assemblée, nous sommes parfaitement d'accord.

758. J'aimerais bien, si MM. les commissaires du Gouvernement partageaient mon opinion, qu'ils voulussent bien nous le dire, et je demanderai ensuite la permission de donner ma rédaction à M. le président. (Hilarité générale.)

759. *M. Vuillefroy*, commissaire du Gouvernement. Nous

sommes d'accord sur la pensée ; mais nous ne pouvons pas changer la rédaction.

760. *M. L. Javal.* Je ne demande pas que l'on change la rédaction, si nous sommes d'accord.

761. *M. le commissaire du Gouvernement.* La question de bonne foi est toujours réservée.

762. *M. Du Miral*, rapporteur. Si vous entendez que la dépréciation postérieure à l'inventaire, et qu'on n'a pas pu prévoir lors de l'inventaire, ne peut pas donner lieu à poursuites, vous avez mille fois raison.

763. *M. L. Javal.* On ne peut pas discuter sur la question de savoir si l'on a pu prévoir ou non lors de l'inventaire. Les uns diront : « Vous pouviez prévoir ! » les autres : « Vous ne pouviez pas ! »

764. *Quelques voix.* Les tribunaux apprécieront !

765. *Un membre.* S'il y a faute lourde, l'administrateur sera responsable ; voilà tout.

766. *M. L. Javal.* Je demande simplement que la question de bonne foi soit réservée.

767. *M. le Président.* Permettez, monsieur Javal ! La discussion dans la Chambre ne peut pas se passer ainsi. Posez votre question de façon à ce que la Chambre vous entende et qu'elle sache ce qui s'est passé entre vous et MM. les commissaires du Gouvernement et la commission. Vous faites de votre question l'objet de conversations presque individuelles ; je le répète, ce n'est pas ainsi qu'on discute. Si vous insistez, parlez à la Chambre ; sinon, je vais donner la parole à M. Gouin, qui rentrera dans la question.

768. *M. L. Javal.* Je n'ai plus rien à dire ; nous sommes d'accord.....

769. *M. le Président.* Mais la Chambre ne sait pas sur quoi vous êtes d'accord.

770. *M. L. Javal.* Nous sommes d'accord en ce sens qu'on a reconnu que la question de bonne foi est toujours réservée.

771. *M. le Président.* M. Gouin a la parole.

772. *M. Gouin.* Je tiens autant que la Chambre à ne pas prolonger inutilement cette discussion. Cependant je lui demande la permission de présenter aussi succinctement que possible une observation qui me paraît de la plus haute importance, dans l'intérêt même de la loi qui vous est soumise. Je ne m'élève pas contre la responsabilité qui doit peser sur les administrateurs, je l'admets parfaitement ; elle est juste. Mais ce contre quoi je m'élève, c'est la durée de la responsabilité : je ne comprends pas qu'un administrateur puisse être sous le coup de cette responsabilité d'une manière presque indéfinie, c'est-à-dire pendant trente ans.

773. Remarquez bien que la responsabilité est déclarée solidaire entre les administrateurs, non-seulement pour les fautes qui peuvent être commises, mais encore pour l'inexactitude des inventaires.

774. Eh bien, laisser un administrateur dans cette situation : de transmettre à sa famille un procès qui peut lui être intenté, qui peut porter atteinte à sa fortune, cela me paraît une chose monstrueuse et contraire à l'esprit même de la loi.

775. Mon observation vient un peu tard, je le reconnais ; je regrette qu'il n'en ait pas été tenu compte par la commission elle-même, et qu'elle n'ait pas limité à cinq ans la durée de la responsabilité : c'était déjà très-long. Il m'aurait paru naturel que l'administrateur fût déchargé de cette responsabilité, lorsque l'assemblée des actionnaires, après avoir nommé une commission pour examiner, aurait prononcé ; mais cette responsabilité sans terme me paraît, je le répète, contraire à l'équité et aux habitudes qui existent en matière de gestion financière et commerciale. (Marques d'approbation.)

776. *M. Duvergier*, commissaire du Gouvernement. La question que vient de soulever l'honorable M. Gouin a été discutée entre vos commissaires et ceux du Gouvernement, et l'on doit reconnaître, — les membres de la commission nous rendront cette justice, — qu'aussitôt que cette pensée de li-

miter la durée de la responsabilité des administrateurs s'est produite, elle a rencontré chez nous une secrète sympathie ; nous avons examiné jusqu'à quel point il était possible de faire droit à cette réclamation.

777. Mais nous avons été aussi, messieurs, en présence d'une autre idée qui doit vous préoccuper autant que nous : c'est qu'il ne faut pas introduire trop légèrement, à l'improviste, dans notre législation, des dispositions nouvelles qui ne seraient pas en harmonie avec le système général de nos lois.

778. Voilà les deux idées, les deux premières impressions qui se sont produites dans l'esprit des commissaires du Gouvernement, aussitôt que la question de la prescription de cinq ans s'est présentée.

779. L'étude de la question a pu être faite ensuite très-attentivement, car la commission a présenté au Conseil d'Etat un amendement qui reproduisait la pensée de la prescription quinquennale. Alors, nous avons examiné quelles étaient, dans notre législation, d'abord les dispositions générales qui établissent la prescription, et ensuite les dispositions spéciales qui limitent, dans certains cas, l'action à une durée de cinq ans.

780. D'abord, les lois générales veulent que l'action dure trente ans. Je sais bien que ces dispositions remontent à une époque où les choses allaient plus lentement qu'elles ne vont aujourd'hui ; mais il n'en est pas moins vrai que le principe général de notre législation, c'est que les actions ne sont éteintes que par la prescription trentenaire.

781. A côté de cette règle générale, il y a des exceptions ; il y en a une dans l'article 2277 du Code Napoléon, qui déclare prescriptibles par cinq années les redevances qui sont payables par année ou à des termes périodiques plus courts.

782. Mais cela n'a aucune analogie avec la situation dans laquelle nous sommes placés. Il y a une autre disposition qui

a appelé notre attention toute particulière : c'est celle de l'article 64 du Code de commerce, qui établit une prescription particulière en matière d'association.

783. Voici comment s'exprime l'article :

« Toutes actions contre les associés non liquidateurs et leurs veuves, héritiers ou ayants cause, sont prescrites cinq ans après la fin ou la dissolution de la société, si l'acte de société qui en énonce la durée, ou l'acte de dissolution, a été affiché et enregistré conformément aux articles 42, 43, 44 et 46, et si, depuis cette formalité remplie, la prescription n'a été interrompue à leur égard par aucune poursuite judiciaire.

784. La jurisprudence a examiné la portée de cette disposition ; elle a reconnu que la prescription n'était relative qu'aux tiers, c'est-à-dire que les tiers qui peuvent avoir une action contre des personnes ayant fait partie d'une société ne peuvent l'exercer cinq ans après un événement rendu public d'une manière solennelle, la dissolution de la société officiellement publiée par les procédés que le Code de commerce indique ; ainsi les tiers qui peuvent avoir des actions contre les membres de la société doivent les exercer dans les cinq ans, à partir de l'époque que j'ai signalée.

785. Mais quant aux associés entre eux, et c'est la situation dont on se préoccupe, l'action que certains associés pourront avoir à intenter contre ceux qui ont été les administrateurs de la société..

786. *M. Gouin.* Lisez le 2e § : soit aux tiers, soit aux associés.

787. *M. le commissaire du Gouvernement.* Je vais arriver à la disposition de la loi ; quant à présent, je veux mettre sous les yeux de la Chambre les dispositions de la loi commerciale existante et l'interprétation qu'elle a reçue par la jurisprudence ; la jurisprudence a reconnu, et tous les auteurs sont d'accord sur ce point, que les tiers sont obligés d'intenter dans les cinq ans leur action, mais que les associés entre eux ont une action qui dure trente ans ; chaque associé peut demander

compte à son associé des actes qu'il a faits et qui peuvent avoir été préjudiciables à l'intérêt général et par conséquent préjudiciables à l'intérêt individuel de chaque associé.

788. Quelle que soit la forme de la société, quelle que soit une société en nom collectif, une société en commandite ordinaire, une société par action, une société en participation, même une société anonyme, aujourd'hui les associés, ont entre eux, une action qui dure trente ans : voilà la règle : quel serait donc le motif qui ferait faire une faveur toute particulière, toute spéciale dans le cas particulier dont il s'agit ? Est-ce parce que les administrateurs auraient distribué des dividendes qu'ils ne devaient pas distribuer ? Je ne crois pas que cette considération puisse avoir beaucoup de puissance sur l'esprit de la Chambre. S'il y a une occasion où il soit bon que les administrateurs soient responsables de leurs actes, c'est lorsque, par une imprudence très-grave ou par un fait plus grave encore, par une fraude, ils auraient distribué des dividendes aux associés, de manière à leur persuader que la société était dans un état de prospérité où elle n'était pas réellement; la nature de l'action dont il s'agit ne provoque en aucune façon la faveur spéciale qu'on voudrait bien accorder.

789. Mais ne vous effrayez pas des conséquences que peut produire le rejet de la proposition dont se préoccupe l'honorable M. Gouin. Vous allez voir que si on veut analyser les différentes positions dans lesquelles se trouveront placés, soit les associés, soit les tiers, il est parfaitement raisonnable de ne pas admettre la prescription de cinq ans. Je suppose qu'il s'agisse de tiers, comment pourrait-on songer à limiter à cinq ans l'action des tiers qui auraient été trompés par des distributions de dividendes qui n'auraient pas été régulières et légales, c'est-à-dire en harmonie avec la situation vraie de la société ? Toute la faveur qu'on peut accorder aux associés, c'est de les faire profiter, et ils en profiteront, des dispositions de l'article 64 du Code de commerce. Si une société a été dissoute, si la dissolution a été publiée, si cinq ans sont écoulés, les tiers n'auront

aucune action à former contre les associés, autres que les liquidateurs. Et remarquez que la jurisprudence a été au delà de ce que semblent indiquer les termes de la loi.

790. On s'est demandé : Qu'arriverait-il si un associé s'était retiré de la société ? Faudra-t-il qu'après s'être retiré de la société il reste encore passible d'une action qui durerait cinq ans à compter du jour de la dissolution de la société ? On a répondu que le fait de la retraite d'un associé devait être considéré à son égard comme la dissolution de la société, si la retraite de cet associé a été publiée comme elle devait l'être ; dès ce moment commence la prescription de cinq ans qui le protége. Ainsi, relativement aux tiers, la position est ce qu'elle doit être et le droit commun doit être maintenu.

791. Examinons maintenant l'action des associés entre eux. De deux choses l'une : lorsque la distribution de dividendes aura été faite, et qu'elle aura été faite irrégulièrement, l'année suivante, il faudra nécessairement, dans le bilan qui sera dressé, que les administrateurs révèlent le fait qui s'est passé, et que le fait soit apprécié ; il faudra qu'ils viennent dire : Nous nous étions trompés dans l'appréciation que nous avons faite des valeurs de la société, et, agissant sous l'influence de la pensée qu'il y avait un actif considérable, nous avons distribué des dividendes ; cette année nous sommes obligés de n'en pas distribuer.

792. Lorsque l'assemblée générale des actionnaires, ainsi éclairée par des administrateurs agissant loyalement, aura reconnu qu'il n'y a pas de reproche à leur adresser, lorsque les actionnaires se seront soumis à cette conséquence d'une distribution illégale, il n'y aura pas besoin de prescription pour protéger les administrateurs, il y aura un fait des actionnaires qui pourra être considéré, selon les circonstances, comme la ratification de ce qu'auront fait les administrateurs ; dans ce cas, ceux-ci n'auront plus rien à craindre.

793. Supposez le cas inverse : supposez que les administrateurs, après avoir fait une distribution de dividendes qui

n'étaient pas réellement acquis à la société, soient parvenus à dissimuler cette faute, non pas un ou deux ans, mais pendant plusieurs années, sans qu'on ait reconnu non pas la fraude, mais la faute; pourra-t-on repousser l'action légitime des actionnaires, en leur disant : il y a cinq ans écoulés depuis que nous avons fait cette distribution illégale, par conséquent votre action est prescrite? Personne ne pourrait vouloir que, dans cette hypothèse, l'action des actionnaires fût paralysée.

794. Je résume ce que j'ai eu l'honneur de vous dire.

795. Quand il s'agit des actionnaires agissant contre les administrateurs, ce sont les principes généraux du mandat qui sont applicables : l'action du mandant contre le mandataire dure trente ans ; l'administrateur est un mandataire, par conséquent il est soumis à une action prescriptible seulement par trente ans. Est-il une faveur spéciale à l'administrateur qui a commis une faute grave en distribuant des dividendes qu'il ne devait pas distribuer? Je soutiens qu'aucune espèce de faveur ne lui est due.

796. Maintenant, reprenons les deux hypothèses que j'ai examinées et voyons si, dans la pratique, il y a un danger sérieux dont les administrateurs puissent s'effrayer ; car, je les vois constamment sous l'empire de terreurs imaginaires.

797. De deux choses l'une : ou ils ont rendu un compte fidèle de ce qui s'est passé, ils ont averti les actionnaires que le dividende qui a été distribué dans une année antérieure n'aurait pas dû l'être ; dans ce cas, les actionnaires éclairés recevront ou ne recevront pas un nouveau dividende ; ils reconnaîtront qu'ils n'auraient pas dû recevoir celui qui leur a été distribué l'année précédente. Dans ce cas, leur adhésion, si elle est formelle, rendra impossible toute action contre les administrateurs. Voici l'autre hypothèse : les administrateurs auront dissimulé la faute qu'ils ont commise, ils auront tenu, pendant plusieurs années, les actionnaires dans l'ignorance, ils auront caché qu'ils ont distribué des dividendes qu'ils n'auraient pas dû distribuer ; dans ce cas, je suis persuadé qu'il suffit de si-

gnaler le fait à l'attention de la Chambre pour qu'elle ne soit pas disposée à adopter la proposition d'établir une courte prescription spéciale pour protéger les administrateurs.

798. *M. Jules Favre.* Je ne veux pas revenir sur tout ce qu'a dit tout à l'heure M. le commissaire du Gouvernement. Mais il a taxé d'imaginaires les craintes qui peuvent atteindre les futurs administrateurs des sociétés anonymes telles que la loi les établit.

799. A mon avis ces terreurs ne seraient que trop fondées, et assurément nul ne voudra s'exposer à la chance de voir pendant un nombre d'années considérable planer non-seulement sur lui, mais sur sa famille, la possibilité d'un procès ; car tout ce que vient de dire avec tant de clarté M. le commissaire du Gouvernement sur la situation qui sera faite aux administrateurs se réduit à ceci, que la situation pourra être en réalité parfaite ; mais, telle qu'elle sera, elle n'empêchera pas l'éventualité d'un procès, et cette éventualité sera d'autant plus redoutable que le temps se sera écoulé et que les preuves auront disparu.

800. Dans les premières observations que nous a présentées M. le commissaire du Gouvernement se manifestent très-clairement la crainte et le regret d'être dans la nécessité de repousser l'amendement.

801. Seulement M. le commissaire du Gouvernement vous a dit qu'il avait eu peur d'introduire dans la loi actuelle une disposition qui fût une dérogation sans nécessité justifiée aux principes généraux. Je vous demande de rentrer, au contraire, dans les principes généraux, et de fixer à dix ans le temps pendant lequel pourra s'exercer l'action contre les administrateurs ; et je m'appuie sur des textes, précisément pour rassurer les scrupules de M. le commissaire du Gouvernement.

802. En matière de tutelle, l'action qui est dirigée contre le tuteur est prescrite par dix ans. Sans vouloir établir ici des analogies que je pourrais justifier, mais cela me paraît toutefois inutile, il est certain que la position de l'administrateur

peut être, jusqu'à un certain point, assimilée à celle du tuteur.

803. J'ajoute, et c'est là ma seconde observation, et mon second texte, que le Code de commerce, dans son article 41, limite aussi à dix ans le temps pendant lequel le commerçant doit conserver ses livres. Est-ce que nous n'avons pas là, messieurs, une mesure qui nous indique où nous devons nous arrêter?

804. Quand, tout à l'heure, on raisonnait dans l'hypothèse où une société cesse d'exister, M. le commissaire du Gouvernement vous citait l'article 64; il vous disait qu'à partir de cette époque, au bout de cinq années, les tiers ne pouvaient plus exercer d'action contre les associés; que les associés pouvaient cependant se disputer entre eux.

805. Il y a peut-être là un abus, car, en présence de la disposition de l'article 64 du Code de commerce, on placera très-souvent le défendeur dans l'impossibilité absolue de trouver ses moyens de justification. Mais ici, messieurs, nous ne raisonnons pas pour le cas où une société sera dissoute; nous raisonnons pour tous les cas qui se présenteront, et la loi doit être générale dans son texte, dans son esprit, comme dans son application.

806. Or, si les commerçants ne sont pas tenus de conserver leurs livres pendant plus de dix ans, vous comprenez qu'il est impossible d'aller au delà dans le droit que vous donnez soit aux tiers, soit aux associés, pour critiquer la conduite des administrateurs. Tout le monde reconnaît que cette période décennale est, à coup sûr, plus que suffisante pour que tous les droits sérieux, pour que tous les intérêts légitimes soient sauvegardés.

807. Je demande donc à la Chambre de renvoyer à la commission, et à la commission de vouloir bien fixer à une durée de dix ans la période pendant laquelle la responsabilité pourra être exercée.

808. *Plusieurs voix.* Très-bien!

809. *M. Vuillefroy, commissaire du Gouvernement.* M. Jules Favre invoque des analogies pour que dans l'espèce on restreigne la prescription à 5 ou à 10 ans ; ces analogies, il les emprunte à la tutelle, mais je lui ferai remarquer qu'il y a des analogies bien plus naturelles à lui opposer. Ce sont les dispositions relatives à toutes les autres sociétés commerciales ; car que faisons-nous en définitive? une société commerciale d'une nouvelle espèce.

810. Eh bien, prenez la société en nom collectif, prenez la société en commandite, ou mieux encore prenez la société anonyme, et la société que nous faisons, vous le savez, ce n'est que la société anonyme, moins l'autorisation. Quelle est la durée de la prescription dans ces diverses sociétés ? La durée de la prescription de droit commun, 30 ans.

811. On dirait vraiment que nous vous proposons quelque disposition nouvelle et extraordinaire en matière de prescription.

812. Je prie la Chambre de remarquer que dans la loi nous ne lui proposons rien de pareil ; nous faisons ce qui nous a toujours été demandé jusqu'ici par nos contradicteurs.

813. Nous laissons, en ce qui concerne la prescription, la société nouvelle sous le régime du droit commun. Or, le droit commun c'est le grand argument que l'on a toujours opposé aux dispositions spéciales que nous avions insérées dans le projet de loi primitif et qui concernaient la responsabilité des administrateurs. On nous disait : N'édictez pas de dispositions spéciales contre les administrateurs ; laissez-les dans le droit commun, ce sont des mandataires ; les obligations des mandataires sont réglées par la loi ordinaire : ils en subiront les conséquences, cela suffit.

814. Aujourd'hui que faisons-nous ? Nous laissons, quant à la prescription, les administrateurs sous le régime du droit commun, et on nous reproche de ne pas proposer pour eux une prescription spéciale et de ne pas les placer dans une situation exceptionnelle et privilégiée. J'appelle votre attention sur

ce que ce langage a de singulier ; en tout cas j'ajouterai ceci :

815. S'il y avait une exception à faire, s'il était vrai qu'il fallût réduire la durée de la prescription en matière de responsabilité commerciale, la Chambre comprendra que ce n'est pas dans une loi spéciale, mais par une disposition de loi générale, qu'il conviendrait de le faire ; et s'il paraissait opportun de procéder par voie d'exception, ce serait peut-être moins en faveur des sociétés nouvelles que de toute autre que cette exception devrait être faite. En effet, vous ne pouvez vous dissimuler que ces sociétés, quelque espoir que nous ayons qu'elles réussissent, présenteront moins de garanties qu'on n'en avait jusqu'ici dans les autres formes de sociétés, et que n'en présentait notamment la société anonyme. Et c'est au moment où vous diminuez les garanties que l'on songerait à les constituer dans une condition privilégiée ! Véritablement il y aurait là quelque chose d'excessif et d'illogique, et je ne crois pas que la Chambre puisse entrer dans cette voie. (Très-bien ! très-bien !)

816. *M. Jules Favre.* Je suis bien fâché d'insister, mais il me paraît que les observations de M. le commissaire du Gouvernement confondent ce qui doit être distingué.

817. M. le commissaire du Gouvernement dit que les administrateurs doivent rester dans le droit commun, et qu'à l'heure qu'il est toutes les sociétés, même la société anonyme, sont régies par la prescription trentenaire. Cela est vrai, mais les sociétés ne sont nullement tenues à la disposition que vous écrivez dans la loi. Quant à la société en commandite, elle est régie par de tout autres principes.

818. Je comprends que le gérant de la société en commandite, qui a agi personnellement et qui est aussi personnellement responsable, subisse le droit commun. Ici, vous faites une législation qui s'appuie sur des principes nouveaux ; par suite, il se développera dans le pays une foule de sociétés de ce genre, et, ces sociétés fondées, il en résultera des froissements ; les actionnaires entreprendront des procès qui porteront sur

des points dont l'appréciation est extrêmement délicate. Je ne veux pas ici entrer dans des détails qui seraient déplacés ; cependant il m'est permis de dire que, ce qui paraît très-clair quand on discute la loi, est très-compliqué quand il s'agit de l'appliquer. Dans quelles circonstances les dividendes auront-ils été irrégulièrement distribués? Question extrêmement ardue, et ceux-là le savent qui ont eu à la débattre et à la juger.

819. Eh bien, c'est de cette appréciation que naîtra, au profit des actionnaires et au préjudice des administrateurs, une action dont vous voulez prolonger la durée pendant trente ans! Je vous propose de lui appliquer des principes qui ne sont pas nouveaux, qui sont sans doute plus étroits que ceux du droit commun, mais qui ne dérogeront pas au droit commun ; la Chambre peut suivre cette dérogation même dans l'application de la prescription. (Aux voix !)

820. *M. de Saint-Paul.* Je veux parler non de la prescription, je regarde cette question comme épuisée par la discussion, mais du fond même de l'article. Sur cet article il y a des commentaires qui ont été faits par la commission. J'y remarque ce passage : « Une faute grave, certaine, suffirait donc pour l'application de la disposition, même alors que la bonne foi du distributeur serait présumable et constante. »

821. Eh bien, je n'ai jamais vu dans aucun texte de loi un pareil commentaire ; il faut n'avoir jamais fait un inventaire pour venir rendre quelqu'un responsable d'une erreur faite de bonne foi dans un inventaire.

822. Voici ce que dit le tribunal de commerce à l'occasion de l'inventaire : « Des arrêts récents n'ont que trop attesté les hésitations d'interprétations que comporte un sujet aussi délicat que celui de l'appréciation d'un inventaire : et nous pensons que l'exigence manifestée de la part de la loi, si elle était maintenue, serait pour les commerçants une cause d'insurmontable effroi. »

823. Quand on fait un inventaire, on est fort embarrassé. Je parle de ceux qui en ont fait, et non de ceux qui seulement

en ont lu. Il y a des négociants ici, eh bien, je les adjure tous de dire si de la meilleure foi du monde on ne peut pas faire un inventaire qui contienne des erreurs. Il faut supposer un administrateur de bonne foi, sans cela il n'y a pas de discussion possible.

824. *M. Emile Ollivier.* Je demande la parole.

825. *M. de Saint-Paul.* On fait des inventaires. Je vais citer quelques espèces et prouver la difficulté de faire un inventaire comme on voudrait qu'il fût fait.

826. Voici une affaire de mine Vous sondez le terrain, et vous voulez avoir une exploitation. Vous êtes une société métallurgique, qui en même temps a des puits de mine. Vous ouvrez des puits, vous dépensez 100,000 francs. C'est la première année ; vous n'êtes pas encore arrivés au charbon. Vous allez ouvrir un compte de travaux neufs. Je suppose que l'année d'après vous renonciez à vos recherches parce que vous n'avez pas réussi ; votre société s'arrête, et n'attend pas que d'autres inventaires vous permettent de rétablir l'équilibre. Vous avez distribué un dividende en faisant figurer à votre inventaire, de très-bonne foi, 100,000 fr. de travaux de recherche. Ils sont perdus. La liquidation arrive, et on trouve que vous avez réparti en ayant à l'actif une somme de 100,000 francs que vous ne retrouvez pas. Vous l'avez fait de très-bonne foi, il ne peut pas y avoir de responsabilité pour cela. (Interruption.) Ce n'est pas possible...

827. Maintenant, vous avez acheté un brevet d'invention. (Bruit.) Je vous demande pardon, cela vaut bien la peine d'être discuté, même à la fin de votre session... (Parlez ! parlez !) Dans une loi comme celle-ci, il est bien permis, quand un article résume toute la responsabilité, de venir à cette occasion, s'expliquer. (Parlez!)

828. Vous avez acheté un brevet d'invention. Je vous pose des espèces ; c'est pour mieux faire comprendre la question. Vous avez acheté un brevet d'invention 25,000 fr. Vous ne l'auriez pas acheté 25,000 fr. si vous l'aviez cru mauvais. Vous

l'achetez, vous le faites figurer à l'inventaire. Vous ne l'amortissez pas l'année même où vous l'achetez. Il a douze ans à durer, vous êtes des gens prudents et vous vous réservez de l'amortir en six ans. C'est ce qui se fait dans les sociétés les plus morales et les plus honnêtes. Il se trouve que votre brevet ne réussit pas, que l'année suivante vous y renoncez, soit parce qu'il ne vous a pas donné les résultats que vous espériez, soit parce qu'on a trouvé quelque chose de mieux. Eh bien, alors, vous êtes obligés de changer les écritures et de passer la somme à profits et pertes. Vous avez fait des modèles de machines, les modèles de machines coûtent cher. Vous n'amortissez pas cette dépense la première année, vous l'amortissez en trois ou quatre ans : il ne faudra pas qu'on vienne dire que vous avez fait de faux inventaires, parce que vous avez laissé figurer une partie de la dépense que les modèles vous ont coûtée. Et quand on vous dit que la bonne foi ne sauve pas, ce n'est pas une observation juste : je n'ai jamais vu que la bonne foi ne sauve personne; la bonne foi doit sauver tout le monde, surtout quand il n'y a pas préjudice causé. Or, quand il n'y a préjudice ni dans le fait, ni dans l'intention, c'est de la bonne foi.

829. Je mets sous vos yeux la série des responsabilités que la loi impose aux administrateurs. Je ne demande pas que les administrateurs soient irresponsables; mais vraiment, si vous entassez responsabilités sur responsabilités, vous arrivez à l'impossible.

830. On a dit que les administrateurs souvent sont des hommes qui ont leur part au gâteau primitif dans une société de commerce. Eh bien, je suppose qu'ils ne prennent pas de part au gâteau et qu'ils n'aient rien à rendre, car c'est ainsi qu'il faut supposer les choses. Nous ne faisons pas une loi pour les fripons.

831. Remarquez que vous avez des commissaires permanents. C'est pour la première fois que, dans une société de commerce, vous voyez des commissaires qui peuvent tous les jours demander des renseignements et voir les écritures. L'avis

du ministre du commerce était que les commissaires ne puissent vérifier la situation dans le mois qui précède l'inventaire. Vous en avez décidé autrement ; je ne reviens pas là-dessus ; seulement, je dis que vous soumettez les administrateurs à une vérification permanente, et cela est sans exemple.

832. La loi décide qu'il faut déposer au tribunal de commerce un bilan que tout le monde peut vérifier ; les actionnaires peuvent venir demander communication des inventaires. Je ne blâme pas cela , mais j'en fais ressortir toute l'innovation et l'importance.

833. Les teneurs de livres seuls sont capables d'apprécier à la lecture d'un inventaire ce que les chiffres veulent dire. Les teneurs de livres, et ce ne sont pas les administrateurs qui tiennent les écritures, donnent quelquefois des estimations de titres erronées.

834. *Une voix.* On n'entend rien du tout. Parlez moins vite !

835. *M. de Saint-Paul.* Je ne voulais pas abuser des moments de la Chambre...

836. *M. le Président.* Parlez moins vite !

837. *M. de Saint-Paul.* J'avais quelque scrupule à prolonger trop longtemps la discussion.

838. *M. le Président.* Non, vous êtes dans la question ; on vous écoute avec intérêt ; mais parlez moins vite et plus haut.

839. *M. de Saint-Paul.* Je fais le relevé de ce que la Chambre a voté et des difficultés que, par rapport au bilan, les administrateurs ne manqueront pas de rencontrer. Nous allons voir ce qui leur reste de bénéfices, et, bien entendu, je ne suppose pas des bénéfices illicites. Ils sont soumis à la vérification permanente des commissaires ; ils sont tenus de déposer au tribunal, et de mettre à la disposition de tous les actionnaires, avant l'assemblée générale, l'inventaire.

840. Eh bien, je doute que celui qui ne saura pas parfaitement l'affaire dans tous ses détails, si ce n'est pas un homme d'affaires consommé, puisse faire sortir des chiffres ce qu'ils comportent.

841. Il peut donc arriver que l'actionnaire voie une chose extraordinaire dans une chose toute naturelle.

842. Dans certains cas, pour éviter cet inconvénient, on nomme trois commissaires qui sont les mandataires de la société, et choisis pour faire le travail avant de le soumettre à l'assemblée générale.

843. Tout le monde dans une assemblée d'actionnaires n'est pas apte à se rendre compte de la vérification d'un compte ; cependant vous soumettez l'administrateur à la vérification faite par des gens qui savent ou qui ne savent pas.

844. Maintenant vous faites distribuer aux actionnaires, avant l'assemblée générale, le bilan et le rapport.

845. Messieurs, le rapport ne sera pas long, il ne dira pas tout ; d'abord, il ne dira pas tout ce qui très-souvent ne se dit que verbalement ; car, dans toute société, il y a des choses qu'on n'écrit pas, mais qu'on explique. Le rapport sera donc, je le répète, très-sommaire ; et on ne le comprendra véritablement que dans le cours de l'assemblée générale, par les explications verbales qui seront ajoutées.

846. Vous demandez que la liquidation ait lieu aux trois quarts de perte du capital. C'est là une responsabilité qui n'est que morale dans la loi, mais qui est très-grave. C'est, en effet, chose très-difficile que de venir dire, lorsqu'on sera arrivé aux trois quarts de la perte de son capital : Il y aura dissolution de la société. Vous pouvez être arrivé aux trois quarts ; mais remarquez qu'en cette matière, par cela seul que vous arrêtez la société qui était en mouvement, les choses perdent subitement leur valeur ; et alors vous arriverez à n'avoir plus les trois quarts de l'actif, vous aurez moins, vous aurez dépassé les trois quarts : vous n'aurez peut-être plus que 0. Eh bien, c'est là une chose très-difficile.

847. Il y a ici des gens très-forts, d'anciens présidents de tribunaux de commerce, d'anciens magistrats, des négociants très-habiles, qui ont fait des inventaires compliqués : tous vous diront qu'ils ne voudraient pas engager leur responsabilité à

une pareille épreuve de la perte, dans une société, des trois quarts du capital.

848. C'est là une difficulté, si ce n'est pas une impossibilité.

849. Maintenant vous avez indiqué, relativement aux actionnaires, les moyens de faire bonne ou mauvaise justice, pour les procès qu'ils veulent faire. Dans l'article 25, vous rendez les administrateurs responsables de l'accomplissement des formalités ; et le défaut de leur accomplissement amène la nullité de la société.

850. Je trouve parfaitement bien que, quand on prononce la nullité de la société, la responsabilité n'incombe qu'à ceux qui devaient remplir les formalités. J'avais proposé à la commission un moyen, que j'avais trouvé très-simple, pour empêcher cette responsabilité éternelle ; parce que, faites-y bien attention, la jurisprudence des tribunaux varie sur les questions de procédure et de formalités comme sur toute autre chose ; par conséquent, ce qui, aujourd'hui, serait considéré comme parfaitement régulier, — les avocats qui sont ici, et il y en a quelques-uns (on rit), pourraient vous l'attester, — pourrait être, demain, considéré comme parfaitement irrégulier. Et, sans parler de temps si rapprochés, chacun sait que, dans beaucoup de questions, ce que la jurisprudence proclamait régulier, il y a quatre ans, elle le trouve tout le contraire aujourd'hui.

851. Quand les administrateurs avaient fait remplir toutes les formalités, — je suppose la bonne foi, — je proposais qu'on fît ici ce qu'on fait souvent, c'est-à-dire que l'on dît aux administrateurs de se présenter devant le notaire qui avait reçu les statuts, les listes de souscriptions, afin que ce notaire dressât un procès-verbal, sous sa responsabilité, constatant l'accomplissement de la part des administrateurs de toutes les formalités nécessaires. De cette manière, les administrateurs se trouvaient dégagés de cette épée de Damoclès suspendue sur leur tête pendant trente ans. Dans l'état actuel du projet, vous leur faites une peur inutile, sans aucun profit pour la société. Les notaires font des actes tout aussi graves, et même

plus graves que celui dont je parle ici : ils font des testaments, des donations, des contrats de mariage, tous actes où ils sont responsables des énonciations qui y sont contenues. Je trouverais bien simple qu'on permît aux administrateurs de se soulager de cette responsabilité si grave en allant chez un notaire et en faisant apprécier par ce notaire, sous la responsabilité de celui-ci, l'accomplissement des formalités. C'était inutile de mettre cette responsabilité à la charge des administrateurs. La morale n'avait rien à voir là ; elle était d'ailleurs sauvegardée par l'intervention d'un notaire. La commission ne l'a pas jugé ainsi.

852. *Un membre.* Tout cela est étranger à l'article en discussion.

853. *M. le Président.* J'admets parfaitement, monsieur de St-Paul, ce qu'il y a d'important dans vos réflexions. Cependant, comme mesure d'ordre, je dois vous déclarer que vous revenez sur des articles déjà votés.

854. *M. de Saint-Paul.* Ce n'est pas du tout pour revenir sur des articles déjà votés, que je parle de ces articles ; seulement j'additionne avec l'article 27, actuellement en discussion, tout ce qui incombe aux administrateurs, y compris l'inventaire fait de bonne foi, et dont ils ont la responsabilité ; et je viens demander, comme conclusion : qu'est-ce qu'on pourra leur offrir, qu'est-ce qu'on leur offrira honnêtement en échange de tous ces désagréments-là ? Comme vous le disait tout à l'heure l'honorable M. André (du Gard), en seront-ils réduits à prendre part au gâteau en entrant en fonctions? car dans la suite vous ne leur donnez guère que des déceptions et des inquiétudes.

855. Remarquez bien que pour la société en commandite il n'y a qu'un seul gérant ; on ne paye qu'un seul gérant, l'affaire peut payer un seul gérant ; c'est à celui-ci d'accepter la gérance à lui seul après avoir pesé les avantages et les inconvénients qu'elle peut présenter ; mais dans une société comme celle-ci, où il y a plusieurs administrateurs, si vous les payez tous en raison des risques qu'ils peuvent courir, vous chargez

la société de frais énormes et presque impossibles à soutenir.

856. Je crois que la Chambre n'est pas disposée à renvoyer l'article à la commission, je ne demande donc pas ce renvoi ; mais je désirais que le débat ne fût pas clos sans que fussent énumérés par un membre de cette Chambre, parlant en son propre nom, bien entendu, tous les inconvénients qui, indépendamment des articles du Code pénal qui punissent la fraude, incombent aux administrateurs.

857. J'étais bien aise que ces observations intervinssent dans le débat avant qu'il finît.

858. *M. Du Miral*, rapporteur. Messieurs, l'honorable M. de Saint-Paul, dans les observations qu'il vient de faire entendre, ne vous a pas entretenus uniquement de l'article 27 qui est en ce moment en discussion, il s'est livré à une espèce de revue rétrospective, il vous a fait remarquer, en dernier lieu, que la situation des administrateurs dans les sociétés nouvelles serait une situation difficile ; qu'à cause de cette difficulté ils seraient obligés d'exiger des rémunérations importantes et que ces rémunérations deviendraient très-lourdes pour les affaires, à raison du grand nombre des administrateurs ou des commissaires qui, dans les sociétés à responsabilité limitée, devront toujours exister.

859. Je ne crois pas cette réflexion fondée en fait; il n'est pas du tout exact que dans les sociétés à responsabilité limitée, il doive y avoir beaucoup d'administrateurs ; leur nombre sera proportionné à l'importance des affaires; la rédaction que nous avons proposée, et qui a été adoptée, prévoit parfaitement qu'il pourra n'y avoir qu'un seul administrateur et un seul commissaire.

860. L'honorable M. de Saint-Paul a d'ailleurs oublié que dans les affaires qui sont organisées sur des bases nouvelles, les administrateurs seront de véritables intéressés, et qu'ils trouveront dans la conduite de l'affaire elle-même les avantages et la rétribution que quiconque s'occupe d'une affaire doit pouvoir espérer de sa coopération ; mais ce sont là, messieurs,

des réflexions étrangères à ce qui fait le fond de la difficulté.

861. Ce qui s'y rattache d'une manière plus directe ce sont les observations présentées par l'honorable préopinant, par rapport à la surveillance qu'exerceront sur la gestion des administrateurs les commissaires institués par le projet de loi.

862. Eh bien, je suis heureux de constater que cette institution de commissaires que M. de Saint-Paul présente comme un danger pour les administrateurs, doit être, au contraire, pour eux une très-grande sécurité. Le rapport fait observer sur ce point avec quelque raison, je crois, au point de vue de la responsabilité que nous discutons et à laquelle j'arrive, la responsabilité spéciale des distributions de dividendes, qu'il n'arrivera que très-rarement que la recherche des actionnaires soit possible contre les administrateurs, précisément à cause des précautions prises par le projet de loi pour que les inventaires soient réguliers, pour qu'ils soient l'objet d'investigations sérieuses, et pour que des dividendes fictifs ne puissent jamais être distribués.

863. Ce n'est donc pas une aggravation de la situation des administrateurs au sujet de la question spéciale que nous avons à discuter, c'est bien plutôt pour eux une garantie.

864. Maintenant que je me suis expliqué moins rapidement que je ne l'aurais désiré sur ce qui, dans les observations du préopinant, ne se rattache pas d'une manière essentielle à la question dont vous êtes saisis, j'aborde le fond de l'article 27.

865. Que reproche-t-il et à l'article et au rapport ? Il leur reproche de dire que la responsabilité pourra atteindre les administrateurs à raison d'une faute grave, d'une faute certaine, même alors que l'administrateur aurait été de bonne foi. Il voudrait, car c'est là la portée de son observation, que toutes les fois que la mauvaise foi de l'administration ne sera pas prouvée, la faute même la plus lourde, même la plus grave...

866. *M. de Saint-Paul.* Je n'ai pas dit cela !

867. *M. le rapporteur.* C'est la conséquence nécessaire de

votre observation ; il faut, pour que vous ayez raison, que la bonne foi puisse protéger toujours, il faut qu'elle puisse protéger même contre la faute grave. Notez que dans le rapport il a été très-clairemnet expliqué, le rapport devait être explicite, que la bonne foi ne suffisait pas pour protéger ; mais nous nous sommes bien gardés de dire qu'il suffirait d'une faute imperceptible, d'une faute minime, pour que la responsabilité prît naissance. Ce n'est jamais ainsi que les tribunaux ont apprécié la responsabilité des mandataires. La jurisprudence la plus certaine et la plus positive ne voit une faute donnant lieu à la responsabilité que dans une faute grave. Il faut que le mandataire, que l'administrateur n'ait pas donné à l'affaire dont il était chargé des soins qu'un père de famille donne ordinairement à sa chose propre ; et en matière de société la jurisprudence est encore plus indulgente habituellement, parce que le sociétaire administrateur, ayant des intérêts personnels dans la chose sociale, est plus facilement présumé avoir apporté à la chose dans laquelle il a lui-même un intérêt, les soins qu'un propriétaire est présumé toujours apporter. La responsabilité ne sera donc encourue, ceci est bien entendu, que lorsque la faute sera certaine, que lorsque la faute sera grave, les commissaires du Gouvernement vous l'ont dit, de la manière la plus positive, dans les dernières observations qu'ils ont présentées.

868. Et maintenant, est-ce qu'il n'est pas sensible que la responsabilité des administrateurs est une responsabilité légitime ? Voyons ! est-ce que c'est une innovation que nous faisons? est-ce que c'est une dérogation au droit commun ? Qu'on lise les titres du mandat des sociétés civiles, l'article 32 sur les sociétés anonymes. Vous verrez écrit partout, de la manière la plus nette, ce principe de la responsabilité des administrateurs, des sociétaires, des mandataires, pour les fautes qu'ils commettent. Pourquoi voulez-vous qu'il en soit autrement dans les sociétés anonymes libres, les sociétés à responsabilité limitée ? Mais si vous proclamiez d'une manière absolue que les fautes

ne pourraient pas être poursuivies, vous ouvririez la porte à deux battants à toutes les fraudes.

869. *M. de Saint-Paul.* Ah ! ah !

870. *M. Du Miral.* Mais c'est évident. Il faut, pour que le fait qui donne lieu aux répressions pénales prévues par les derniers articles du projet puisse être poursuivi, il faut que les faits coupables aient un caractère non-seulement certain, mais positif, et, en quelque sorte, actif. Mais supposez dans un inventaire une omission grave, qu'on n'ait pas porté au passif une dette considérable, la faute sera lourde ; comment établira-t-on la mauvaise foi ? S'il faut que la mauvaise foi soit établie, quelle sera la possibilité de la répression ?

871. Je n'ai pas besoin de développer cette idée ; il tombe sous le sens que la responsabilité des fautes est un principe tutélaire, nécessaire, et que, si on faisait disparaître ce principe, la mauvaise foi pourrait agir en toute sécurité sans que dans une foule de circonstances on pût parvenir à la constater.

872. Faut-il maintenant que je m'explique sur les exemples qu'a cités l'honorable M. de Saint-Paul ? Il a parlé d'une société de mines dans laquelle on avait fait figurer sur les comptes des galeries qui n'avaient pas été utilisées. Mais les travaux qui n'avaient pas abouti à un résultat productif, évidemment ne devaient pas donner lieu à des distributions de dividendes. Il a parlé de brevets d'invention qu'on soumettait à des expériences. Est-ce que dans cette période d'incertitude, avant que des résultats fussent acquis et les bénéfices certains, on pouvait distribuer des dividendes ? Sans doute, il arrivera quelquefois, et je ne le nie pas, qu'une certaine difficulté pourra se présenter pour la rédaction de quelque partie d'un inventaire ; mais lorsque la difficulté sera sérieuse et lorsque l'inexactitude de l'inventaire ne résultera que d'une dépréciation postérieure qu'on ne pouvait pas prévoir, dans ce cas-là il va de soi, il est parfaitement entendu que cette inexactitude de l'inventaire, ne datant pas du moment même où il aura été fait, ne constituera ni faute, ni responsabilité : la faute ne peut en

effet dépendre d'événements qu'on n'avait pas pu prévoir ; ce qui est punissable, c'est l'inexactitude, dont on pouvait s'assurer au moment où l'inventaire a été dressé. Il ne pouvait pas en être autrement sans qu'on arrivât à créer pour les sociétés nouvelles une situation complétement exceptionnelle. Si on était arrivé à ce résultat d'innocenter la faute qui consiste dans la distribution de dividendes fictifs, il est évident qu'il fallait proclamer d'une manière absolue que les administrateurs n'étaient jamais responsables hors les cas de fraude.

873. *M. de Saint-Paul.* Je demande la parole.

874. *M. Gouin.* Je l'ai déjà demandée, monsieur le Président. (Aux voix ! aux voix !)

875. *M. le rapporteur.* Je n'en dis pas davantagé, messieurs, sur cette prétention de faire disparaître la responsabilité inhérente aux fautes graves, sous prétexte qu'elles auraient pu être commises de bonne foi. Ce système a été examiné dans le rapport de la commission avec assez de soin pour qu'il ne soit pas nécessaire de m'étendre davantage.

876. Mais la commission éprouve le besoin de s'expliquer sur la portée de deux observations qui ont été successivement présentées par l'honorable M. Gouin et par l'honorable M. Jules Favre. Ces honorables membres admettent sans contestation le principe de la responsabilité, tel qu'il est formulé dans l'article 27 qui est soumis à votre approbation ; ils reconnaissent sans difficulté que lorsque la faute est certaine, lorsqu'elle est grave, elle donne lieu à une responsabilité ; mais l'un et l'autre se préoccupent d'un inconvénient dont s'était aussi préoccupée la commission : ils se préoccupent de la durée de cette responsabilité qui pourra peser, non-seulement sur les administrateurs, mais sur leurs représentants, et de l'exercice de l'action qui pourra être intentée, alors que les administrateurs, qui auraient commis la faute, ne seraient plus là pour fournir des explications de nature à les justifier.

877. La commission ne peut que déclarer ici qu'en principe elle est complétement favorable aux observations qui ont

été présentées par MM. Gouin et Jules Favre ; elle ne rétracte en rien les observations contenues dans son rapport ; elle est si bien de leur avis, qu'elle avait proposé la prescription de cinq ans. Pour la proposer, elle ne s'était pas fondée, comme l'honorable M. Jules Favre, sur cette circonstance que la responsabilité inscrite dans l'article 27 du projet constitue une dérogation au droit commun. Non, cette responsabilité n'est pas une dérogation au droit commun : elle n'en est que l'application, et le motif principal que la commission a donné pour la maintenir, c'est qu'elle n'en est que la reproduction.

878. Mais quoique cette responsabilité soit empruntée au droit commun, la commission a pensé qu'à raison de la certitude du point de départ de la faute en matière de distribution de dividende, à raison de la facilité de la découvrir dans un bref délai qui existerait presque toujours pour ceux qui seraient intéressés à le faire, la commission, dis-je, a pensé qu'on pouvait, sans inconvénient, renfermer l'exercice du droit dans un espace de temps limité, et abréger la durée ordinaire de la prescription, alors surtout qu'il s'agissait d'une matière commerciale, alors qu'il s'agissait de société ; et qu'en cette matière, le Code de commerce, au lieu de maintenir la prescription trentenaire ordinaire, a introduit, au contraire, cette prescription de cinq ans, que l'honorable M. Duvergier vous rappelait tout à l'heure avec son exactitude ordinaire. La commission était donc autorisée à dire que, sans se dissimuler le caractère dérogatoire aux règles ordinaires du droit qu'entraîne son amendement, elle l'avait présenté parce qu'il lui semblait avoir plus d'avantages que d'inconvénients. Elle persiste à le penser, et elle veut en quelques mots justifier encore son opinion.

879. C'est un inconvénient, nous ne le contestons pas, qu'une dérogation exceptionnelle au droit commun, qui, introduite dans la loi actuelle, laisserait subsister la règle ancienne pour les autres sociétés qui existent déjà dans notre Code de commerce. Mais cet inconvénient n'est pas d'un ordre supérieur ;

et si véritablement il y a avantage à limiter la durée de la responsabilité, rien n'empêcherait d'introduire un peu plus tard dans nos Codes une disposition identique ou analogue pour les autres genres de sociétés, qui, quant à présent, sont soumises à la durée ordinaire de la prescription.

880. Et, à côté de ce que je viens de dire sur le peu de gravité de l'inconvénient, je suis en droit d'ajouter qu'il y aurait un avantage réel, qu'il y aurait l'avantage de prémunir contre quelques inquiétudes, qu'il y aurait l'avantage d'empêcher les pères de famille, prenant part à une société et acceptant la qualité d'administrateurs, de se préoccuper des responsabilités qu'ils pourraient transmettre à leurs successeurs.

881. A ce point de vue, l'observation de l'honorable M. Jules Favre me semble, en fait, lever toute espèce d'inconvénient; elle me paraît de nature à amener une conciliation entre la commission et le Conseil d'Etat.

882. Si la commission a pensé qu'il n'y avait pas d'inconvénient sérieux à une prescription de cinq ans, elle pense encore bien davantage que l'inconvénient n'existerait plus du tout si la prescription était de dix ans. En fait il n'arrivera presque jamais qu'une action de la nature de celle dont on se préoccupe soit intentée après un délai de dix ans. Si elle se présentait alors, il arriverait qu'en raison même de sa tardivité elle serait presque constamment écartée. Comment admettre en effet que des gens qui auraient éprouvé un préjudice sérieux aient négligé pendant dix ans d'en demander la réparation? Ce qui paraît décisif, c'est que la faute dont il s'agit, c'est que le préjudice dont nous nous occupons, par sa nature, par la force même des choses, sera toujours découvert par les intéressés dans un délai qui n'excédera jamais dix ans. (Aux voix! aux voix!)

883. *M. Gouin.* La loi que nous discutons va être votée; nous avons donc le plus grand intérêt à ce qu'elle sorte d'ici dans les meilleures conditions possibles. Après la discussion qui vient d'avoir lieu, il me paraît indispensable que l'art. 27

soit renvoyé à la commission. La commission vient de faire connaître son opinion ; j'espère que MM. les conseillers d'Etat tiendront compte également des opinions émises par la Chambre. (Aux voix ! aux voix !)

884. Je désirerais aussi que MM. les commissaires du Gouvernement voulussent bien répondre à cette question. La responsabilité des administrateurs sera-t-elle plus grande dans les sociétés à responsabilité limitée qu'elle ne l'est dans les sociétés anonymes ?

885. *M. Vuillefroy*, commissaire du Gouvernement. Non ; nous voulons qu'elle soit absolument la même, et c'est pour cela qu'une prescription exceptionnelle n'a pas été admise.

886. *M. Gouin.* Je demande le renvoi à la commission.

887. *M. Javal.* Je constate que la question de bonne foi a été réservée.

888. *M. Vuillefroy*, commissaire du Gouvernement. Ce sont les tribunaux qui sont juges. (Aux voix ! aux voix !)

889 L'article 27 est mis aux voix.

890. Une première épreuve par mains levées a lieu et est déclarée douteuse.

891. *M. le Président* Je vais recommencer l'épreuve par assis et levé.

892. *M. Gouin.* Nous demandons le renvoi à la commission.

893. *M. le rapporteur.* Il faudrait expliquer le vote, monsieur le Président !

894. *M. le Président.* Je vais le faire.

895. La Chambre sait très-bien que la seule forme pour elle de voter, c'est l'adoption ou le rejet ; mais ici, dans le cas présent, il est bien entendu que le rejet ce serait le renvoi à la commission. Par conséquent je mets de nouveau l'article aux voix, et, afin que le résultat soit plus clair, nous allons procéder par assis et levé.

(L'épreuve par assis et levé a lieu.)

896. L'article 27 est adopté.

897. « Art. 28. Toute contravention à la prescription de

l'article 11 est punie d'une amende de 50 fr. à 1,000 fr. » (Adopté.)

898. « Art. 29. Sont punis d'une amende de 500 à 10,000 fr. ceux qui, en se présentant comme propriétaires d'actions ou de coupons d'actions qui ne leur appartiennent pas, ont créé frauduleusement une majorité factice dans une assemblée générale, sans préjudice de tous dommages-intérêts, s'il y a lieu, envers la société ou envers les tiers.

» La même peine est applicable à ceux qui ont remis les actions pour en faire l'usage frauduleux. » (Adopté.)

899. « Art. 30. L'émission d'actions faite en contravention à l'article 3 est punie d'un emprisonnement de huit jours à six mois et d'une amende de 500 fr. à 10,000 fr., ou de l'une de ces peines seulement.

» La négociation d'actions ou coupons d'actions faite contrairement aux dispositions du même article 3 est punie d'une amende de 500 fr. à 10,000 fr.

» Sont punies de la même peine toute participation à ces négociations, et toute publication de la valeur desdites actions. » (Adopté).

900. « Art. 31. Sont punies de peines portées par l'article 405 du Code pénal, sans préjudice de l'application de cet article à tous les faits constitutifs du délit d'escroquerie :

» 1° Ceux qui, par simulation de souscriptions ou de versements, ou par la publication faite de mauvaise foi de souscriptions ou de versements qui n'existent pas ou de tous autres faits faux, ont obtenu ou tenté d'obtenir des souscriptions ou des versements ;

» 2° Ceux qui, pour provoquer des souscriptions ou des versements, ont, de mauvaise foi, publié les noms de personnes désignées, contrairement à la vérité, comme étant ou devant être attachées à la société à un titre quelconque ;

» 3° Les administrateurs qui, en l'absence d'inventaires ou au moyen d'inventaires frauduleux, ont opéré ou laissé opérer, sciemment et sans opposition, la répartition de dividendes non réellement acquis. » (Adopté.)

901. « Art. 32. L'article 463 du Code pénal est applicable aux faits prévus par la présente loi. »

902. *M. Josseau.* Messieurs, je ne viens pas discuter l'article 32 ; je viens seulement, avant que la Chambre passe au vote général de la loi, demander la permission de faire une observation finale, et d'émettre un vœu. La loi qui va être votée par la Chambre ne sera assurément pas parfaite, elle aura besoin d'être remaniée. Or nous avons déjà plusieurs lois spéciales, distinctes et en dehors de nos Codes sur les sociétés. Nous avons la loi de 1856 sur les commandites, la loi actuelle qui crée des sociétés à responsabilité limitée; je demande que, lorsque l'expérience aura démontré la nécessité d'une nouvelle étude de cette matière, ce soit par voie de révision complète... (Interruption.)

903. Je m'explique : je demande qu'au lieu de nous présenter une nouvelle loi spéciale, le Gouvernement procède par voie de révision des titres de sociétés dans le Code de commerce, de manière à encadrer, comme il l'a fait récemment pour le Code pénal et pour le gage commercial, les nouvelles dispositions dans les grandes divisions du Code. Je demande enfin qu'un semblable procédé soit appliqué à la révision du titre des sociétés civiles, dont il est traité dans le Code Napoléon, de manière à mettre le régime de ces sociétés en rapport avec les besoins nouveaux qui se sont produits, en évitant ainsi une foule de difficultés et d'incertitudes que la jurisprudence rencontre dans l'application des lois spéciales placées à côté de la loi générale, et en respectant l'admirable harmonie de nos Codes.

904. (L'article 32 est mis aux voix et adopté.)

905. Il est procédé au scrutin sur l'ensemble du projet de loi.

906. Le dépouillement du scrutin donne le résultat suivant :

Nombre de votants,		229
Majorité absolue,		115
Pour,	206	
Contre,	23	

907. Le Corps législatif a adopté.

LÉGISLATION ANGLAISE

CONCERNANT

LES SOCIÉTÉS A RESPONSABILITÉ LIMITÉE

I.

ACTE du 14 juillet 1856 pour l'incorporation et le règlement des Compagnies par actions et autres Sociétés.

Attendu qu'il convient de refondre et de modifier les dispositions relatives à l'incorporation et au règlement des compagnies par actions et autres sociétés, etc.

Art. 1er. Le présent acte pourra être cité en toute circonstance sous ce titre : *Acte de* 1856 *sur les compagnies par actions.*

Art. 2. Le présent acte n'est pas applicable aux personnes associées pour affaires de banque ou d'assurance.

PREMIÈRE PARTIE.

CONSTITUTION ET INCORPORATION DES SOCIÉTÉS. ENREGISTREMENT.

Art. 3. Sept personnes ou plus, associées pour un objet légal, pourront, en mettant leurs signatures au bas d'un contrat d'association et en se conformant, d'ailleurs, aux dispositions du présent acte relatives à l'enregistrement, former une compagnie incorporée avec responsabilité, limitée ou non.

Art. 4. A partir du 3 novembre 1856, il est interdit à toute réunion de plus de vingt personnes d'entreprendre collectivement aucune affaire ayant le gain pour objet, si elle n'est enregistrée comme compagnie, en application du présent acte, ou autorisée à cette fin par un acte particulier du parlement, par une charte royale ou par des lettres patentes, ou si elle ne se livre à l'exploitation des mines dans le ressort et sous la juridiction des cours spéciales pour les mines d'étain. Quiconque prendra part à une entreprise collective contrairement à la disposition ci-dessus, sera responsable de la totalité des dettes de l'association et pourra être poursuivi en conséquence, sans qu'il y ait lieu de mettre en cause aucun des autres membres de l'association.

Art. 5. Le contrat d'association contiendra les énonciations ci-après :

1° Le nom de la compagnie projetée ;

2° La partie du Royaume-Uni dans laquelle son siége légal sera établi, si c'est l'Angleterre, l'Écosse ou l'Irlande ;

3° L'objet pour lequel elle se constitue ;

4° La responsabilité limitée ou illimitée des actionnaires ;

5° Le montant de son capital nominal ;

6° Le nombre des actions dans lesquelles ce capital doit être divisé et le montant de chaque action.

Dans le cas où il s'agirait d'une compagnie à responsabilité limitée et destinée à être désignée comme telle, le mot *limitée* figurera le dernier dans la dénomination de ladite compagnie.

Art. 6. Aucune compagnie ne sera enregistrée sous la même dénomination qu'une compagnie déjà existante ou sous un nom dont la ressemblance pourrait induire en erreur. Lorsque, par inadvertance ou autrement, une compagnie aura été enregistrée sous un pareil nom, elle pourra, avec l'assentiment de l'enregistreur, changer de dénomination ; ce changement opéré, la nouvelle dénomination sera inscrite au registre à la place de l'ancienne ; il ne s'ensuivra, du reste, aucune atteinte aux droits ou aux obligations de la compagnie, aucune cause de nullité pour les poursuites légales intentées ou à intenter par ou contre la compagnie; les mêmes poursuites pourront être continuées ou commencées contre la compagnie, tant sous son nouveau nom que sous l'ancien.

Art. 7. Le contrat d'association sera conforme à un modèle donné ou du moins s'en rapprochera le plus possible. Quand il aura été enregistré, il obligera la compagnie et les actionnaires au même degré que si chaque actionnaire l'avait signé de son nom et y avait apposé son sceau ou avait accompli toute autre formalité analogue, et que si le contrat contenait, de sa part et de celle de ses héritiers et représentants, l'engagement de se conformer à ses dispositions en vertu des prescriptions du présent acte.

Art. 8. Tout signataire du contrat d'association prendra au moins une action de la compagnie. Le nombre des actions prises par chacun sera noté en regard de son nom dans ledit contrat, et, après l'incorporation de la compagnie, chaque souscripteur sera inscrit sur le registre des actionnaires dont il sera parlé ci-après, en qualité d'actionnaire pour le nombre d'actions qu'il aura prises.

Art. 9. Peuvent être ajoutés au contrat d'association ou y annexés ou mis derrière, des articles ou statuts additionnels signés par les souscripteurs et contenant des règles pour la compagnie ; mais, s'ils ne contiennent pas de règles semblables ou si les règles dont il s'agit ne modifient pas les règles générales prescrites par les sociétés, lesdites règles générales seront, autant que l'application en sera possible, réputées celles de la compagnie, et elles l'obligeront, elle et ses actionnaires, comme si elles avaient été formulées dans les articles ou statuts additionnels enregistrés

Art. 10. Les articles ou statuts additionnels devront être rédigés suivant un modèle donné, ou du moins s'en rapprocher le plus possible. Ces statuts auront, après l'enregistrement, la même force obligatoire pour la compagnie que si chaque actionnaire les avait signés et y avait apposé son sceau ou s'il avait accompli toute autre formalité analogue, et que si ces statuts contenaient, de la part de l'actionnaire, de celle de ses héritiers et représentants, l'engagement de se conformer à leurs dispositions en vertu du présent acte.

Art. 11. Le contrat d'association et les statuts additionnels seront séparément revêtus des mêmes timbres que s'ils étaient des actes authentiques. Quiconque aura signé un exemplaire imprimé du contrat ou des statuts sera réputé avoir signé l'original. Lorsque celui-ci aura été timbré, les exemplaires imprimés n'auront pas besoin de l'être. Toute signature donnée au contrat ou aux statuts sera attestée au moins par un témoin. L'attestation d'un seul témoin sera considérée comme suffisante en *Ecosse*, comme en *Angleterre* et en *Irlande*.

Art. 12. Le contrat d'association et les statuts additionnels seront remis à l'enregistreur des compagnies par actions, qui les gardera et les enregistrera. Il sera payé audit enregistreur divers droits à énoncer dans un tableau spécial, ou d'autres petits droits que fixera l'administration, quand elle le jugera à propos. Le montant en sera versé au Trésor public, et mis au compte du Royaume-Uni de la Grande-Bretagne et d'Irlande.

Art. 13. Lorsque le contrat d'association, accompagné ou non de statuts additionnels, aura été enregistré, l'enregistreur certifiera par écrit que la compagnie est incorporée, et, dans le cas où il s'agit d'une compagnie à responsabilité limitée, que la responsabilité de la compagnie est limitée. Les signataires du contrat avec les autres personnes qui, à une époque où à une autre, deviendront actionnaires de la compagnie, formeront dès lors une corporation sous le nom déterminé par le contrat, existant à perpétuité, ayant un sceau commun, autorisée à posséder des terres dont les actionnaires seront pécuniairement responsables dans la mesure indiquée ci-après.

Le certificat d'incorporation délivré par l'enregistreur fera foi de l'accomplissement de toutes les prescriptions du présent acte relatives à l'enregistrement. La date de ce certificat sera celle de la constitution de la compagnie.

Art. 14. Les directeurs de la compagnie qui annonceraient et payeraient effectivement un dividende, sachant que la compagnie est insolvable, ou payeraient un dividende qui, à leur connaissance, la rendrait insolvable, seraient solidairement responsables de toutes les dettes que la compagnie aurait contractées et qu'elle contracterait ensuite pendant la durée de leur gestion. Toutefois, leur responsabilité ne dépassera pas le montant dudit dividende, et ceux des directeurs qui auraient été absents au moment de l'annonce ou du payement des dividendes, ou qui s'y seraient opposés en exprimant leur opposition par écrit au bureau du secrétaire de la compagnie, seraient affranchis de ladite responsabilité.

Art. 15. Aussitôt qu'un certificat d'incorporation aura été délivré par l'enregistreur des compagnies par actions, la compagnie pourra émettre des certificats d'actions destinés aux signataires du contrat d'association et à toutes autres personnes auxquelles des actions pourront être accordées dans le nombre et pour le montant fixé par le contrat, et non en nombre ni pour un montant supérieur. Les actions ainsi émises constitueront une propriété personnelle et ne participeront en rien de la nature d'une propriété réelle. Chaque action portera son numéro distinct.

REGISTRE DES ACTIONNAIRES.

Art. 16. Toute compagnie enregistrée en vertu du présent acte, désignée dorénavant dans ledit acte par ce mot : *la compagnie*, devra faire inscrire, dans un ou plusieurs registres, le tableau des actionnaires contenant les énonciations ci-après :

1° Les noms, les adresses, et, s'il y a lieu, les professions des actionnaires de la compagnie, et les actions que possède chacun d'eux avec indication de leur numéro;

2° Le montant versé sur chaque action;

3° La date à laquelle le nom d'un actionnaire a été inscrit au registre;

4° La date à laquelle un actionnaire a cessé d'être le propriétaire d'une action.

Art. 17. Une fois pour le moins chaque année, il sera dressé une liste de tous ceux qui, le quatorzième jour après l'assemblée générale ordinaire de la compagnie, ou, s'il y a plus d'une assemblée dans l'année, après la première de ces assemblées générales, posséderont des actions dans la compagnie. Cette liste indiquera les noms, adresses et professions de toutes les personnes inscrites, le nombre d'actions que possédera chacune d'elles, et sera suivie d'une note sommaire contenant les énonciations ci-après :

1° Le montant du capital nominal de la compagnie et le nombre des actions entre lesquelles ce capital est divisé;

2° Le nombre des actions prises depuis la fondation de la compagnie;

3° Le montant des appels de fonds sur chaque action;

4° Le montant des fonds reçus par suite de ces appels;

5° Le montant des fonds à recevoir;

6° Le montant des actions périmées.

Lesdites listes et notes seront insérées dans une partie séparée du registre et seront conformes à un modèle donné, ou s'en rapprocheront le plus possible. Elles seront achevées dans les sept jours après le quatorzième jour dont il a été question ci-dessus, et une copie revêtue du sceau de la compagnie en sera immédiatement adressée à l'enregistreur; toute personne pourra en prendre connaissance et copie en se conformant aux règles, expliquées plus bas, auxquelles est soumise la faculté de prendre connaissance et copie des pièces gardées par l'enregistreur.

Art. 18. Une compagnie enregistrée en vertu du présent

acte qui négligerait de tenir un registre des actionnaires ou d'envoyer une copie de la liste et de la note précitées à l'enregistreur, conformément aux prescriptions ci-dessus, sera passible d'une amende de 5 livres sterling au maximum pour chaque jour de retard.

Art. 19. Aucune mention de fidéicommis explicite ou implicite ne sera inscrite au registre ni admise par la compagnie; ceux-là seuls qui ont pris une action dans la compagnie enregistrée en vertu du présent acte et dont le nom est inscrit au registre des actionnaires, et nulle autre personne, si ce n'est un signataire du contrat d'association quant aux actions par lui souscrites, ne sera réputé actionnaire pour ce qui concerne l'objet du présent acte.

Art. 20. Le transfert d'une action de la compagnie sera rédigé d'après un modèle donné ou dans une forme analogue, et sera signé à la fois par celui qui l'opère et par celui au profit duquel il se fait. Le premier sera réputé propriétaire de l'action jusqu'à ce que le nom du second ait été inscrit au registre spécial.

Art. 21. Un certificat timbré du sceau de la compagnie, et spécifiant les actions possédées par un actionnaire, constituera une première preuve (*prima facie*) du titre de l'actionnaire aux actions y spécifiées.

Art. 22. Le montant, non versé en temps utile, d'un appel fait sur une action, sera considéré comme une dette du propriétaire de l'action envers la compagnie.

Art. 23. Le registre des actionnaires commençant avec la constitution de la compagnie sera tenu au siége officiel de la compagnie dont il sera parlé ci-après. Ce registre, excepté lorsqu'il sera clos comme il sera dit plus bas, devra dans les heures de bureau, sous les restrictions raisonnables que prescrira la compagnie en assemblée générale, sans pouvoir néanmoins limiter les heures d'inspection à moins de deux par jour, rester ouvert pour les actionnaires gratuitement, pour toutes autres personnes au prix de 1 schelling, ou pour telle autre rétribution moindre que la compagnie fixera. Tout actionnaire ou toute autre personne pourra exiger une copie du registre ou d'une de ses parties en payant 6 deniers chaque cent mots copiés. Dans le cas où l'inspection de la copie serait refusée, la compagnie sera passible, pour chaque refus, d'une amende de 2 livres sterling au maximum, plus d'une autre amende n'excédant pas non plus 2 livres pour chaque jour où ce refus serait continué.

Art. 24. La compagnie pourra, après l'insertion d'un avis dans un journal répandu dans le district où est situé le siége officiel, clore le registre des actionnaires pendant un intervalle ou des intervalles qui n'excéderont pas, en tout, vingt et un jours dans l'année, et le temps durant lequel ces livres seront clos ne comptera pas pour l'enregistrement d'un transfert.

Art. 25. Lorsque, sans cause suffisante, le nom d'une personne aura été inscrit ou omis au registre des actionnaires d'une compagnie, cette personne ou un actionnaire quelconque de la compagnie pourra, s'il s'agit d'une compagnie enregistrée en Angleterre ou en Irlande, par une requête à une des cours supérieures de justice ou d'équité, et s'il s'agit d'une compagnie enregistrée en Ecosse, par une pétition sommaire à la cour de session, demander un ordre de rectification dudit registre La cour pourra, ou repousser cette demande avec ou sans frais à la charge du pétitionnaire, ou, si elle en a reconnu la justice, ordonner la rectification du registre et faire payer par la compagnie tous les frais de la requête ou pétition, avec tous dommages-intérêts pour la partie lésée. La compagnie qui négligerait ou tarderait, sans motifs, d'enregistrer un transfert d'actions, sera responsable du dommage encouru envers la personne lésée par ce fait.

Art. 26. Le registre des actionnaires fera foi pour tous les détails dont le présent acte ordonne ou autorise l'insertion dans ledit registre.

Art. 27. Des exemplaires du contrat d'association et des statuts additionnels devront être adressés à chaque actionnaire, sur sa demande, contre le payement d'un schelling ou de telle somme moindre que fixera la compagnie pour chaque exemplaire.

DEUXIÈME PARTIE.

DIRECTION ET ADMINISTRATION DES COMPAGNIES.

DISPOSITIONS GÉNÉRALES.

Art. 28. La compagnie devra avoir un office déclaré ou siége officiel auquel seront adressés toutes les communications et tous les avis. Une compagnie enregistrée en vertu du présent acte, qui opérerait sans avoir un tel office, sera passible d'une amende de 5 livres sterling au plus, pour chaque jour où elle aura ainsi opéré.

Art. 29. Le domicile de cet office et tout changement à cet égard devront être notifiés à l'enregistreur des compagnies par actions et seront par lui constatés. Tant que cette notification n'aura pas eu lieu, la compagnie ne sera pas réputée avoir rempli les dispositions du présent acte relatives à l'obligation d'avoir un office enregistré.

Art. 30. Toute compagnie à responsabilité limitée, enregistrée en vertu du présent acte, fera peindre ou afficher sa dénomination à l'extérieur de l'office ou local où est le siége de ses affaires dans un endroit apparent, en lettres faciles à lire. Ladite dénomination sera gravée distinctement sur son cachet, et écrite en caractères lisibles dans tous ses avis, annonces et autres publications officielles, sur tous billets à ordre, obligations, endossements, bons à payer et ordres pour argent et pour marchandises à signer par elle ou à son profit, ainsi que sur toutes ses factures et sur ses reçus et lettres de crédit.

Art. 31. Une compagnie à responsabilité limitée, enregistrée en vertu du présent acte, qui ne ferait pas peindre ou afficher sa dénomination comme il est dit ci-dessus, sera passible d'une amende de 5 livres sterling ou plus pour cette négligence, et de même pour chaque jour de retard. Si un employé de la compagnie, ou une personne quelconque agissant en son nom, emploie, comme étant le cachet de la compagnie, un cachet où son nom ne serait pas gravé, ou s'il paraît, par son fait ou avec son autorisation, un avis, une annonce ou toute autre publication de la compagnie, ou s'il signe au nom de la compagnie un billet à ordre, une obligation, un endossement, un bon à payer, un ordre pour argent ou pour marchandises, ou s'il en autorise la signature ; si enfin, par ses soins, ou avec son autorisation, il circule une facture, un reçu, ou une lettre de crédit de la compagnie, sans que la dénomination de celle-ci soit mentionnée comme il a été dit ci-dessus, il sera passible d'une amende de 50 livres sterling , et sera, en outre, personnellement responsable, envers le détenteur, du montant desdits billets à ordre, obligations, bons à payer, ordres pour argent ou pour marchandises, à moins que le payement n'en soit fait régulièrement par la compagnie.

Art. 32. Une assemblée générale de la compagnie doit se tenir une fois au moins dans l'année.

Art. 33. Toute compagnie enregistrée en vertu du présent acte pourra, en assemblée générale, prendre, s'il y a lieu, des résolutions spéciales dans la forme indiquée ci-après, afin de substituer ou d'ajouter de nouvelles dispositions aux règlements de la compagnie.

Art. 34. Toute résolution de la compagnie doit, pour être valable, être adoptée par les trois quarts en nombre et en propriété des actionnaires ayant droit de voter en personne ou par procuration, si les règlements de la compagnie admettent des fondés de pouvoirs, dans une réunion dont avis aura été donné en bonne forme avec indication expresse de son objet ; elle devra, de plus, avoir été approuvée par la majorité des actionnaires ayant droit de voter personnellement ou par procuration, réunis dans une assemblée postérieure, dont avis aura été donné en bonne forme, et qui aura eu lieu à un mois au moins et à trois mois au plus du jour de la réunion où ladite résolution aura été prise pour la première fois. A moins que le recensement des votes ne soit demandé par cinq actionnaires au moins, la déclaration du président de la réunion qu'une résolution a été prise fera foi à cet effet, sans qu'il soit nécessaire de justifier du nombre des votes pour ou contre.

L'avis de convocation sera, pour l'objet du présent article, réputé en bonne forme et la réunion régulière, lorsque cet avis aura été donné et la réunion tenue conformément aux règlements de la compagnie.

Art. 35. Copie de toute résolution spéciale prise par une compagnie enregistrée en vertu du présent acte, devra être transmise à l'enregistreur des compagnies par actions, qui en prendra note. Lorsque ladite copie n'aura pas été envoyée dans le délai de quinze jours après le vote, la compagnie sera passible d'une amende de 2 livres sterling au plus par jour de retard après l'expiration dudit délai.

Art. 36. Copie de la résolution spéciale sera délivrée à chaque actionnaire, moyennant un schelling, ou telle autre rétribution plus faible que pourra fixer la compagnie.

Art. 37. La compagnie, si elle y est autorisée par ses règlements, peut augmenter son capital nominal de la manière prescrite par lesdits règlements. Avis de cette augmentation sera donné à l'enregistreur des compagnies par actions, dans le délai de quinze jours, après le vote de la résolution qui l'aura autorisée, et l'enregistreur en prendra note immédiatement. Si cet avis n'est pas donné dans le délai indiqué, la compagnie sera passible d'une amende de 5 livres sterling au plus, par jour de retard.

Art. 38. Une compagnie qui ne fait aucune affaire ayant le gain pour but ne pourra, sans l'autorisation de l'administration du commerce, posséder plus de deux acres de terre. Mais ladite administration pourra autoriser une telle compagnie à posséder des terres dans la quantité et sous les conditions qu'elle jugera convenables, et elle délivrera une licence à cet effet.

Art. 39. Si une compagnie, enregistrée en vertu du présent acte, fait des affaires, lorsque le nombre de ses actionnaires est de moins de sept, et cela durant six mois depuis que ce nombre a été ainsi réduit, tout actionnaire de la compagnie, après l'expiration de cette période, sera personnellement responsable de toutes les dettes qui auront été alors contractées par la compagnie et pourra être poursuivi en conséquence, sans qu'il y ait lieu de mettre en cause aucun des autres actionnaires.

Art. 40. La compagnie devra veiller à ce que les procès verbaux des résolutions et des actes des assemblées générales soient régulièrement transcrits dans les livres destinés à cet usage. Ces procès-verbaux signés par le président de l'assemblée feront foi en justice jusqu'à preuve contraire. L'assemblée générale dont les procès-verbaux auront été ainsi transcrits sera valable.

CONTRATS DE LA COMPAGNIE.

Art. 41. Les conventions faites au nom d'une compagnie enregistrée en vertu du présent acte, peuvent être constatées ainsi qu'il suit :

1° Toute convention qui, passée entre particuliers, devrait, aux termes de la loi, être rédigée par écrit, et qui, conformément à la loi anglaise, devrait être revêtue du sceau, pourra être, pour la compagnie, rédigée par écrit et revêtue de son cachet, et cette convention pourra être modifiée et résiliée de la même manière.

2° Toute convention qui, passée entre particuliers, devrait, d'après la loi, être rédigée par écrit et signée par les parties contractantes, pourra être, pour la compagnie, rédigée par écrit et signée par toute personne agissant avec son autorisation expresse ou implicite, et cette convention pourra être modifiée ou résiliée de la même manière.

3° Toute convention qui, passée entre particuliers, serait valable sans être rédigée par écrit, pourra être conclue verbalement au nom de la compagnie par toute personne agissant avec son autorisation expresse ou implicite, et cette convention pourra être modifiée ou résiliée de la même manière.

Toutes les conventions faites conformément aux dispositions ci-dessus sortiront leurs effets légaux et seront obligatoires pour la compagnie et ses successeurs, ainsi que pour toutes les autres parties intéressées, leurs héritiers, administrateurs, etc., selon les cas.

ACTES DIVERS.

Art. 42. Toute compagnie enregistrée en vertu du présent acte peut, par un contrat ou par un écrit revêtu de son sceau, autoriser, soit d'une manière générale, soit pour un objet spécial, un fondé de pouvoirs chargé de passer des actes en son nom dans un lieu situé hors du Royaume-Uni, et tout acte que ledit fondé de pouvoirs aura signé et revêtu de son sceau particulier sera obligatoire pour la compagnie au même degré que s'il eût été revêtu du sceau de cette dernière.

Art. 43. Un billet à ordre ou lettre de change fait, accepté ou endossé au nom d'une compagnie enregistrée en vertu du présent acte, par une personne agissant avec son autorisation expresse ou implicite, sera réputé fait, accepté ou endossé pour ladite compagnie.

Art. 44. Tout emprunt hypothécaire fait d'après la loi anglaise, par une compagnie enregistrée en vertu du présent acte, impliquera les engagements ci-après, à moins que les termes du contrat ne les excluent expressément : l'engagement de la part de la compagnie de rembourser la somme ainsi garantie avec les intérêts à l'époque et au taux stipulé; l'obligation de prouver qu'elle a le droit de livrer ou de garantir la propriété qu'elle déclare livrer ou garantir au prêteur libre de toute charge.

L'engagement de garantir ultérieurement, à ses frais, ladite propriété au prêteur ou à son ayant cause. Si le contrat conférait le pouvoir de vendre, ce pouvoir comprendra l'autorisation de vendre aux enchères publiques ou à l'amiable, en bloc ou par lots, celle de passer, de résilier ou de modifier les contrats de vente sans encourir la responsabilité des pertes ; enfin celle de donner des quittances valables pour le montant des ventes. Ce contrat hypothécaire pourra être fait d'après un modèle officiel ou s'en rapprochera autant que possible.

Art. 45. Tout contrat de garantie fait d'après la loi écossaise, par une compagnie enregistrée en vertu du présent acte, impliquera les engagements ci-après, à moins que les termes du contrat ne les excluent expressément : l'engagement, de la part de la compagnie, de rembourser la somme ainsi garantie avec les intérêts à l'époque et au taux convenus ; de prouver qu'elle a le droit de transmettre la propriété engagée au créancier ou à ses ayants cause libre de toute charge ; l'engagement de faire, aux frais de la compagnie, en faveur du créancier ou de ses ayants cause, tout ce qui serait ultérieurement nécessaire pour donner effet et validité à la garantie. Si le contrat conférait le pouvoir de vendre, ce pouvoir comprendra l'autorisation de vendre aux enchères ou à l'amiable, en bloc ou par lots ; celle de passer, de résilier ou de modifier les contrats de vente et revente sans encourir la responsabilité des pertes ; enfin, celle de donner des quittances valables pour le montant du prix de vente. Ledit contrat pourra être fait d'après un modèle donné ou s'en rapprochera autant que possible ; il sera enregistré dans le registre général ou particulier, ou dans le registre communal des saisines (*sasines*), selon les cas.

Art. 46. Tout contrat de transmission fait d'après la loi anglaise, par une compagnie enregistrée en vertu du présent acte, impliquera de la part de celle-ci les engagements ci-après, à moins que les termes du contrat ne les excluent expressément : l'engagement que, nonobstant tout fait ou toute omission de la compagnie, elle était, au moment de l'exécution du contrat, en possession des terres ou bâtiments, à titre de propriété irrévocable, et libre de toutes charges ; la garantie que la personne à qui les terres ou bâtiments ont été transmis, ainsi que ses héritiers et ayants cause ou concessionnaires, en jouira paisiblement vis-à-vis de la compagnie, de ses successeurs ou ayants cause, et qu'elle sera indemnisée par ladite compagnie et par ses successeurs de toute charge provenant du fait de la compagnie.

Art. 47. Toute cession d'une propriété transmissible par héritage, faite d'après la loi écossaise par une compagnie enregistrée en vertu du présent acte, impliquera pour la compagnie, à moins que les termes du contrat ne l'excluent expressément, une obligation de garantie absolue et l'engagement de compléter son titre à ses frais, si cela est nécessaire pour assurer à la disposition un plein effet, et celui de faire à ses frais tous autres actes qui pourraient être nécessaires pour valider ladite cession.

CONTRÔLE DES AFFAIRES DE LA COMPAGNIE.

Art. 48. Sur la demande d'un cinquième en nombre et en propriété des actionnaires d'une compagnie enregistrée en vertu du présent acte, l'administration du commerce peut nommer un ou plusieurs inspecteurs compétents à l'effet d'examiner la situation de la compagnie et de rendre compte du résultat de ladite administration.

Art. 49. Tous les employés et agents de la compagnie devront soumettre au contrôle des inspecteurs tous les livres et documents qu'ils ont entre les mains. Un inspecteur pourra interroger sous serment lesdits employés et agents sur les affaires de la compagnie et pourra déférer la serment à cet égard. Tout employé ou agent qui refuse de produire un livre ou document, ou de répondre à une question relative aux affaires de la compagnie, sera passible d'une amende de 5 livres sterling, au plus, pour chaque contravention.

Art. 50. Après avoir terminé l'examen, les inspecteurs feront leur rapport à l'administration du commerce. Ce rapport sera écrit ou imprimé, suivant que ladite administration le décidera. Un exemplaire devra en être adressé par elle au siége officiel de la compagnie, et un autre sera remis, sur demande, à ceux des actionnaires qui auront provoqué l'inspection. Toutes les dépenses occasionnées par cet examen devront être défrayées par les actionnaires à la requête desquels les inspecteurs auront été nommés.

Art. 51. Toute compagnie enregistrée en vertu du présent acte peut, en assemblée générale, nommer des inspecteurs pour examiner l'état de ses affaires. Les inspecteurs ainsi désignés auront le même droit et rempliront les mêmes devoirs que ceux nommés par l'administration du commerce, sauf qu'au lieu de faire leur rapport à ladite administration, ils le feront aux personnes qu'aura désignées l'assemblée générale de la compagnie, et dans la forme qu'elle aura déterminée. Les employés et agents de la compagnie encourront, pour refus de produire les documents ou de répondre à des questions, les mêmes pénalités que si ces inspecteurs avaient été nommés par l'administration du commerce.

Art. 52. Une copie du rapport des inspecteurs nommés en vertu du présent acte, certifiée par le sceau de la compagnie dont ils auront examiné la situation, fera foi en justice.

CONVOCATIONS ET AVIS.

Art. 53. Toute convocation ou tout avis destiné à la compagnie pourra, à moins qu'un mode particulier ne soit requis, être laissé ou envoyé par la poste à l'adresse de ladite compagnie et à son siége officiel, ou être remis à son directeur, secrétaire ou autre employé principal.

Art. 54. Les avis par lettre devront être remis à la poste assez à temps pour que la lettre parvienne, par une distribution régulière, dans le délai prescrit, s'il y en a un. Pour justifier l'emploi de ces avis, il suffira de prouver qu'ils ont été convenablement adressés et mis à la poste en temps utile.

Art. 55. Toute convocation, toute assignation ou autre pièce ayant besoin d'être certifiée par la compagnie, pourront être signées par un directeur, secrétaire ou autre employé autorisé par la compagnie, et n'auront pas besoin d'être revêtues de son sceau ; elles pourront être manuscrites ou imprimées, ou en partie manuscrites et en partie imprimées.

POURSUITES JUDICIAIRES.

Art. 56. Toutes les contraventions passibles d'une peine, en vertu du présent acte, pourront, en Angleterre, être poursuivies sommairement devant deux juges ou plus, d'après le mode prescrit par l'acte 11 et 12 Victoria, chapitre XLIII, intitulé : *Acte pour faciliter l'accomplissement des fonctions des juges de paix hors des sessions en Angleterre et dans le pays de Galles dans les causes sommaires ;* en Ecosse, devant deux juges au plus ou devant le shériff du comté, d'après le mode prescrit par l'acte 17 et 18 Victoria, chapitre CIV, intitulé : *Acte pour modifier et refondre les actes relatifs à la marine marchande,* en tant qu'il s'agit de contraventions audit acte autres que celles qui y sont qualifiées de crimes ou de délits ; en Irlande, d'après le mode prescrit par l'acte 14 et 15 Victoria, chapitre XCIII, intitulé : *Acte pour refondre et modifier les actes réglant la procédure des petites sessions et les fonctions des juges de paix hors des sessions trimestrielles en Irlande.* Sera également applicable tout autre acte qui modifiera les actes ci-dessus.

Art. 57. Les juges ou le shériff, prononçant une amende en vertu du présent acte, pourront ordonner que la totalité ou partie en soit appliquée au payement des frais du procès, à la rémunération de la personne sur l'information ou à la requête de laquelle l'amende a été recouvrée; sous cette réserve, toutes les amendes seront versées à l'Echiquier d'après les instructions de la Trésorerie et feront partie des recettes du Royaume-Uni.

MODIFICATIONS DES FORMULES.

Art. 58. L'administration du commerce pourra opérer les changements qu'elle jugera nécessaires dans les formules et modèles officiels. Les formules et modèles ainsi modifiés devront être publiés dans la *Gazette de Londres*, et, après cette publication, ils auront la même force obligatoire que s'ils étaient annexés au présent acte.

TROISIÈME PARTIE.

LIQUIDATION.

PRÉLIMINAIRES.

Art. 59. Les dispositions du présent acte concernant la liquidation des compagnies seront applicables à toutes les compagnies enregistrées en vertu du présent acte et à toutes celles enregistrées en vertu de l'acte 7 et 8 Victoria, chapitre X, intitulé : *Acte concernant la constitution et le règlement des compagnies par actions*, mais non à d'autres compagnies.

Art. 60. Le terme *la cour*, employé dans la troisième partie du présent acte, désignera les autorités suivantes :

Lorsqu'il s'agit d'une compagnie exploitant une mine comprise dans le ressort spécial pour les mines d'étain : la cour du vice-président des mines d'étain ;

Lorsqu'il s'agit d'une compagnie à responsabilité limitée, enregistrée en Angleterre, étrangère à une pareille exploitation : la cour des faillites de l'arrondissement dans lequel est situé le siége officiel de la compagnie ;

Lorsqu'il s'agit d'une compagnie à responsabilité limitée, enregistrée en Irlande, et dont le capital nominal enregistré ne dépasse pas 5,000 livres sterling : les commissaires des faillites en Irlande.

Dans tous les cas, *la cour* signifiera, pour les compagnies enregistrées en Angleterre, la haute cour de la chancellerie d'Angleterre ; pour les compagnies enregistrées en Ecosse, la cour de session ; et pour les compagnies enregistrées en Irlande, la cour de chancellerie d'Irlande.

Toute cour, autre que la cour de chancellerie ou de session, à laquelle la troisième partie du présent acte donne juridiction, aura, indépendamment de ses attributions ordinaires, le même pouvoir de faire exécuter ses décisions, prises en application du présent acte, que les cours précitées en Angleterre ou en Irlande.

Art. 61. Soit qu'une compagnie se liquide par ordre de la cour ou volontairement, les actionnaires existants seront tenus de contribuer jusqu'à concurrence de la somme nécessaire pour acquitter ses dettes et faire face aux frais de sa liquidation; toutefois, si la compagnie est à responsabilité limitée, il ne sera exigé d'aucun actionnaire rien de plus que la part non versée du montant des actions dont il est propriétaire.

Art. 62. Dans le cas de liquidation judiciaire ou volontaire d'une compagnie autre qu'à responsabilité limitée, quiconque aura cessé d'être actionnaire dans la période de trois années qui aura précédé le commencement de la liquidation, sera réputé, quant à la contribution aux dettes et aux frais de liquidation, actionnaire actuel ; il aura, sous tous les rapports, les mêmes droits et sera soumis aux mêmes obligations envers les créanciers que s'il n'avait pas cessé d'être actionnaire, sauf qu'il ne sera responsable d'aucune des dettes de la compagnie contractées après l'époque où il aura cessé d'être actionnaire.

Art. 63. Dans le cas de liquidation judiciaire ou volontaire d'une compagnie à responsabilité limitée, quiconque aura cessé de posséder une ou plusieurs actions dans la période d'une année précédant le commencement de la liquidation sera réputé, quant à la contribution aux dettes et aux frais de liquidation, propriétaire desdites actions ; il aura, à tous égards, les mêmes droits et sera soumis aux mêmes obligations envers les créanciers que s'il n'avait pas cessé d'être actionnaire.

Art. 64. La liquidation prononcée par la cour sera censée commencer à partir de la présentation de la requête qui doit être, ainsi qu'il est dit ci-après, présentée à la cour ; et la liquidation volontaire, à partir de la résolution qui l'aura autorisée.

Art. 65. Tout actionnaire actuel ou ancien soumis aux appels de fonds, en vertu de la troisième partie du présent acte, sera qualifié de *contribuable*, et les représentants d'un contribuable décédé seront responsables dans la même mesure que l'eût été le contribuable lui-même.

Art. 66. La responsabilité des actionnaires actuels et des anciens actionnaires entre eux sera déterminée d'après la règle suivante :

Dans une compagnie autre qu'à responsabilité limitée, le cessionnaire des actions devra, jusqu'à concurrence des actions cédées, tenir le cédant indemne des dettes actuelles et futures de la compagnie.

Dans une compagnie à responsabilité limitée, le cessionnaire sera indemne de tout appel de fonds sur actions cédées postérieur au transport.

LIQUIDATION PAR ORDRE DE LA COUR.

Art. 67. Une compagnie peut être liquidée par ordre de la cour dans les circonstances ci-après :

1° Lorsque la compagnie aura voté, en assemblée générale, une résolution spéciale à cet effet ;

2° Lorsque la compagnie n'aura pas commencé ses opérations dans le délai d'un an à partir de sa constitution, ou qu'elle les aura suspendues pendant une année entière ;

3° Lorsque le nombre des actionnaires sera réduit à moins de sept ;

4° Lorsque la compagnie sera hors d'état de payer ses dettes ;

5° Lorsque les trois quarts du capital de la compagnie auront été perdus ou ne pourront plus être employés.

Art. 68. Une compagnie est réputée incapable de payer ses dettes :

1° Lorsqu'un créancier auquel la compagnie doit une somme exigible excédant 50 livres sterling lui aura adressé, en la laissant à son siége officiel, une demande signée en payement de ladite somme, et que la compagnie aura négligé de payer la somme dans le délai de trois semaines à partir de la présentation de la demande, ou de donner des garanties à la satisfaction du créancier ;

2° Lorsqu'en Angleterre et en Irlande, le jugement ou décision rendu par une cour en faveur d'un créancier, par suite d'une action intentée par ce dernier contre la compagnie, n'a pu être exécuté en tout ou en partie par le shériff du comté dans lequel est situé le siége officiel de la compagnie ;

3° Lorsqu'en Écosse les délais légaux de payement auront expiré sans que le payement ait été effectué.

Art. 69. La demande de liquidation d'une compagnie doit être faite par la voie de requête. Cette requête doit, dans le cas d'insolvabilité de la compagnie, être présentée par un créancier ou un contribuable ; mais si un autre motif de liquidation est allégué, le contribuable seul aura qualité à cet égard.

Art. 70. Après avoir pris connaissance de la requête présentée par un créancier, la cour pourra la rejeter avec ou sans frais à payer par le requérant, et rendre soit une décision, soit un interlocutoire, enjoignant à la compagnie de payer audit actionnaire, au jour désigné, la somme qu'elle lui doit, avec les frais que la cour réglera, ou de lui en garantir le payement ; ou enfin, si elle le juge convenable, ordonner la liquidation de la compagnie ou rendre tout autre arrêt qu'elle croira juste.

Art. 71. Si, à l'expiration du délai fixé dans la décision ou dans l'interlocutoire, le payement n'est pas effectué ni la garantie donnée, la cour pourra ordonner la liquidation de la compagnie.

Art. 72. Après avoir entendu une requête présentée par un contribuable, la cour pourra la rejeter, avec ou sans frais à payer par le requérant, ou ordonner la liquidation de la compagnie, ou enfin rendre toute autre décision qu'elle croira juste.

Art. 73. A partir de la décision qui prononcera la liquidation, toutes poursuites et actions contre la compagnie seront arrêtées, si la cour l'ordonne ainsi. Aucun directeur ou autre employé de la compagnie ne devra, sans approbation de la cour, disposer des propriétés et valeurs de la compagnie, aucun transfert d'actions ne sera valable sans la même approbation. Une copie de la décision sera immédiatement envoyée par la compagnie à l'enregistreur des compagnies par actions, qui la notera dans les livres concernant la compagnie.

Art. 74. Dans le cas où la cour de chancellerie, en Angleterre ou en Irlande, ordonnera la liquidation d'une compagnie, cette cour pourra, si elle le juge convenable, décider que partie ou totalité de la procédure ultérieure relative à la liquidation soit portée devant la cour des faillites ayant juridiction dans le lieu où est situé le siége officiel de la compagnie, ou si la compagnie a pour objet l'exploitation d'une mine relevant de la cour des mines d'étain, devant la cour du vice-président de la cour des mines d'étain. La cour désignée dans la décision aura la même compétence et exercera les mêmes pouvoirs, en ce qui concerne la dissolution de la compagnie, que si elle avait été désignée par le présent acte.

Art. 75. Après avoir ordonné la liquidation de la compagnie, la cour fera réaliser, dans le plus bref délai, l'actif de cette dernière, pour être appliqué à l'accomplissement de ses engagements régulièrement contractés.

Art. 76. Tout transfert de propriété, toute hypothèque, livraison de marchandises, tout payement ou tout autre acte relatif à la propriété, qui, de la part d'un commerçant, seraient, dans le cas de sa faillite, réputés faits indûment ou frauduleusement au profit d'un de ses créanciers, seront de la part d'une compagnie enregistrée en vertu du présent acte, et dont la liquidation aurait été ordonnée, réputés faits indûment ou frauduleusement au profit d'un créancier de ladite compagnie, et par suite déclarés nuls. Pour l'application du présent article, la présentation d'une requête ayant pour objet la liquidation d'une compagnie sera assimilée à celle d'une requête pour la liquidation de faillite d'un commerçant. Toute transmission ou remise faite, par une compagnie enregistrée en vertu du présent acte, de tous ses biens et de toutes ses valeurs au profit de tous ses créanciers, sera nulle et non avenue.

Art. 77. La cour, après avoir ordonné la liquidation d'une compagnie, peut citer à comparaître devant elle toute personne connue ou soupçonnée comme détenant quelque bien ou valeur de la compagnie ou supposée sa débitrice, et toute personne que la cour croira être à même de fournir des renseignements sur son commerce, ses opérations et son avoir. La cour pourra exiger desdites personnes la production des livres, papiers, actes écrits et autres documents se trouvant entre ses mains, qui lui paraîtraient de nature à éclairer pleinement les affaires qu'elle juge nécessaire d'examiner à l'occasion de la liquidation de la compagnie. Si quelqu'un ainsi assigné refuse de comparaître au temps fixé, sans empêchement légal notifié à la cour en séance et agréé par elle, la cour pourra lancer contre lui un mandat d'amener.

Art. 78. La cour pourra faire subir un interrogatoire verbal ou écrit aux personnes comparaissant ou amenées devant elle, comme il a été dit ci-dessus, sur ce qui concerne le commerce, les opérations et l'avoir de la compagnie, consigner par écrit leurs réponses et requérir leur signature.

Art. 79. Si un directeur, employé ou contribuable d'une compagnie dont la liquidation a été ordonnée en vertu du présent acte, détruisait, mutilait, altérait ou falsifiait des livres, papiers, écrits ou valeurs, ou faisait ou laissait faire de fausses énonciations dans un registre, livre de compte ou autre document appartenant à la compagnie avec l'intention de frauder les créanciers ou les contribuables, il sera réputé coupable de délit et passible d'un emprisonnement de deux ans avec ou sans travail forcé.

Art. 80. Si les propriétés et les valeurs d'une compagnie ont été l'objet d'une saisie ou d'un séquestre dans les trois mois qui ont précédé la présentation de la requête concernant sa liquidation, ladite saisie et ledit séquestre seront de nul effet, tant à l'égard des liquidateurs de la compagnie que par rapport aux créanciers qui auront opéré la saisie ou le séquestre, soit que ces mesures aient été complétement exécutées ou non. Toutefois, dans le cas où la saisie ou le séquestre eût été valable sans la présente disposition, le créancier aura le droit de retenir, sur le montant de la somme déjà réalisée, ses frais de poursuite, ainsi que de saisie ou de séquestre, ou de donner suite à ladite saisie ou séquestre pour se rembourser de ses frais. Mais si ces frais ont été remboursés ou si les liquidateurs lui en ont offert le montant, lesdits liquidateurs auront le droit de reprendre des mains du créancier la propriété ainsi saisie ou séquestrée et les produits de la vente de cette propriété ou ce qui en reste, selon les cas.

Art. 81. Tous les livres, comptes et documents de la compagnie, ainsi que des liquidateurs dont il sera question plus tard, feront foi en justice, *prima facie*, comme entre les contribuables de la compagnie, de la vérité de leur contenu.

Art. 82. La cour pourra, à quelque époque que ce soit, après avoir ordonné la liquidation de la compagnie, et avant d'avoir constaté son actif ou les dettes dont répondent les diverses classes des contribuables, réclamer de tous les contribuables ou de quelques-uns, jusqu'à concurrence des sommes dont ils répondent, les fonds nécessaires pour couvrir les dettes de la compagnie et les frais de sa liquidation. En faisant ces appels de fonds, la cour pourra prendre en considération la probabilité que quelques-uns des contribuables auxquels ils sont adressés, seront dans l'impossibilité de verser leur quote-part.

Art. 83. Tout l'argent reçu par les ordres de la cour et provenant, soit de la vente ou de la réalisation d'une partie de l'actif de la compagnie, soit des appels de fonds faits aux contribuables ou de toute autre source, devra, sous réserve d'une somme que les liquidateurs officiels pourront garder entre leurs mains, avec autorisation de la cour, pour faire face aux dépenses courantes, être versé, en Angleterre, à la banque ou à l'une de ses succursales, et en Ecosse, à l'une des banques autorisées ou privilégiées, au crédit d'un compte dressé d'après les instructions de la cour, et aucune des sommes portées sur ce compte ne sera payée par la banque, si ce n'est sur mandats signés comme la cour l'aura ordonné.

Art. 84. La cour pourra, à quelque époque que ce soit, après la présentation de la requête pour la liquidation de la compagnie, et soit avant, soit après l'ordre, à cet effet, sur la demande d'un créancier ou d'un contribuable de la compagnie, arrêter des poursuites légales contre la compagnie ou nommer un dépositaire des propriétés et des valeurs de la compagnie; elle pourra aussi, par avis ou notification, requérir tous les créanciers de produire leurs réclamations et d'en justifier dans un certain délai, sous peine de se voir exclus de toute distribution qui serait faite avant que leur réclamation ne soit justifiée.

Art. 85. La cour pourra, à quelque époque que ce soit, après avoir prononcé la liquidation sur la demande d'un créancier ou d'un contribuable de la compagnie, et si elle acquiert la preuve que les poursuites relatives à la liquidation devraient être arrêtées, arrêter ces poursuites, soit entièrement, soit pour un temps limité et aux conditions qu'elle jugera convenables.

Art. 86. Aussitôt que les créanciers auront été satisfaits, la cour procédera au règlement des droits des contribuables entre eux ; elle distribuera les excédants, s'il y en a, entre les ayants droit, et afin d'opérer le règlement dont il s'agit, elle pourra réclamer des contribuables, jusqu'à concurrence des sommes dont ils répondent, les versements qu'elle jugerait nécessaires. En faisant ces appels de fonds, elle pourra prendre en considération la probabilité que quelques-uns des contribuables auxquels ils sont adressés seront hors d'état, en tout ou en partie, de verser leur quote-part.

Art. 87. La compagnie pourra régler comme elle le jugera convenable le payement, sur les fonds de la compagnie, des frais auxquels aura donné lieu la liquidation.

LIQUIDATEURS OFFICIELS.

Art. 88. Pour conduire les opérations relatives à la liquidation et venir en aide à la cour, il sera nommé une ou plusieurs personnes appelées *liquidateurs officiels*. Cette nomination sera faite comme suit :

Dans les cas qui relèvent de la juridiction de la cour de la chancellerie en Angleterre ou en Irlande, ou de la cour de session en Ecosse, ou de la cour des mines d'étain, la cour compétente pourra, sur une garantie suffisante, nommer à titre provisoire ou autrement une ou plusieurs personnes comme liquidateurs officiels ; elle pourra, s'il y a lieu, les révoquer et remplir les vacances faites par cette révocation ou par suite de mort ou de démission. S'il n'a été nommé qu'un seul liquidateur, il exercera tous les pouvoirs confiés par la présente loi aux liquidateurs collectivement. S'il en est nommé plus d'un, la cour déclarera si les actes requis des liquidateurs officiels ou auxquels ils sont autorisés devront être faits par tous, ou par un seul, ou par quelques-uns.

Dans les cas qui relèvent d'une cour des faillites, l'agent officiel nommé par la cour sera le liquidateur officiel; mais lorsque la liquidation aura lieu sur les poursuites d'un créancier, la majorité en sommes des créanciers; et lorsque la liquidation aura lieu sur les poursuites d'un contribuable, la majorité en propriété des contribuables aura le droit, réunie en assemblée spéciale, de nommer un liquidateur officiel qui agira concurremment avec le liquidateur officiel nommé par la cour.

Art. 89. Les liquidateurs seront désignés sous le titre de liquidateurs officiels de la compagnie pour les affaires de laquelle ils auront été nommés, et non sous leurs noms particuliers. Ils se chargeront de toutes les propriétés, de toutes les valeurs de la compagnie, et rempliront toutes les obligations qui leur seront imposées par la cour concernant la liquidation.

Art. 90. Les liquidateurs officiels auront, sous réserve de l'approbation de la cour, les pouvoirs ci-après :

Intenter ou soutenir une action ou un procès au civil et au criminel au nom et dans l'intérêt de la compagnie ;

Continuer les affaires de la compagnie, s'il est nécessaire, de manière à rendre la liquidation avantageuse;

Vendre toute propriété immobilière ou mobilière et toutes valeurs de la compagnie, soit aux enchères publiques, soit à l'amiable, en bloc ou en détail ;

Signer, au nom et dans l'intérêt de la compagnie, tous les actes, reçus et autres pièces qu'ils croiront nécessaires, et se servir à cet effet, s'il y a lieu, du nom de la compagnie ;

Soumettre des contestations à des arbitres et passer des compromis au sujet de dettes et de réclamations ;

Réclamer et recevoir un dividende, dans le cas de faillite ou d'insolvabilité d'un contribuable ou de séquestre de ses biens ;

Tirer, accepter, souscrire ou endosser une lettre de change

ou un billet à ordre et, de plus, emprunter au besoin sur la garantie de l'avoir de la compagnie, les sommes qui sont nécessaires, toutes opérations qui engageront la compagnie au même degré que si elles avaient été faites par la compagnie elle-même en plein exercice;

Faire tous autres actes nécessaires pour la liquidation de la compagnie et pour la distribution de son actif.

Art. 91. Les liquidateurs officiels pourront, avec l'approbation de la cour, nommer un solliciteur ou agent légal, ainsi que les commis et employés nécessaires pour les aider dans l'exercice de leurs fonctions; l'agent légal, les commis et employés recevront une rémunération qui leur sera allouée par la cour.

Art. 92. Les liquidateurs officiels seront rémunérés par un tant pour cent ou d'une autre manière, selon que le décidera la cour.

Art. 93. Lorsque les affaires de la compagnie auront été complétement liquidées, la cour rendra un ordre ou arrêt déclarant la compagnie dissoute à dater dudit ordre ou arrêt, et la dissolution aura lieu en conséquence.

Art. 94. Tout ordre ou arrêt de cette nature devra être communiqué par les liquidateurs officiels à l'enregistreur des compagnies par actions, lequel en prendra note dans ses livres.

Art. 95. En Angleterre, le lord chancelier de la Grande-Bretagne, avec l'avis et le consentement du maître des rôles ou d'un des vice-chanceliers en fonctions ou des deux vice-chanceliers, pourra, chaque fois que les circonstances l'exigeront, faire des règlements concernant la procédure pour la liquidation d'une compagnie en cour de chancellerie; mais avant que ces règlements ne soient faits, la procédure suivie jusqu'à ce jour en cour de chancellerie devra, en tant qu'elle est applicable et qu'elle n'est pas incompatible avec les dispositions du présent acte, être appliquée à la liquidation des compagnies, et les liquidateurs seront assimilés, sous tous les rapports, aux administrateurs officiels.

Art. 96. En Irlande, le lord chancelier d'Irlande pourra, avec l'avis et le consentement du maître des rôles, faire des règlements de même que le lord chancelier de la Grande-Bretagne; mais avant que ces règlements ne soient faits, la procédure suivie jusqu'à ce jour en cour de chancellerie devra, en tant qu'elle est applicable et qu'elle n'est pas incompatible avec les dispositions du présent acte, être appliquée à la liquidation d'une compagnie, et les liquidateurs seront assimilés, sous tous égards, aux administrateurs officiels.

Art. 97. En Ecosse, la cour de session pourra, par acte de *sederunt*, faire aussi des règlements; mais avant que ces règlements ne soient faits, la procédure suivie en cour de session devra, en tant qu'elle est applicable et qu'elle n'est pas incompatible avec le présent acte, être appliquée à la liquidation des compagnies, et les liquidateurs seront assimilés, sous tous les rapports, aux curateurs des faillites.

Art. 98. Le vice-président de la cour des mines d'étain pourra, s'il y a lieu, faire, avec l'approbation du lord chancelier de la Grande-Bretagne, les règlements généraux qui seront nécessaires ou utiles pour l'accomplissement des attributions conférées par le présent acte à la cour du vice-président, mais sous réserve que la procédure ordinaire de ladite cour devra, en tant qu'elle est applicable et qu'elle n'est pas incompatible avec le présent acte, être appliquée à toutes les poursuites faites en vertu de cet acte, et tout arrêt rendu par ledit vice-président sera exécutoire, de même que tous les ordres rendus dans les affaires de la compétence ordinaire de cette cour.

En ce qui touche la juridiction, toute compagnie enregistrée en vertu du présent acte, exploitant une mine relevant de la cour des mines d'étain, sera censée résider dans le ressort de cette cour et au lieu où la mine est située. Le vice-président de la cour des mines d'étain sera compétent dans tout procès intenté à un actionnaire ou contribuable d'une compagnie ainsi enregistrée, pour autoriser les poursuites dans une partie quelconque de l'Angleterre ou du pays de Galles ; toutefois, le lord président aura le droit de renvoyer toute affaire pendante devant lui en appel d'un arrêt ou ordre de la cour devant la cour d'appel de la chancellerie, laquelle pourra recevoir ledit appel et rendre tels arrêts qu'elle jugera convenables.

Art. 99. Deux des commissaires de faillite nommés par le lord chancelier de la Grande-Bretagne, pour ce qui concerne les cours des faillites en Angleterre, et les commissaires de faillites en Irlande, pour ce qui concerne les cours des faillites en Irlande, pourront, s'il y a lieu, mais avec l'approbation des chanceliers de Grande-Bretagne et d'Irlande, faire des règlements concernant la procédure devant lesdites cours pour la liquidation des compagnies. Sous réserve de ces règlements, la procédure suivie dans les cours de faillites en Angleterre et en Irlande respectivement, en tant qu'elle est applicable et qu'elle n'est pas incompatible avec le présent acte, devra être appliquée à toutes les poursuites faites en vertu dudit acte : et tout ordre émanant d'un commissaire des faillites, en pareil cas, sera exécutoire, de même que les ordres rendus dans les procès relevant de la juridiction ordinaire de ladite cour.

Art. 100. Le lord chancelier de la Grande-Bretagne, pour ce qui concerne les cours de chancellerie et des faillites en Angleterre, et le lord chancelier d'Irlande, pour ce qui concerne les cours de chancellerie et des faillites en Irlande, et la cour de session en Ecosse, par acte de *sederunt*, pour ce qui concerne les procès en cette cour, pourront, par des règlements, fixer les droits dus à raison des actes de procédure faits en vertu de la troisième partie du présent acte pour la liquidation des compagnies. Les droits ainsi payés seront employés de la même manière que ceux auxquels donnent lieu les procès ordinaires devant les mêmes cours. Quant aux droits à percevoir dans les affaires analogues instruites par la cour des mines d'étain, le vice-président de ladite cour pourra autoriser la perception de droits n'excédant pas, quant au nombre ni au montant, les droits dont la perception sera autorisée par le lord chancelier de la Grande-Bretagne, dans les cours des faillites, et le conseil du prince de Galles ou les commissaires spéciaux pour l'administration du duché de Cornouailles pourront, selon le cas, déterminer le mode d'après lequel l'argent provenant de ces droits devra être employé, soit pour les dépenses annuelles de la cour des mines d'étain, soit pour l'acquittement des traitements ou pour leur augmentation.

Art. 101. Les commissaires de district de la cour des faillites et les juges des cours de comté en Angleterre siégeant à plus de vingt milles de l'administration générale des postes, les commissaires de faillites, les avocats assistants et les recorders en Irlande, les shériffs des comtés en Écosser, empliront l'office de commissaires pour l'audition des témoins en vertu de la troisième partie du présent acte lorsqu'une compagnie aura été liquidée par la cour de chancellerie, en Angleterre ou en Irlande, ou par la cour de session en Écosse. Chacune de ces cours pourra déléguer l'interrogatoire complet ou partiel d'un témoin quelconque à un de ces commissaires, quand même celui-ci ne relèverait pas de la juridiction de la cour qui aurait ordonné la liquidation de la compagnie ; et un pareil commissaire, indépendamment du pouvoir d'assigner et d'entendre les témoins, de requérir la production ou la remise des pièces, de constater et de punir les défauts de la part des témoins, pouvoirs qu'il exercerait légalement en qualité de commissaire de district de la cour des faillites, de juge d'une cour de comté, de commissaire de faillite, d'avocat assistant ou de recorder ou de shériff de comté, aura dans l'affaire qui lui est confiée, les mêmes pouvoirs d'assigner et d'entendre des témoins, de requérir la production ou la remise des pièces, de punir les défauts de la part des témoins, ainsi que d'allouer aux témoins des frais et indemnités, que possède la cour qui a ordonné la liquidation de la compagnie. L'interrogatoire ainsi fait sera l'objet d'un rapport à la cour précitée dans la forme qu'elle aura prescrite.

LIQUIDATION VOLONTAIRE D'UNE COMPAGNIE.

Art. 102. Une compagnie peut être liquidée volontairement : 1° à l'expiration du terme, s'il y en a un, fixé à sa durée par les articles d'association ou statuts, ou à l'accomplissement d'un événement que les statuts ont prévu comme devant entraîner cette liquidation ; 2° par suite d'une résolution spéciale à cet effet prise en assemblée générale.

Toutes les fois qu'une compagnie se liquide volontairement elle devra, à dater du commencement de cette liquidation, cesser ses affaires, sauf en tant que l'exige l'intérêt de la liquidation elle-même ; mais son existence et ses pouvoirs comme corps constitué continueront, nonobstant toute disposition contraire que contiendraient les statuts, jusqu'à ce que la liquidation soit terminée.

Art. 103. Avis de la résolution spéciale pour la liquidation volontaire de compagnie devra être donné à la *Gazette de Londres* s'il s'agit d'une compagnie enregistrée en Angleterre, à la *Gazette d'Édimbourg* s'il s'agit d'une compagnie enregistrée en Écosse, à la *Gazette de Dublin* s'il s'agit d'une compagnie enregistrée en Irlande.

Art. 104. La liquidation volontaire d'une compagnie aura les effets ci-après :

1° L'actif de la compagnie sera employé à remplir les obligations contractées par elle, puis, à moins de disposition contraire dans les statuts, sera réparti entre les actionnaires au prorata de leurs actions ;

2° Des liquidateurs seront nommés pour la liquidation des affaires de la compagnie et pour la répartition de l'actif ;

3° La compagnie, en assemblée générale, pourra nommer une ou plusieurs personnes à son choix comme liquidateurs de la compagnie et fixer leur rémunération ;

4° Si un seul liquidateur est nommé, toutes les dispositions des présents articles concernant les liquidateurs lui sont applicables ;

5° S'il en est nommé plusieurs, les pouvoirs qui leur sont conférés par le présent article pourront être exercés par deux d'entre eux ;

6° Les liquidateurs pourront, à toute époque après la résolution pour la liquidation de la compagnie, et avant qu'ils aient constaté l'actif de la compagnie ou les dettes à la charge des diverses classes de contribuables, réclamer de tous ou de quelques-uns des contribuables, jusqu'à concurrence de leur responsabilité, le versement des fonds qu'ils jugeront nécessaires pour acquitter les dettes de la compagnie et les frais de la liquidation. En faisant cet appel de fonds, ils pourront prendre en considération la probabilité que quelques-uns des contribuables auxquels il est adressé pourront manquer en tout ou en partie de verser leur quote-part ;

7° Les liquidateurs auront tous les pouvoirs dont ont été investis par les dispositions ci-dessus les liquidateurs officiels, et pourront les exercer sans l'intervention de la cour ;

8° Tous livres, papiers et documents entre les mains des liquidateurs, devront, en temps convenable, être toujours à la disposition des actionnaires qui voudront les examiner ;

9° Lorsque les créanciers auront été satisfaits, les liquidateurs procéderont au règlement des droits des contribuables, et, à cet effet, ils pourront réclamer de tous les contribuables, jusqu'à concurrence de leur responsabilité, les versements qu'ils jugeront nécessaires ; en faisant cet appel de fonds, ils pourront prendre en considération la probabilité que quelques-uns de ces contribuables pourront manquer, en tout ou en partie, de verser leur quote-part ;

10° Aussitôt que les affaires de la compagnie auront été complétement liquidées, des liquidateurs exposeront, dans un compte rendu, comment la liquidation aura été menée, et comment il aura été disposé de l'actif de la compagnie. Ce compte rendu, avec les pièces à l'appui, devra être soumis aux personnes chargées par la compagnie de l'examiner. Après cet examen, les liquidateurs convoqueront une assemblée générale des actionnaires pour prendre le compte rendu en considération. Cette assemblée ne sera considérée comme valablement réunie qu'autant qu'un avis spécifiant le temps, le lieu et l'objet de la réunion aura été publié un mois d'avance dans la *Gazette de Londres*, si la compagnie a été enregistrée en Angleterre ; dans la *Gazette d'Edimbourg*, si elle l'a été en Ecosse, et dans la *Gazette de Dublin*, si elle l'a été en Irlande ;

11° Cette assemblée générale s'occupera exclusivement du compte rendu ; mais elle pourra en délibérer quand même le nombre des membres exigé par les règlements de la compagnie pour la validité d'une assemblée générale ne se trouverait pas présent. Si, après délibération, l'assemblée est d'avis que les affaires de la compagnie ont été bien liquidées, elle votera une résolution dans ce sens et les liquidateurs publieront cette résolution dans la *Gazette de Londres*, dans celle d'Edimbourg ou dans celle de Dublin, selon que la compagnie aura été enregistrée en Angleterre, en Ecosse ou en Irlande. Ils devront aussi communiquer cette résolution à l'enregistreur des compagnies par actions, et un mois après la date de l'enregistrement la compagnie sera réputée dissoute ;

12° Si, dans le délai d'une année après le vote de la résolution pour la liquidation de la compagnie, cette liquidation n'était pas opérée, les liquidateurs devront rendre compte de la situation des affaires ou de l'état de la liquidation jusqu'à cette date, et, de plus, expliquer pourquoi la liquidation n'a pas été terminée. Une assemblée générale devra être convoquée pour prendre en considération ce compte rendu, et ainsi d'année en année, jusqu'à ce que la liquidation des affaires de la compagnie soit terminée.

Tous frais dûment encourus dans le cours de la liquidation volontaire d'une compagnie, y compris la rémunération des liquidateurs, seront payés par privilége sur l'actif de la compagnie.

Art. 105. La liquidation volontaire d'une compagnie ne préjudicie en rien aux droits qu'a tout créancier de la compagnie de faire des poursuites à l'effet de faire prononcer cette liquidation par la cour.

QUATRIÈME PARTIE.

BUREAU D'ENREGISTREMENT.

Art. 106. L'enregistrement des compagnies aura lieu comme il suit :

1° L'administration du commerce pourra, quand elle le jugera à propos, nommer les enregistreurs, enregistreurs adjoints, commis et gens de service, qu'elle jugera nécessaires pour l'enregistrement des compagnies en vertu du présent acte et les révoquer à son gré ;

2° L'administration du commerce pourra faire des règlements au sujet des devoirs à remplir par lesdits enregistreurs, enregistreurs adjoints, commis et gens de service ;

3° L'administration du commerce pourra, quand elle le jugera à propos, déterminer les lieux où de pareils bureaux d'enregistrement seront établis ; toutefois, il y aura en tout temps, dans chacune des trois parties du Royaume-Uni, au moins un bureau, et aucune compagnie ne sera enregistrée ailleurs que dans le bureau situé dans cette partie du Royaume-Uni, dans laquelle son siége officiel sera établi d'après la déclaration du contrat d'association ;

4° L'administration du commerce pourra, quand elle le jugera à propos, faire confectionner un ou plusieurs sceaux pour donner une authenticité aux pièces relatives à l'enregistrement des compagnies ;

5° Tout individu pourra prendre connaissance des pièces gardées par l'enregistreur des compagnies par actions, en payant un droit fixé par l'administration du commerce et qui n'excédera pas un schelling par chaque séance. Tout individu pourra demander une copie ou un extrait d'une pièce ou de partie d'une pièce, certifié par l'enregistreur, moyennant un droit fixé par l'administration du commerce, et qui n'excédera pas 6 deniers par chaque folio de la copie ou de l'extrait, et en Ecosse, pour chaque feuille de deux cents mots. Une copie ainsi certifiée fera en justice, *prima facie*, foi de son contenu ;

6° Les enregistreurs et enregistreurs adjoints, commis et gens de service du bureau d'enregistrement des compagnies par actions actuellement existantes, conserveront, tant qu'il conviendra à l'administration du commerce, leurs emplois et leurs traitements; mais, dans l'accomplissement de leurs devoirs, ils se conformeront aux règlements que pourra faire l'administration du commerce ;

7° Tous les enregistreurs, enregistreurs adjoints, commis ou gens de service qui pourront dorénavant être employés à l'enregistrement des compagnies par actions, recevront le traitement que l'administration du commerce fixerait avec l'approbation des commissaires du trésor ;

8° Toute opération qui, en vertu du présent acte, doit être faite auprès de l'enregistreur des compagnies par actions ou par ses soins, sera, à moins d'ordre contraire de l'administration du commerce, faite, en l'absence dudit enregistreur, auprès ou par les soins de l'enregistreur adjoint; en Ecosse, auprès ou par les soins de l'employé désigné par l'administration du commerce, et en Irlande, auprès ou par les soins de l'enregistreur adjoint actuel des compagnies par actions de l'Irlande; dans le cas où l'administration du commerce modifierait la constitution des bureaux d'enregistrement existants, l'opération sera faite par les soins des employés que cette administration aura désignés, dans les lieux qu'elle aura choisis en rapport avec la situation du siége officiel des compagnies à enregistrer.

CINQUIÈME PARTIE.

ABROGATION DES ACTES ANTÉRIEURS ET DISPOSITIONS TRANSITOIRES.

ABROGATION.

Art. 107. Sont abrogés :

1° L'acte 8 Victoria, chapitre 110 ;

2° L'acte 11 Victoria, chapitre 78, intitulé :

Acte modifiant un acte pour l'enregistrement, la constitution et le règlement des compagnies par actions ;

3° L'acte de 1855 sur la responsabilité limitée. Mais cette abrogation n'aura d'effet, en ce qui concerne les compagnies complétement enregistrées en vertu de l'acte 8 Victoria, précité, qu'après que ladite compagnie aura obtenu l'enregistrement en vertu du présent acte, comme il sera dit ci-après :

Art. 108. Les actes suivants :

1° L'acte 11 Victoria, chapitre 45, intitulé : *Acte modifiant les actes pour faciliter la liquidation des compagnies par actions incapables de remplir leurs engagements pécuniaires, et de plus, pour faciliter la dissolution et la liquidation des compagnies par actions en général et des autres associations ;*

2° L'acte 13 Victoria, chapitre 108, intitulé : *Acte modifiant l'acte de* 1848 *sur la liquidation des compagnies par actions ;*

3° L'acte 8 Victoria, chapitre 111, intitulé : *Acte pour faciliter la liquidation des compagnies par actions incapables de remplir leurs engagements pécuniaires ;*

4° L'acte 9 Victoria, chapitre 98, intitulé : *Acte pour faciliter la liquidation des affaires des compagnies par actions en Irlande incapables de remplir leurs engagements pécuniaires ;*

Ne seront pas applicables aux compagnies enregistrées en vertu du présent acte, ni à celles enregistrées en vertu de l'acte précité 8 Victoria, chapitre 110, à partir du jour où elles auront obtenu l'enregistrement en vertu du présent acte, comme ils sera dit ci-après.

Art. 109. Ne seront point affectés par l'abrogation :

1° Les opérations régulièrement faites sous l'empire des actes abrogés avant la mise en vigueur de leur abrogation ;

2° Le droit acquis ou la responsabilité en exercice sous l'empire desdits actes avant la mise en vigueur de leur abrogation ;

3° Les peines quelconques encourues ou à encourir pour infractions à l'un desdits actes commises avant la mise en vigueur de son abrogation ;

4° Les mesures prises en exécution d'un ordre de liquidation d'une compagnie rendu avant la mise en vigueur de l'abrogation.

DISPOSITIONS TRANSITOIRES.

Art. 110. Toute compagnie complétement enregistrée sous l'empire de l'acte 8 Victoria, chapitre 110, devra se faire enregistrer en vertu du présent acte avant le 3 novembre 1856, ou ce jour même, et toute autre compagnie dûment constituée par la loi avant la mise en vigeur du présent acte, et composée de sept actionnaires ou plus, pourra, à n'importe quelle époque, se faire enregistrer de nouveau comme compagnie avec ou sans responsabilité limitée. Toutefois, une compagnie ne devra être enregistrée en vertu du présent acte comme compagnie à responsabilité limitée, si elle n'a préalablement obtenu le certificat d'un enregistrement complet avec responsabilité limitée, sous l'empire de l'acte de 1853 sur la responsabilité limitée, ou si les trois cinquièmes en nombre et en propriété des actionnaires n'ont pas assisté en personne ou par procuration, au cas où des fondés de pouvoirs seraient admis par les règlements de la compagnie, à une assemblée générale convoquée à cet effet, et consenti à ce qu'elle soit ainsi enregistrée.

Art. 111. Avant l'enregistrement, en vertu du présent acte, d'une compagnie existante, il sera préalablement délivré à l'enregistreur des compagnies par actions les pièces ci-après :

1° S'il s'agit d'une compagnie complétement enregistrée en vertu de l'acte 8 Victoria, chapitre 110, et que cette compagnie n'ait pas l'intention de se faire enregistrer comme compagnie à responsabilité limitée, une liste contenant les noms, adresses, et professions de toutes les personnes qui, au jour de l'enregistrement, possèdent des actions de la compagnie, avec indication du nombre des actions possédées par chacun et le numéro de chaque action ;

2° Si une pareille compagnie a obtenu un certificat d'enregistrement complet avec responsabilité limitée, en vertu de l'acte de 1855, sur la responsabilité limitée, ou si elle n'avait pas obtenu ledit certificat, mais qu'elle fût dans l'intention de se faire enregistrer comme compagnie à responsabilité limitée, en vertu du présent acte, la liste dont il s'agit devra être accompagnée d'une note indiquant :

Le capital nominal de la compagnie et le nombre des actions dans lequel il est divisé ;

Le nombre des actions prises et le montant payé sur chaque action ;

Cette note, dans le cas où la compagnie n'aurait pas obtenu antérieurement un certificat de responsabilité limitée, mais serait dans l'intention de se faire enregistrer comme compagnie à responsabilité limitée, en vertu du présent acte, devra contenir de plus la dénomination de la compagnie, avec le mot *limitée* à la fin ;

3° S'il s'agit d'une autre espèce de compagnie dûment constituée par la loi avant le vote du présent acte, et composée de sept actionnaires ou plus, et qu'elle ne soit pas dans l'intention de se faire enregistrer comme compagnie à responsabilité limitée, elle devra remettre à l'enregistreur des compagnies par actions la liste des actionnaires comme ci-dessus, et en même temps une expédition des actes du parlement, charte royale, lettres patentes, acte d'établissement ou autre document légal qui constitue ou réglemente la compagnie;

4° Si une semblable compagnie a l'intention de se faire enregistrer comme compagnie à responsabilité limitée, la liste et l'expédition devront être accompagnées d'une note indiquant :

Le capital nominal de la compagnie et le nombre des actions dans lequel il est divisé;

Le nombre des actions prises et le montant payé sur chaque action;

La dénomination de la compagnie avec le mot *limitée* à la fin.

Art. 112. La liste des actionnaires et les autres indications à fournir, en vertu du présent acte, à l'enregistrement, devront être certifiées par une déclaration des directeurs de la compagnie qui les fournissent, ou par deux de ses directeurs, ou par deux autres principaux employés de la compagnie, conformément aux dispositions de l'acte 6 Guillaume IV, chapitre 62; mais il ne sera perçu aucun droit pour l'enregistrement en vertu du présent acte, d'une compagnie complétement enregistrée sous l'empire de l'acte 8 Victoria, chapitre 110, lorsque la responsabilité des actionnaires ne doit pas être limitée, ou lorsque la compagnie a déjà obtenu un certificat d'enregistrement complet avec responsabilité limitée.

Art. 113. Toutes les conditions qui précèdent ayant été remplies, l'enregistreur des compagnies par actions devra certifier, par un écrit signé de lui, que la compagnie qui demande à être enregistrée est constituée en vertu du présent acte, et, s'il s'agit d'une compagnie à responsabilité limitée, qu'elle est à responsabilité limitée, après quoi ladite compagnie sera dûment constituée. Toutes les dispositions des actes d'établissement, acte du parlement, charte royale ou lettres patentes, ou de tout autre document légal qui constitue ou réglemente ladite compagnie, seront censées être des règlements dans le sens du présent acte, et toutes les dispositions de ce dernier lui seront applicables de la même manière que si elle avait été constituée dès l'origine en vertu dudit acte ; toutefois, sous les réserves faites ci-après, relativement aux droits existants des créanciers et d'autres personnes, et sous cette condition qu'à l'exception de ce qui est permis par les dispositions ci-après, une compagnie constituée par un acte du parlement n'aura le pouvoir de changer aucune des dispositions de cet acte ; qu'une compagnie constituée par une charte royale ou des lettres patentes, n'aura le droit de changer, par une résolution spéciale ou autrement, aucune des dispositions de cette charte ou de ces lettres patentes, sans l'approbation de l'administration du commerce.

Art. 114. Toute compagnie existante pourra, dans le but d'obtenir l'enregistrement avec responsabilité limitée, changer sa dénomination en ajoutant le mot *limitée*, ou prendre toute autre mesure nécessaire à cet effet.

Art. 115. Le certificat d'incorporation, délivré à une compagnie existante en vertu du présent acte, fera foi en justice que toutes les conditions au sujet de l'enregistrement que contient cet acte ont été remplies, et la date dudit certificat sera censée être la date à laquelle la compagnie aura été constituée en vertu du présent acte.

Art. 116. L'enregistrement d'une compagnie existante en vertu du présent acte, ni aucune mesure de ladite compagnie postérieurement à cet enregistrement, ne porteront aucun préjudice aux droits qu'avait ou qu'aurait eus, si l'enregistrement n'avait pas eu lieu, tout créancier ou toute autre personne contre la compagnie considérée collectivement, ou contre toute personne étant ou ayant été membre de cette compagnie ; ledit créancier ou ladite personne pourra employer contre la compagnie et contre ses membres tous les moyens légaux qu'il aurait pu employer si l'enregistrement n'avait pas eu lieu.

II.

ACTE destiné à amender la législation relative aux sociétés par actions.

(Promulgué le 13 juillet 1857.)

Attendu qu'il est devenu nécessaire de soumettre à de nouvelles dispositions l'incorporation et le règlement des sociétés par actions, et qu'il convient de modifier, dans ce but, l'acte de 1856 qui les concerne, il a été décidé ce qui suit par la reine, de l'avis et avec le consentement des lords spirituels et temporels et des communes, assemblés dans le présent parlement :

1. Le présent acte prendra le titre de : *Acte de* 1857, *relatif aux sociétés par actions.*

2. L'acte de 1856, relatif à ces compagnies (ci-après appelé l'*Acte principal)*, ainsi que le présent acte, autant que leur nature et leur objet le permettent, n'en feront désormais qu'un seul. Les deux actes réunis auront pour titre : *Actes de* 1856 *et* 1857, *relatifs aux sociétés par actions.*

3. L'art. 4 de l'acte principal est rapporté et remplacé par la disposition suivante :

Si, après la promulgation du présent acte, plus de vingt personnes s'associent pour exploiter en commun un commerce ou une industrie ayant pour objet un gain ou bénéfice, et si elles ne figurent pas dans une ou plusieurs des catégories qui suivent :

1° Sociétés enregistrées conformément aux dispositions de l'acte principal ;

2° Sociétés incorporées ou constituées soit en exécution d'un acte du parlement, d'une charte royale ou de lettres patentes;

3° Sociétés engagées dans l'exploitation des mines et soumises, à ce titre, à la juridiction des *stannaries* (1).

Chacune de ces personnes sera solidairement responsable de la totalité des dettes de l'association.

4. Le préposé à l'enregistrement des sociétés délivrera, après payement préalable d'un droit de 5 shillings (6 fr.), à toute personne qui en fera la demande, un certificat d'incorporation dans l'une ou l'autre de ces sociétés, et ce certificat fera foi en justice de la même manière que celui qui doit être délivré en vertu de l'acte principal.

5. Toute société par actions à responsabilité limitée peut, par une décision spéciale, convertir son capital social, une fois entièrement libéré, en valeurs négociables (stock). Cette conversion une fois opérée, toutes les dispositions de l'acte principal ou du présent acte, qui exigent que le capital soit divisé en actions d'une somme déterminée avec des numéros d'ordre, que la compagnie tienne un registre des actionnaires et en prépare la liste annuelle, cesseront d'être applicables, au moins dans la proportion du capital qui aura été ainsi converti.

6. Toute compagnie qui aura converti tout ou partie de son capital social, devra en donner avis au préposé à l'enregistrement des sociétés par actions, en spécifiant les actions ainsi converties, dans les quinze jours qui suivront l'assemblée dans laquelle la mesure aura été prise, et ce fonctionnaire la mentionnera sur le registre qu'il est chargé de tenir.

En cas d'omission de cet avis dans le délai ci-dessus, la compagnie sera passible d'une amende qui ne pourra dépasser 5 livres (125 fr.), pour chaque jour de retard, à partir du délai sus-indiqué.

7. Toute compagnie ayant converti une portion de son capi-

(1) Tribunaux chargés de juger les contestations relatives à l'exploitation des mines, dans certains districts de l'Angleterre.

tal devra tenir un registre des noms et adresses des porteurs des actions converties. Ce registre sera tenu dans les conditions et sous les pénalités déterminées par l'acte principal, en ce qui concerne le registre des actionnaires (avant la conversion).

8. Si une personne est omise ou indûment inscrite sur le registre des actions converties, elle peut, et tout porteur de ces actions peut aussi demander la rectification du registre en ce qui le concerne, conformément aux dispositions de l'article 25 de l'acte principal.

9. La cour est compétente, en cas de contestation à l'occasion de l'application de cet article, pour statuer sur toute question relative au droit de figurer ou non sur ce registre, soit qu'elle s'élève entre deux ou plusieurs porteurs ou présumés tels, d'actions converties ou non, ou entre ces porteurs et la compagnie. La compétence de la cour s'étend à tous les cas de rectification du registre.

10. Toute compagnie qui omet d'émettre une copie de ses statuts aux actionnaires, conformément à l'art. 27 de l'acte principal, est passible d'une amende d'une livre sterling (25 fr.) au plus.

11. Lorsque la liquidation d'une société a été autorisée, conformément à la 3e partie de l'acte principal, si, sur la plainte du liquidateur, la cour a quelque raison de croire qu'un actionnaire est sur le point de quitter le Royaume-Uni, ou de se cacher, ou de faire disparaître ses propriétés, tant mobilières qu'immobilières, pour échapper aux poursuites dont il peut être l'objet et aux obligations qu'il a contractées envers ladite société, ou pour se soustraire à tout interrogatoire en ce qui concerne les affaires sociales, elle peut délivrer contre lui un mandat d'arrêt et faire saisir ses livres, papiers et valeurs de toute nature.

12. Tout actionnaire, ainsi mis à la disposition de la justice, peut demander, en tout temps, sa mise en liberté et la restitution des objets saisis sur lui.

13. Tout recouvrement qu'une société est autorisée à faire sur ses actionnaires, en vertu de la 3e partie de l'acte principal, sera considéré, si cette société vient à liquider à l'amiable ou judiciairement, comme ayant à son profit, en *Angleterre* et en *Irlande*, le caractère et les priviléges d'une dette spéciale.

14. Dans les cas qui relèvent de la cour de chancellerie en *Angleterre* et en *Irlande*, ou de la cour de session en Ecosse, ou de la cour des *stannaries*, ces cours, en nommant des liquidateurs judiciaires, devront s'inspirer également des intérêts des actionnaires et des créanciers, et prendre, sur cette nomination, l'avis de ceux qu'elles croiront en mesure de les renseigner utilement. Sauf le cas où, à la fois, actionnaires et créanciers sont d'accord pour ne nommer qu'un seul liquidateur, la cour pourra en nommer un ou plusieurs chargés de représenter séparément les intérêts desdits actionnaires et créanciers. Elle pourra décider qu'en cas de divergence d'opinion sur l'utilité d'une mesure, cette mesure sera prise à la majorité des liquidateurs ou que la difficulté lui sera soumise. Enfin elle pourra faire tout ce que la loi a autorisé jusqu'à ce jour, soit au moment de la première nomination d'un liquidateur, soit aux diverses phases de la liquidation. Mais, dans tous les cas, elle ne sera pas tenue de nommer plus d'un liquidateur, si elle estime, dans sa sagesse, que cette nomination est conforme aux intérêts de la justice.

15. Dans les cas qui relèvent d'une cour des faillites, le syndic nommé par elle (*official assigne*) sera considéré, si un liquidateur est choisi par les créanciers, comme le représentant des actionnaires, et si un liquidateur est nommé par les actionnaires, comme le représentant des créanciers.

16. Le droit de transiger sur les dettes et les créances, donné par l'acte principal aux liquidateurs ci-dessus, s'étendra aux répétitions à exercer contre ou par un actionnaire, avec faculté, pour les liquidateurs, de recevoir des garanties, de donner quittance en vertu du compromis intervenu entre eux et les

parties, à la condition : 1° que le compromis sera soumis à l'homologation de la cour et qu'il aura l'assentiment des créanciers ou d'une partie d'entre eux, conformément aux indications de la cour ; 2° que, dans le cas où la liquidation est amiable, il sera l'objet d'une résolution spéciale.

17. Lorsqu'une compagnie se liquide à l'amiable et que tout ou portion de son actif est sur le point d'être vendu à une autre compagnie enregistrée sous le présent acte, les liquidateurs de la première peuvent, à la suite d'une délibération spéciale de sa part, recevoir, en payement des valeurs ou objets vendus, des actions de la seconde, ou prendre tout autre arrangement en vertu duquel les actionnaires de la compagnie en liquidation, au lieu de recevoir l'argent ou des actions, ou, en outre de ces avantages, participeraient aux profits de la compagnie acquéreur. Toute vente ou tout arrangement ainsi faits par les liquidateurs seront obligatoires pour les actionnaires de la compagnie en liquidation Toutefois, si l'un d'eux, n'ayant pas voté en faveur de la résolution spéciale par elle prise, adresse aux liquidateurs, ou à l'un d'eux, l'expression écrite de son dissentiment, dans les sept jours de l'assemblée où elle a été arrêtée, il peut mettre ceux-ci en demeure soit de ne pas exécuter la résolution, soit d'acheter ses actions à un prix à fixer par arbitre, et, dans ce dernier cas, le montant doit lui en être payé, avant la dissolution de la compagnie, sur les ressources mises à leur disposition par une résolution spéciale.

18. En cas de liquidation amiable d'une compagnie, les liquidateurs peuvent, à certains intervalles, pendant la durée des opérations, provoquer des assemblées générales d'actionnaires, pour obtenir leur adhésion aux mesures qu'ils auront préparées.

19. Lorsqu'une compagnie est sur le point de liquider à l'amiable, et que des poursuites ont lieu à l'effet d'obtenir que la liquidation se fasse judiciairement, la cour peut, si elle le juge convenable, même en prenant une décision dans ce sens,

ratifier tout ou partie des mesures prises dans les cours et à l'occasion de la liquidation amiable. Elle peut aussi, au lieu d'ordonner que la liquidation sera entièrement judiciaire, disposer qu'elle continuera à se faire par la voie amiable, mais sous sa surveillance, et avec la faculté pour les intéressés de se pourvoir devant elle. Elle peut enfin prendre toute décision qu'elle jugera convenable.

20. Si, lorsque la dissolution d'une compagnie est prononcée par la cour, les liquidateurs oublient de notifier au préposé à l'enregistrement l'arrêt de dissolution, ou, lorsque la dissolution est volontaire, la délibération qui l'a prononcée, ils sont passibles d'une amende qui ne peut excéder 5 livres (125 fr.) pour chaque jour de retard, à partir de l'époque à laquelle cette déclaration aurait dû être faite. Ils n'auront droit, en outre, pendant la durée de la contravention qu'ils auront commise, à aucune rémunération pour leur gestion, en qualité de liquidateurs.

21. Si, douze mois après la dissolution d'une compagnie qui s'est liquidée, les liquidateurs sont encore détenteurs d'argent, d'actions ou autres valeurs qu'ils n'auront pu, par une raison quelconque, remettre aux ayants droit, ils seront considérés comme dépositaires et administrateurs de ces valeurs, conformément à l'acte passé dans la onzième année du règne de Sa Majesté (chap. 96), et intitulé : *Acte pour assurer les dépôts de fonds et diminuer la responsabilité des dépositaires*, ou de tout autre acte l'ayant modifié, et devront les transférer, en conséquence, à la cour de chancellerie (1).

22. Aucun changement fait par le ministère du commerce *(Board of trade)* à la table B de la cédule annexée à l'acte principal ne sera applicable à une compagnie formée avant la date de ce changement, ou ne modifiera, en ce qui la concerne, une partie quelconque de ladite table, à moins qu'elle ne se l'approprie par une délibération spéciale.

(1) Cette cour reçoit, en Angleterre, les dépôts judiciaires.

23. L'article 107 de l'acte principal est rapporté et remplacé par la disposition suivante :

1° L'acte voté dans la huitième année du règne de Sa Majesté (chap. 110), et intitulé : *Acte relatif à l'enregistrement, l'incorporation et le règlement des sociétés par actions ;*

2° L'acte voté dans la onzième année du règne de Sa Majesté (chap. 78), et intitulé : *Acte amendant un acte relatif à l'enregistrement, incorporation et règlement des sociétés par actions ;*

3° L'acte de la responsabilité limitée, 1855 ;

Seront considérés comme ayant toujours été en vigueur, en ce qui concerne toute société complétement enregistrée qui ne l'a pas été sous le régime de l'acte principal, jusqu'au moment où elle obtient de l'être, conformément aux dispositions des actes relatifs aux sociétés par actions (1856-1857). Mais, à partir de ce moment, et non avant, les trois actes ci-dessus seront considérés comme ayant été rapportés en ce qui la concerne.

24. Lorsqu'une société par actions à responsabilité limitée intente une action judiciaire, le juge compétent, s'il a de bonnes raisons de croire que, dans le cas où il rejetterait sa demande, elle n'aurait pas les ressources nécessaires pour payer les frais, peut en exiger une caution et suspendre l'instruction jusqu'à la remise de cette caution.

25. Lorsqu'une compagnie, complétement enregistrée sous le régime de l'acte voté sous le règne de Sa Majesté (chap. 10), a obtenu d'être enregistrée, conformément à l'acte principal, après le 3 novembre 1856, mais avant la promulgation de cet acte, cet enregistrement aura la même valeur que s'il avait eu lieu ledit jour de novembre 1856 ou avant.

26. L'article 110 de l'acte principal est rapporté.

27. Les compagnies complétement enregistrées sous le régime de l'acte de la huitième année du règne de Sa Majesté (chap. 110), y compris celles qui ont obtenu un certificat d'enregistrement complet, conformément aux dispositions de l'acte relatif aux sociétés à responsabilité limitée de 1855, mais à

l'exclusion de celles qui se seraient formées pour entreprendre les assurances, si elles n'ont pas déjà été enregistrées sous le régime de l'acte principal, devront l'être en conformité de ceux de 1856 et 1857, avant, ou au plus tard, le 2 novembre 1857, sous peine de l'amende ci-après mentionnée.

28. Si une compagnie, obligée par les actes sur la matière, à se faire enregistrer, néglige de remplir cette formalité dans le délai ci-dessus, à partir de ce délai et jusqu'au moment où elle aura été remplie, conformément aux actes de 1856 et 1857, la situation légale sera celle qui suit :

1° Elle ne pourra ester en justice devant les tribunaux de loi et d'équité, ni répondre devant ces tribunaux à aucune action dirigée contre elle ;

2° Elle ne pourra distribuer aucun dividende ;

3° Le directeur, gérant ou administrateur encourra, pour chaque jour de retard, une amende de 5 livres (125 fr.) recouvrable par toute personne et applicable à son usage personnel.

Toutefois cette contravention n'aura pas pour effet de faire considérer la société comme illégalement formée, et ne la soumettra à aucune incapacité autre que les précédentes.

29. Toute compagnie ou société composée de sept actionnaires ou plus, ayant un capital déterminé, divisé par actions d'un chiffre également déterminé, constituée conformément à la loi, avant la promulgation du présent acte, et n'étant pas, en conséquence, obligée à l'enregistrement, peut, en tout temps, en exécution des dispositions des actes de 1856 et 1857, se faire enregistrer comme société régie par ces actes, avec ou sans responsabilité limitée. Toutefois aucune société ne sera enregistrée en cette dernière qualité, si la responsabilité des actionnaires n'était déjà limitée au montant des portions non encore libérées de leurs actions, ou si l'autorisation de se faire enregistrer comme société limitée n'a été donnée par les trois quarts en nombre et en valeur desdits actionnaires, soit personnellement, soit par procuration, lorsque la représentation

par délégation aux assemblées générales est admise par les statuts.

30. Lorsqu'une compagnie existante, autorisée à être enregistrée sous le régime des actes de 1856 et 1857, a converti tout ou portion de son capital en valeurs négociables, au lieu de remettre au préposé à l'enregistrement l'état du capital et des actions, exigé par l'acte principal, elle se bornera à lui délivrer, en ce qui concerne le capital ainsi converti, un tableau indiquant le montant des actions devenues négociables, ainsi que les noms des porteurs au jour indiqué. Ce document devra être remis dans les six jours de l'enregistrement.

31. La liste des actionnaires qui, aux termes de l'article 111 de l'acte principal, doit être remise au préposé de l'enregistrement, doit être préparée dans les six jours qui précéderont l'enregistrement.

32. Aucun droit ne sera exigé en ce qui concerne l'enregistrement, sous le régime des actes de 1856 et 1857, de toute compagnie existant à la date du présent acte et soumise à cet enregistrement par lesdits actes ou l'un d'eux, lorsque cette compagnie n'est pas enregistrée comme limitée, ou lorsqu'avant qu'elle fût enregistrée comme telle, la responsabilité de ses actionnaires était limitée par quelque autre acte du parlement ou par lettres patentes.

33. L'article 113 de l'acte principal est rapporté et remplacé par la disposition ci-après :

Conformément aux prescriptions des actes de 1856 et 1857 relatives à l'enregistrement, le préposé certifiera que la compagnie qui requiert l'enregistrement est incorporée sous le régime de ces actes, et si la compagnie est limitée, qu'elle l'est en effet. Par suite de la délivrance de ce certificat, la compagnie sera réellement incorporée, et toute disposition contenue dans un acte quelconque du parlement, lettres patentes ou autre titre constituant ou réglant une compagnie enregistrée en conformité dudit article 113, ou une compagnie qui peut l'être ultérieurement, lui sera applicable comme si elle était inscrite dans ses statuts. Toutes les dispositions des actes de 1856 et 1857 lui seront également applicables, comme si elle avait été originairement incorporée sous le régime de ces actes, sous les réserves stipulées par l'acte principal en faveur des créanciers, et, en outre, aux conditions ci-après :

1° La table B ne lui sera pas applicable, à moins que la compagnie ne se l'approprie par une résolution spéciale;

2° Aucune compagnie ne pourra modifier tout ou partie des dispositions contenues dans un acte du parlement la concernant ;

3° Aucune compagnie ne pourra, sans l'autorisation du ministère du commerce (*Board of trade*), modifier tout ou partie des dispositions contenues dans les lettres patentes la concernant;

4° Aucun des articles qui précèdent ne pourra autoriser une compagnie à modifier les dispositions de tout acte, lettres patentes ou autre titre quelconque réglant sa constitution, qui, si cette compagnie a été originairement incorporée en conformité des actes de 1856 et 1857, ont été insérées dans ses statuts, et dont lesdits actes n'autorisent pas la modification.

Mais aucun des articles qui précèdent ne dérogera au pouvoir qu'une compagnie peut avoir, en vertu d'un acte du parlement, d'un acte de constitution, de lettres patentes ou de tout autre titre, de modifier ses statuts.

En outre, le rappel de l'article 113 de l'acte principal n'affectera en aucune manière les droits acquis sous le régime des dispositions de cet article.

III.

ACTE destiné à amender la loi relative aux compagnies de banque.

(Promulgué le 27 août 1857.)

Attendu qu'il convient de modifier la loi relative aux associations et compagnies faisant la banque, et désignées dans l'acte ci-après sous la dénomination de compagnies de banque, il est ordonné ce qui suit par S. M. la Reine, sur et avec l'avis et le consentement des lords spirituels et temporels et des communes, assemblés dans le présent parlement :

1. Cet acte peut être nommé, pour ce que de droit : « l'Acte des compagnies de banque par actions, 1857. »

2. Les actes relatifs aux sociétés ou compagnies par actions de 1856 et 1857 seront considérés comme faisant partie du présent acte.

3. L'article 2 de l'acte de 1856 sur les sociétés par actions est rapporté en ce qui concerne les personnes qui s'associent pour faire la banque, sous cette réserve qu'aucune compagnie de banque actuelle ou future ne sera enregistrée comme compagnie à responsabilité limitée.

4. Toute compagnie de banque se composant de sept personnes ou plus et constituée sous le régime des actes ci-après ou de l'un d'eux :

1° Acte passé dans la huitième année du règne de S. M. (chap. 113), et intitulé : *Acte destiné à réglementer les banques par actions en Angleterre ;*

2° Acte passé dans la dixième année du règne de S. M. (chap. 75), et intitulé : *Acte destiné à réglementer les banques par actions* en Ecosse et en Irlande ;

Devra se faire enregistrer, au plus tard le 1er janvier 1858, comme compagnie régie par le présent acte.

5. La compagnie de banque qui négligerait d'accomplir cette formalité dans le délai ci-dessus, se trouvera placée, jusqu'à ce qu'elle ait été remplie, dans la situation légale ci-après :

1° Elle ne pourra ester en justice, soit en demandant, soit en défendant, devant les tribunaux de loi et d'équité ;

2° Elle ne pourra distribuer de dividende ;

3° Tout directeur, gérant ou administrateur sera passible, pour chaque jour de retard, d'une amende de 5 livres (125 fr.), et cette amende sera recouvrable par toute personne, actionnaire ou non de la compagnie, et appliquée à son usage personnel.

Toutefois, cette contravention ne frappera pas de nullité la constitution de la compagnie, et n'entraînera contre elle aucune pénalité ou incapacité.

6. Toute compagnie composée de sept associés ou plus, ayant un capital déterminé divisé en actions d'une somme également déterminée, faisant légalement, avant la promulgation du présent acte, les opérations de banque et n'étant pas obligée de se faire enregistrer, pourra, à toute époque, à partir de cette promulgation, avec l'assentiment de la majorité de ses actionnaires, réunis en personne ou par délégation (lorsque la délégation est autorisée par les statuts) en assemblée générale spéciale, remplir cette formalité, mais non comme société à responsabilité limitée. Lorsqu'elle aura été enregistrée conformément au présent acte, toutes dispositions contenues dans un acte quelconque du parlement, dans des lettres patentes, ou dans tout autre titre constitutif d'une compagnie, qui sont contraires aux actes de 1856 et 1857 relatifs aux sociétés par actions ou au présent acte, cesseront de lui être applicables. Mais cet enregistrement ne modifiera pas les pouvoirs dont jouissait antérieurement une compagnie de banque autorisée

à émettre des billets remboursables à vue contre espèces, ou tout autre privilége dont elle aurait été en possession.

7. Une compagnie de banque existant avant la promulgation du présent acte, qui se fera enregistrer conformément à ses dispositions, ne payera aucun droit.

8. L'enregistrement, sous l'empire du présent acte, d'une compagnie de banque existant avant sa promulgation, et obligée ou autorisée par ledit acte à se faire enregistrer, n'affectera en aucune manière sa situation légale au point de vue du droit, qu'elle pouvait avoir antérieurement, de poursuivre le recouvrement de ses créances ou l'exécution des obligations prises à son égard, et de celui qu'on pouvait avoir contre elle dans les mêmes conditions.

9. Toute personne qui, *à* ou *avant* la date de l'enregistrement, sous l'empire du présent acte, d'une compagnie de banque désormais obligée ou autorisée à se faire enregistrer, est actionnaire de ladite compagnie, sera tenue, si la compagnie liquide à l'amiable ou judiciairement, de contribuer à son actif pour la même somme qu'elle aurait dû lui payer dans le cas où le présent acte n'aurait pas existé, pour l'aider à faire face à ses dettes et obligations. A cet égard, cette dernière conserve, vis-à-vis de ses actionnaires, le même droit qu'antérieurement.

10. Toute action, procès ou procédure commencés au moment de l'enregistrement, conformément au présent acte, d'une compagnie désormais autorisée ou obligée à se faire enregistrer, contre cette compagnie, seront continués comme si l'enregistrement n'avait pas eu lieu. Néanmoins, aucune poursuite n'aura lieu contre un actionnaire isolé de ladite compagnie en exécution des jugement, décret ou ordre obtenus contre elle à la suite d'une instance commencée, ainsi qu'il vient d'être dit. Mais, dans le cas où l'actif de la compagnie serait insuffisant pour couvrir le montant des condamnations obtenues contre elle, les créanciers pourront demander et obtenir qu'elle se

liquide judiciairement conformément aux indications des actes de 1856 et 1857, relatifs aux sociétés par actions.

11. Les actes ci-après, savoir :

A. L'acte de la onzième année du règne de S. M. actuelle (ch. 45) ;

B. L'acte de la treizième année du règne de S. M. actuelle (ch. 108) ;

C. L'acte de la huitième année du règne de S. M. actuelle (ch. 111) ;

D. L'acte de la neuvième année du règne de S. M. actuelle (ch. 98) ;

Ne s'appliquent pas aux compagnies enregistrées en exécution du présent acte ou des actes incorporés sur la matière, et toutes les compagnies ainsi enregistrées seront liquidées conformément auxdits actes incorporés.

12. Ces actes (incorporés), savoir :

L'acte passé dans la huitième année du règne de S. M. actuelle (ch. 113) ;

L'acte passé dans la dixième année du règne de S. M. actuelle (ch. 75) ;

Sont rapportés en ce qui concerne toute compagnie de banque appelée à se former ultérieurement. Ils le sont également à partir de l'époque où une compagnie formée sous le régime de ces actes ou de l'un d'eux, aurait été enregistrée conformément au présent acte, mais non avant, en ce qui concerne ladite compagnie. Les articles du tableau B de la cédule annexée à l'acte des sociétés par actions de 1856, relatifs : A aux actions, B au transfert des actions, C à l'annulation des actions, et numérotés de 1 à 90 inclusivement, seront considérés, à partir de l'époque sus-indiquée, mais sous la réserve de la faculté de les modifier, conférée par les actes de 1856 et 1857, comme applicables à toute compagnie formée en exécution desdits actes des huitième et dixième années de S. M. Néanmoins, le rappel de ces actes ne préjudiciera pas aux condamnations, pénalités, forfaitures et punitions quelconques encourues pour contraventions à leurs prescriptions avant ledit rappel. Nonobstant toute disposition contraire de l'acte précité de la huitième année (ch. 113) ou de toute autre, toute association n'excédant pas dix personnes pourra se livrer aux opérations de banque de même manière et dans les mêmes conditions, sous tous les rapports, qu'une compagnie ne comptant pas plus de six personnes aurait pu le faire avant le présent acte.

13. Sept personnes ou plus, associées pour entreprendre les opérations de la banque, peuvent faire enregistrer leur société sous le régime du présent acte, mais non comme compagnie à responsabilité illimitée, à la condition que les actions dont se composera le capital social ne seront pas de moins de 100 l. (2,500 fr.) chacune. Toutefois, à partir de la promulgation du présent acte, aucune association de plus de dix personnes, à moins d'être enregistrée sous le régime du présent acte, ne pourra se former pour faire la banque, ou, si elle est formée, ne pourra entreprendre d'opérations de cette nature.

14. Le ministère du commerce ne pourra nommer d'inspecteurs chargés de l'examen de la situation d'une compagnie de banque, conformément à l'acte de 1856 relatif aux sociétés par actions, que sur la demande du tiers au moins en nombre et en valeur des actionnaires.

15. L'art. 90 de l'acte précité n'est pas applicable aux compagnies de banque établies en Ecosse sous le régime de cet acte.

16. Tout immeuble ou toute part dans une propriété mobilière ou immobilière, en *Angleterre* et en *Irlande*, et dans une propriété transmissible par voie d'héritage, en Ecosse, et tous titres, obligations, contrats, engagements qui peuvent appartenir à une personne ou lui avoir été confiés, et qui sont destinés à être réunis à une compagnie de banque, à la date de son enregistrement sous le régime du présent acte, ou à toute autre compagnie, à la date de son enregistrement sous le régime des actes de 1856 et 1857, seront remis, immédiatement après l'accomplissement de cette formalité, auxdites compa-

gnies de banque ou autres. Mais il ne sera fait aucune confusion des immeubles ci-dessus avec ceux de la compagnie, à moins du consentement formel de ladite compagnie, manifesté par un acte revêtu de son sceau.

17. Si, par une inadvertance ou autrement, une compagnie qui en réalité, est une compagnie de banque, a été, avant la promulgation du présent acte, enregistrée comme compagnie à responsabilité limitée, conformément à l'acte de 1856, sur les sociétés par actions; ou si, par inadvertance ou autrement, une compagnie qui, en réalité, est une compagnie de banque, l'était ultérieurement en la même qualité, sous le régime des actes de 1856 et 1857, sa constitution ne sera pas illégale et son enregistrement nul par ce fait, mais elle sera soumise aux conditions ci-après :

1° Tout créancier ou associé pourra demander qu'elle soit liquidée judiciairement, et le fait de son enregistrement en qualité de compagnie à responsabilité limitée sera une raison suffisante pour que la cour fasse droit à cette demande ;

2° Dans le cas où la société serait mise en liquidation, les associés, que la compagnie ait ou non été enregistrée comme limitée, devront contribuer à son actif dans des proportions suffisantes pour qu'elle puisse acquitter les dettes et faire face aux frais de la liquidation.

18. Les actes de 1856 et 1857 relatifs aux sociétés par actions ne s'appliqueront pas à une compagnie de banque faisant légalement les opérations de banque avant la promulgation du présent acte et non obligée par ledit acte à être enregistrée, jusqu'au moment où elle s'enregistrera conformément à ses dispositions, en vertu de l'autorisation qui lui en est ici donnée.

19. Aucune des dispositions qui précèdent ne modifiera :

1° L'acte passé dans la huitième année du règne de S. M. et intitulé : « Acte pour régler l'émission des billets de banque et pour conférer au gouverneur et à la compagnie de la banque d'Angleterre certains priviléges pour une période déterminée ; »

2° L'acte passé dans la neuvième année du règne de S. M. (chap. 38), intitulé : « Acte destiné à régler l'émission des billets de banque en Ecosse ; »

3° Tout autre acte relatif à l'émission ou à la circulation des billets de banque.

IV.

VINGT ET UNIÈME ET VINGT-DEUXIÈME ANNÉE

DE

LA REINE VICTORIA

CHAPITRE LX.

ACTES modifiant les actes des compagnies par actions (Joint stock Companies) *de* 1856 *et* 1857, *et l'acte des compagnies de banque par actions* (Joint stock banking Companies).

---

23 juillet 1858.

1. Le présent acte portera en abrégé le nom « d'Acte d'amendement des compagnies par actions de 1858, et sera compris dans la dénomination générique d'acte des compagnies par actions, » dont on se servira dans la suite du présent acte.

2. Toute pétition demandant la liquidation volontaire d'une compagnie, sous condition d'être examinée par la cour, sera considérée comme demande de liquidation à faire par cette même cour, et impliquant juridiction de celle-ci sur les procès et actions intentées, ainsi que la nomination du receveur. Pour décider si une compagnie doit être soumise à une liquidation forcée, ou si elle doit être liquidée selon les dispositions de l'article 19 de l'acte de 1857, la cour pourra prendre en consi-

dération les vœux de la majorité des créanciers, eu égard au nombre et à l'importance de ceux-ci.

3. Lorsque la cour, en exécution dudit article 19, rendra un arrêt ordonnant la liquidation volontaire, elle pourra dans cet arrêt, ou un autre subséquent, nommer un ou plusieurs liquidateurs supplémentaires, revêtus des mêmes pouvoirs et ayant les mêmes obligations à remplir que les liquidateurs nommés par la compagnie; la cour pourra au besoin révoquer les liquidateurs ainsi nommés, les remplacer par d'autres, et, dans ce but, consulter les créanciers intéressés dans le choix des personnes à nommer auxdites fonctions de liquidateurs.

4. Les liquidateurs nommés par la cour, en exécution de l'article 19 précité, exerceront tous les pouvoirs qui leur sont conférés, sans que la cour ait à intervenir, le tout de la même manière que si la liquidation était volontaire, avec cette réserve, toutefois, que tout arrêt de la cour, rendu en exécution de l'article 19 de l'acte de 1857, dans le courant de la liquidation volontaire, aura les mêmes effets dans tous les cas, y compris l'application des dispositions de l'article précité, avec préférences accordées par fraude à certaines personnes, que si la liquidation avait été ordonnée directement par la cour. Un arrêt pareil conférera, par conséquent, à la cour le pouvoir de faire des appels de fonds et de faire mettre à exécution les appels faits par les liquidateurs, en un mot, d'exercer tous les pouvoirs qu'elle aurait dans le cas d'une liquidation forcée.

5. En Ecosse, lorsque la liquidation forcée d'une compagnie aura été ordonnée ou la liquidation volontaire continuée par ordre de la cour, en vertu de l'article 19 précité, la cour, pendant sa session, ou le lord ordinaire siégeant pendant la vacation, pourra, sur la production, par les liquidateurs, d'une liste des associés contribuants et sur laquelle la dette de chacun aura été spécifiée avec la date y relative, rendre un arrêt de payement par les associés respectifs des sommes y énoncées, avec l'intérêt de cinq pour cent par an et dans le délai de six

jours. Un arrêt pareil pourra être levé immédiatement, sans admettre d'ajournement, sauf le cas où un cautionnement ou une consignation aurait été déposé, à moins d'une autorisation spéciale de la cour ou du lord ordinaire.

6. Aussitôt que l'ordre de liquidation forcée de la compagnie ou de continuation de la liquidation volontaire, en vertu de l'article 19 précité, aura été rendu par la cour, aucune action en justice, aucune poursuite, ne pourront être intentées ni continuées contre la compagnie, contre son agent officiel ou contre un de ses membres, pour cause d'une dette due à la compagnie, que sur une autorisation de la cour et dans les conditions qu'elle aura imposées.

7. Dans le cas d'une liquidation forcée ou volontaire, comme ci-dessus, la cour pourra régler le mode de communication des livres et papiers de la compagnie et de leur inspection par les parties intéressées.

8. Lorsque l'ordre de continuation de la liquidation volontaire, en vertu de l'article 19, aura été remplacé, dans la suite, par un ordre de liquidation forcée, la cour pourra nommer les liquidateurs volontaires, ou quelques-uns d'entre eux, liquidateurs officiels, en leur adjoignant quelques autres personnes ou sans faire cette adjonction.

9. La cour, en donnant l'ordre de liquidation forcée, peut conférer aux liquidateurs des pouvoirs spéciaux qu'ils auront à exercer sans intervention de la cour.

10. Dans une liquidation forcée ou dans la continuation de liquidation volontaire, comme ci-dessus, les liquidateurs pourront soumettre à la cour un plan général de liquidation, qui consisterait à payer intégralement certains créanciers et à entrer en arrangement avec certains autres. Un plan général ou partiel de cette nature, ayant obtenu la sanction de la cour, deviendra obligatoire pour tous les créanciers et pour tous les associés de la compagnie.

11. Les pratiques observées dans la procédure, suivies jus-

qu'à présent à la cour de la chancellerie, en *Angleterre*, pour la liquidation des compagnies, en vertu des « actes de liquidation des compagnies par actions de 1848 et 1849, et les pouvoirs et la juridiction attribués par lesdits actes à la cour de la chancellerie et non conférés par les actes des compagnies par actions, » seront applicables aux liquidations qui, sous l'empire dudit « acte des compagnies par actions, » seraient faites par la cour de la chancellerie et par les cours des faillites en Angleterre, et cela aussi longtemps que des règlements, pour organiser la marche de pareilles liquidations, ne seront pas établis en vertu des pouvoirs conférés à cet effet par lesdits « actes des compagnies par actions. »

Les cours de chancellerie et celles des faillites en *Angleterre* pourront ainsi adopter les mêmes pratiques, assumer les mêmes pouvoirs et la même juridiction que si la liquidation avait lieu en vertu des « actes de liquidation des compagnies par actions de 1848 et de 1849. » S'il s'agit des compagnies *minières*, soumises à la juridiction des « mines d'étain » (*stannaries*), et enregistrées en vertu des « actes des compagnies par actions de 1856, 1857, » les mêmes pratiques pourront être adoptées, les mêmes pouvoirs et la même juridiction exercés, en suivant les règles qui seront tracées d'après l'article 98 de l'acte des compagnies par actions de 1856, par la cour du vice-gardien des mines d'étain, en tant qu'elles peuvent être appliquées à ladite cour.

12. Tous ordres émanant d'une cour de justice en Angleterre, en matière de liquidation d'une compagnie sous l'empire des actes y relatifs, sont exécutoires en Écosse et en Irlande par les soins et sous la juridiction d'une cour compétente ayant les mêmes attributions dans lesdits pays que celle-là dans le sien, et réciproquement.

13. Lorsqu'un ordre ou arrêt d'une cour doit être mis à exécution par une autre cour, une copie officielle dudit ordre doit être remise au fonctionnaire compétent de la cour chargée

de l'exécution. Celle-ci fera enregistrer cet ordre et prendre les mêmes mesures pour donner suite à sa mise en exécution, que si c'était la cour elle-même qui l'aurait rendue.

14. Lorsque la compagnie est en liquidation complétement volontaire, les liquidateurs peuvent s'adresser à la cour ou au lord ordinaire en Écosse pendant la vacation, pour décider toutes les questions qui surgiraient dans le courant de la liquidation ou pour mettre à exécution toute mesure qu'ils jugeraient nécessaire, et la cour ou le lord ordinaire, après avoir examiné la demande, peuvent y faire droit, en tout ou en partie, et sous les conditions qu'ils considéreront comme justes.

15. Une compagnie en liquidation volontaire, ou en liquidation instituée d'après l'article 19 de l'acte de 1857, pourra, en assemblée générale, remplir toutes les vacances occasionnées par la mort ou la démission des liquidateurs nommés par elle.

16. Dans le cas de liquidation forcée, les liquidateurs pourront employer l'argent qu'ils ont entre les mains ou qui est déposé à leur crédit à la banque d'Angleterre, en placement dans les fonds publics, autres que les bons du trésor.

17. Pour fixer la somme due par un associé contribuant, en exécution des « actes des compagnies par actions, » cet associé devra être débité de toutes les dettes qui lui incombent envers la compagnie, y compris le montant de la quote-part sociale exigible, et il sera crédité de toutes les sommes qui lui sont dues par la compagnie, en vertu de quelque contrat indépendant, ou des affaires faites avec la compagnie, et le solde seul constituera la dette dudit associé contribuant.

18. Les quotes-parts exigibles d'un associé ou actionnaire, en vertu d'un des « actes des compagnies par actions, » devront, dans le cas où celui-ci aurait failli ou serait devenu insolvable, être répétées sur la masse de la faillite.

19. L'article 16 de l'acte des compagnies par actions de 1857 est supprimé, et remplacé par les dispositions suivantes : « Les liquidateurs auront le pouvoir d'entrer en compromis, au

sujet de toutes les créances, dettes et obligations, avec l'associé contribuant, de prendre des garanties à cet effet, et de donner décharge complète à cet égard. Avec cette réserve, toutefois, que lorsqu'il s'agit d'une liquidation forcée ou de la continuation d'une liquidation volontaire faite en vertu de l'article 19 de l'acte de 1857, le compromis ne pourra avoir lieu que d'après les instructions données, dans un ordre général ou spécial pour un cas particulier, par la cour, et après notification faite aux créanciers ou à une partie de ceux-ci, selon les instructions de la cour. Dans une liquidation tout à fait volontaire, le compromis ne pourra avoir lieu qu'en vertu d'une résolution spéciale de la compagnie. »

20. Lorsque, dans le courant d'une liquidation forcée ou dans la continuation d'une liquidation volontaire, on vient à découvrir qu'un directeur, un administrateur, gérant, employé ou membre de la compagnie, s'est rendu coupable d'un fait entraînant une responsabilité criminelle, la cour pourra, sur la demande d'une partie intéressée ou de son propre mouvement, autoriser ou ordonner aux liquidateurs de commencer les poursuites aux frais de l'actif de la compagnie.

21. Il sera procédé de même à l'égard d'un directeur ou employé délinquant, lorsque la liquidation de la compagnie est toute volontaire.

22. Le présent acte est applicable aux liquidations déjà commencées, quelles qu'elles soient, forcées ou continuations de liquidations volontaires ou liquidations tout à fait volontaires.

23. Toute compagnie ou société en participation, composée de sept personnes au moins, ayant, pour sa constitution, un capital fixé et divisé en actions d'un montant fixe, pourvu qu'elle ait fait des affaires de banque avant « l'acte des compagnies de banque de 1857, » est en droit de se faire enregistrer ou de demeurer enregistrée sous l'empire de « l'acte des compagnies par actions de 1857, » pour tout ce qui concerne la liquidation ; et si elle faisait des affaires autres que celles de

banque, excepté les affaires d'assurance, avant « l'acte des compagnies par actions de 1856, » elle est en droit de se faire, en ce qui concerne sa liquidation, enregistrer sous l'empire des « actes des compagnies par actions de 1856 et de 1857. »

24. Le présent acte est applicable aux dispositions des « actes des compagnies par actions de 1856, 1857, » introduites dans l'acte des compagnies de banque par actions de 1857.

V.

VINGT ET UNIÈME ET VINGT-DEUXIÈME ANNÉE

DE

LA REINE VICTORIA.

CHAPITRE XCI.

ACTE autorisant les compagnies de banque par actions (Joint stock banking Companies) *à se constituer d'après le principe de responsabilité limitée.*

---

2 août 1858.

1. Sont abrogées les dispositions qui, dans l'acte de 1857, prohibent l'enregistrement des compagnies de banque par actions, formées d'après le principe de responsabilité limitée. Ce principe, néanmoins, ne sera pas étendu aux banques qui émettent des billets.

La responsabilité des actionnaires de celles-ci s'étend, vis-à-vis des créanciers, à tout le montant des billets émis.

2. Une compagnie de banque enregistrée en vertu de l'acte de 1857 ou en vertu d'un autre acte pourra se faire enregistrer de nouveau comme compagnie à responsabilité limitée.

3. Toute compagnie qui se fait enregistrer de nouveau ou pour la première fois, comme compagnie à responsabilité limitée, devra en donner avis, trente jours à l'avance, à tous les clients, c'est-à-dire à toute personne et à toute maison de commerce ayant un compte avec elle, par une lettre remise ou jetée à la poste, sous peine de conserver la responsabilité illimitée à l'égard des parties intéressées non averties.

4. Toute compagnie de banque à responsabilité limitée, avant de commencer ses opérations, et toute compagnie se faisant enregistrer de nouveau, avant de profiter des dispositions du présent acte, devra dresser un état de son actif et de son passif selon la formule annexée, et l'afficher dans son bureau principal et ses succursales. Cet état devra être renouvelé le 1er février et le 1er août de chaque année de la durée de ses opérations, sous peine d'une amende de 5 livres sterling au plus pour chaque jour de retard, à recouvrer du directeur par procédé sommaire.

5. La liquidation des compagnies de banque à responsabilité limitée sera faite de la même manière et sous la même juridiction que celle des compagnies autres que les compagnies limitées, en vertu de l'acte de 1857.

ANNEXE.

MODÈLE de l'état à publier par une compagnie de banque par actions, limitée.

La responsabilité des actionnaires est limitée.

Le capital de la compagnie est de un million divisé en dix mille actions de cent livres chacune.

Le nombre des actions émises est de dix mille.

Un appel de fonds jusqu'à concurrence de vingt livres par action a été fait, et, par suite, une somme de cent vingt mille livres a été reçue.

Le passif de la compagnie au 1er janvier (ou juillet) a été :

	liv.	sh.	drs
Billets émis.			
Sommes déposées ne portant pas intérêt.			
Sommes déposées portant intérêt.			
Billets à sept jours et autres.			
Total. . . . . . . , .			

L'actif de la compagnie le même jour a été :

	liv.	sh.	drs.
Fonds publics.			
Lettres de change.			
Prêts sur hypothèques.			
Autres prêts			
Immeubles de la banque.			

Autres valeurs, non compris les parts de capital, converties sur les actions. . . .

TOTAL. . . . .

Fait le 1er février ou le 1er août 1859.

LÉGISLATION FRANÇAISE.

CODE DE COMMERCE.

LIVRE I, TIT. III, SECTION PREMIÈRE.

DES DIVERSES SOCIÉTÉS ET DE LEURS RÈGLES.

Art. 29. La *société anonyme* n'existe point sous un nom social : elle n'est désignée par le nom d'aucun des associés.

30. Elle est qualifiée par la désignation de l'objet de son entreprise.

32. Les administrateurs ne sont responsables que de l'exécution du mandat qu'ils ont reçu.

Ils ne contractent, à raison de leur gestion, aucune obligation personnelle ni solidaire relativement aux engagements de la société.

33. Les associés ne sont passibles que de la perte du montant de leur intérêt dans la société.

34. Le capital de la société anonyme se divise en actions et même en coupons d'actions d'une valeur égale.

36. La propriété des actions peut être établie par une inscription sur les registres de la société.

Dans ce cas, la cession s'opère par une déclaration de transfert inscrite sur les registres, et signée de celui qui fait le transport ou d'un fondé de pouvoir.

37. La société anonyme ne peut exister qu'avec l'autorisation du Roi, et avec son approbation pour l'acte qui la constitue ; cette approbation doit être donnée dans la forme prescrite pour les règlements d'administration publique.

40. Les sociétés anonymes ne peuvent être formées que par des actes publics.

41. Aucune preuve par témoins ne peut être admise contre

et outre le contenu dans les actes de société, ni sur ce qui serait allégué avoir été dit avant l'acte, lors de l'acte ou depuis, encore qu'il s'agisse d'une somme au-dessous de cent cinquante francs.

42. L'extrait des actes de société en nom collectif et en commandite doit être remis, dans la quinzaine de leur date, au greffe du tribunal de commerce de l'arrondissement dans lequel est établie la maison du commerce social, pour être transcrit sur le registre, et affiché pendant trois mois dans la salle des audiences.

Si la société a plusieurs maisons de commerce situées dans divers arrondissements, la remise, la transcription et l'affiche de cet extrait, seront faites au tribunal de commerce de chaque arrondissement.

Chaque année, dans la première quinzaine de janvier, les tribunaux de commerce désigneront, au chef-lieu de leur ressort, et, à leur défaut, dans la ville la plus voisine, un ou plusieurs journaux où devront être insérés, dans la quinzaine de leur date, les extraits d'actes de société en nom collectif ou en commandite, et régleront le tarif de l'impression de ces extraits.

Il sera justifié de cette insertion par un exemplaire du journal certifié par l'imprimeur, légalisé par le maire et enregistré dans les trois mois de sa date.

Ces formalités seront observées, à peine de nullité à l'égard des intéressés ; mais le défaut d'aucune d'elles ne pourra être opposé à des tiers par les associés.

DÉCRET IMPÉRIAL

Du 17-21 mai 1862,

Portant promulgation de la convention conclue, le 30 *avril* 1862, *entre la France et la Grande-Bretagne, pour régulariser la situation des Compagnies commerciales, industrielles et financières, dans les États respectifs.*

ART. 1er.

Une convention ayant été conclue, le 30 avril 1862, entre la France et le Royaume-Uni de la Grande-Bretagne et d'Irlande, pour régulariser la situation des compagnies commerciales, industrielles et financières dans les Etats et possessions respectifs, et les ratifications de cet acte ayant été échangées à Paris, le 15 mai 1862, ladite convention, dont la teneur suit, recevra sa pleine et entière exécution.

CONVENTION.

Sa Majesté l'Empereur des Français et Sa Majesté la Reine du Royaume-Uni de la Grande-Bretagne et d'Irlande, ayant jugé utile de s'entendre pour régulariser, dans leurs États et possessions respectifs, la situation des compagnies et associations commerciales, industrielles et financières, constituées et autorisées suivant les lois particulières à chacun des deux pays, ont résolu de conclure une convention dans ce but, et ont muni, à cet effet, de leurs pleins pouvoirs, savoir :

Sa Majesté l'Empereur des Français, M. *Édouard-Antoine Thouvenel*, sénateur, son ministre et secrétaire d'État au département des affaires étrangères ;

Et Sa Majesté la Reine du Royaume-Uni de la Grande-Bretagne et d'Irlande, le très-honorable *Henri-Richard-Charles* comte *Cowley*, son ambassadeur extraordinaire et plénipotentiaire près Sa Majesté l'Empereur des Français ;

Lesquels, après s'être communiqué leurs pleins pouvoirs respectifs, trouvés en bonne et due forme, sont convenus des articles suivants :

Art. 1er. Les hautes parties contractantes déclarent reconnaître mutuellement à toutes les compagnies et autres associations commerciales, industrielles ou financières, constituées et autorisées suivant les lois particulières à l'un des deux pays, la faculté d'exercer tous leurs droits et d'ester en justice devant les tribunaux, soit pour intenter une action, soit pour y défendre, dans toute l'étendue des Etats et possessions de l'autre puissance, sans autre condition que de se conformer aux lois desdits États et possessions.

2. Il est entendu que la disposition qui précède s'applique aussi bien aux compagnies et associations constituées et autorisées antérieurement à la signature de la présente convention qu'à celles qui le seraient ultérieurement.

3. La présente convention est faite sans limitation de durée. Toutefois il sera loisible à l'une des deux hautes puissances contractantes de la faire cesser en la dénonçant un an à l'avance. Les deux hautes puissances contractantes se réservent, d'ailleurs, la faculté d'introduire, d'un commun accord, dans cette convention, les modifications dont l'utilité serait démontrée par l'expérience.

4. La présente convention sera ratifiée et les ratifications en seront échangées dans le délai de quinze jours, ou plus tôt, si faire se peut.

En foi de quoi, les plénipotentiaires respectifs l'ont signée et y ont apposé le sceau de leurs armes.

Fait en double original à Paris, le 30 avril 1862.

(*L. S.*) Signé Thouvenel.

(*L. S.*) Signé Cowley.

Art. 2.

Notre ministre et secrétaire d'État au département des affaires étrangères est chargé de l'exécution du présent décret.

CODE PÉNAL.

Art. 42. Les tribunaux jugeant correctionnellement pourront, dans certains cas, interdire, en tout ou en partie, l'exercice des droits civiques, civils et de famille suivants :

1° De vote et d'élection ;

2° D'éligibilité ;

3° D'être appelé ou nommé aux fonctions du juré ou autres fonctions publiques, ou aux emplois de l'administration, ou d'exercer ces fonctions ou emplois ;

4° Du port d'armes ;

5° De vote et de suffrage dans les délibérations de famille ;

6° D'être tuteur, curateur, si ce n'est de ses enfants et sur l'avis seulement de la famille ;

7° D'être expert ou employé comme témoin dans les actes ;

8° De témoignage en justice, autrement que pour y faire de simples déclarations.

Art. 405 (*ainsi remplacé, loi du* 13 *mai* 1863, *promulguée le* 1er *juin*). Quiconque, soit en faisant usage de faux noms ou de fausses qualités, soit en employant des manœuvres frauduleuses pour persuader l'existence de fausses entreprises, d'un pouvoir ou d'un crédit imaginaire, ou pour faire naître l'espérance ou la crainte d'un succès, d'un accident ou de tout autre événement chimérique, se sera fait remettre ou délivrer, ou aura tenté de se faire remettre ou délivrer des fonds, des meubles ou des obligations, dispositions, billets, promesses, quittances ou décharges, et aura, par un de ces moyens, escroqué ou tenté d'escroquer la totalité ou partie de la fortune d'autrui, sera puni d'un emprisonnement d'un an au moins et de cinq ans au plus, et d'une amende de cinquante francs au moins et de trois mille francs au plus.

Le coupable pourra être, en outre, à compter du jour où il aura subi sa peine, interdit, pendant cinq ans au moins et dix ans au plus, des droits mentionnés en l'article 42 du présent

Code : le tout sauf les peines plus graves s'il y a un crime de faux.

DISPOSITIONS GÉNÉRALES.

Art. 463 (*ainsi remplacé, loi du* 13 *mai* 1863, *promulguée le* 1er *juin*). Les peines prononcées par la loi contre celui ou ceux des accusés reconnus coupables, en faveur de qui le jury aura déclaré les circonstances atténuantes, seront modifiées ainsi qu'il suit :

Si la peine prononcée par la loi est la mort, la cour appliquera la peine des travaux forcés à perpétuité ou celle des travaux forcés à temps.

Si la peine est celle des travaux forcés à perpétuité, la cour appliquera la peine des travaux forcés à temps ou celle de la reclusion.

Si la peine est celle de la déportation dans une enceinte fortifiée, la cour appliquera celle de la déportation simple ou celle de la détention ; mais, dans les cas prévus par les articles 96 et 97, la peine de la déportation simple sera seule appliquée.

Si la peine est celle de la déportation, la cour appliquera la peine de la détention ou celle du bannissement.

Si la peine est celle des travaux forcés à temps, la cour appliquera la peine de la reclusion ou les dispositions de l'article 401, sans toutefois pouvoir réduire la durée de l'emprisonnement au-dessous de deux ans.

Si la peine est celle de la reclusion, de la détention, du bannissement ou de la dégradation civique, la cour appliquera les dispositions de l'article 401, sans toutefois pouvoir réduire la durée de l'emprisonnement au-dessous d'un an.

Dans le cas où le Code prononce le maximum d'une peine afflictive, s'il existe des circonstances atténuantes, la cour appliquera le minimum de la peine ou même la peine inférieure.

Dans tous les cas où la peine de l'emprisonnement et celle de l'amende sont prononcées par le Code pénal, si les circonstances paraissent atténuantes, les tribunaux correctionnels sont autorisés, même en cas de récidive, à réduire ces deux peines comme suit :

Si la peine prononcée par la loi, soit à raison de la nature du délit, soit à raison de l'état de récidive du prévenu, est un emprisonnement dont le minimum ne soit pas inférieur à un an, ou une amende dont le minimum ne soit pas inférieur à cinq cents francs, les tribunaux pourront réduire l'emprisonnement jusqu'à six jours et l'amende jusqu'à seize francs.

Dans tous les autres cas, ils pourront réduire l'emprisonnement même au-dessous de six jours et l'amende même au-dessous de seize francs. Ils pourront aussi prononcer séparément l'une ou l'autre de ces peines et même substituer l'amende à l'emprisonnement, sans qu'en aucun cas elle puisse être au-dessous des peines de simple police.

FIN.

TABLE DES MATIÈRES.

Poitiers. — Typ. de A. Dupré.

[illegible]

[illegible] DES FRANÇAIS [illegible]

[illegible]

[illegible] CONSTITUTIONNEL DE L'EMPIRE FRANÇAIS

[illegible] DE LA FRANCE DEPUIS 1789, COMPARÉES ENTRE ELLES [illegible]

ET SUIVI

[illegible] LÉGION D'HONNEUR ET DES TITRES DE [illegible]

[illegible]

[illegible] DE LA COMPTABILITÉ PUBLIQUE

[illegible] toutes les dispositions législatives concernant la gestion des [illegible] l'État, — des départements, — des communes, — des hospices [illegible] établissements d'aliénés, — des bureaux de bienfaisance, — de la Caisse [illegible] consignations, etc.

Un volume in-8°. — Prix : 3 fr.

[illegible] MULTIPLICATIONS [illegible]

OU

[illegible] AVEC PROMPTITUDE ET EXACTITUDE [illegible]

DE CALCULS [illegible]

[illegible]

[illegible] DE LA LOI SUR LE DRAINAGE

SUIVI DE LA

[illegible]

[illegible]

[illegible] COMMERCIALES.

[illegible]

[illegible] Faculté de Paris. [illegible]

www.ingramcontent.com/pod-product-compliance
Ingram Content Group UK Ltd.
Pitfield, Milton Keynes, MK11 3LW, UK
UKHW020114200726
13856UKWH00002B/542

9 782013 079952